本书得到河南省社科规划项目“基于复杂社会网络技术的服务业统计研究”（2017BJJ012）、现代服务业河南省协同创新中心、河南省教育统计数据分析和研究中心、经济形势分析与预测研究中心资助

经济管理学术文库 • 经济类

产业结构变迁与区域经济发展研究

——以河南省为例

Study on Industrial Structure Evolution and Regional Economy Development
—A Case Study of Henan Province

商 勇／著

经济管理出版社
ECONOMY & MANAGEMENT PUBLISHING HOUSE

图书在版编目（CIP）数据

产业结构变迁与区域经济发展研究：以河南省为例/商勇著. —北京：经济管理出版社，2016.12

ISBN 978-7-5096-4903-9

Ⅰ.①产… Ⅱ.①商… Ⅲ.①产业结构—关系—区域经济发展—研究—河南 Ⅳ.①F269.276.1 ②F127.61

中国版本图书馆 CIP 数据核字（2016）第 316420 号

组稿编辑：杨　雪
责任编辑：杨　雪　张巧梅
责任印制：司东翔
责任校对：雨　千

出版发行：经济管理出版社
（北京市海淀区北蜂窝 8 号中雅大厦 A 座 11 层　100038）
网　　址：www. E-mp. com. cn
电　　话：(010) 51915602
印　　刷：虎彩印艺股份有限公司
经　　销：新华书店
开　　本：720mm×1000mm/16
印　　张：14.25
字　　数：278 千字
版　　次：2017 年 7 月第 1 版　　2017 年 7 月第 1 次印刷
书　　号：ISBN 978-7-5096-4903-9
定　　价：49.00 元

目 录

第一章　绪论

第一节　选题背景

人类社会的发展史，从某种意义上说就是经济发展史。不同时代的经济学家尽管形成了不同的观点和流派，但是核心问题都集中在对财富的增加的关注上，即如何通过有限资源的合理配置，达到社会最大产出的效果。正是在资源的配置过程中，形成了不同的产业结构。一方面产业结构是经济发展的结果，另一方面产业结构的优化升级又能促进经济的增长。库兹涅茨（Kuznets）早在1966年就说过，如果没有产业结构的变迁，持续的经济增长就不可能实现。钱纳里（Chenery）、赛尔奎因（Syrquin）通过投入产出技术，探讨了结构变迁和经济增长的相互关系，提出了工业化进程的标准模式，开创了研究产业结构变迁与经济增长关系的先河，为后来者提供了一个可视的研究范式。

改革开放以来，中国经济经历了30多年的高速发展，无论是经济增长速度还是持续的时间，都远远超过亚洲“四小龙”等东亚先行国家或地区，引起世界瞩目。进入21世纪，随着国际经济格局发生深刻变化，全球经济增长缓慢，各国都在积极进行经济结构和发展模式调整，发达国家的“再工业化”战略和贸易保护主义的抬头使得出口需求萎缩。而国内经济正经历结构调整的关键时期，化解过剩产能，优化产业结构，成为当前经济发展的主题。长期以来的粗放发展模式使得经济发展与资源环境的矛盾日趋尖锐，2008年国际金融危机后为保增长所采取的刺激政策的积累效应和负面影响逐渐凸显，宏观调控余地有限，加快转变经济发展方式和调整经济结构刻不容缓。

河南地处中原，在我国改革开放的大环境下，经济取得了显著成效，无论是经济规模还是增长速度，都名列前茅。据初步核算，2015年全省生产总值37010.25亿元，比2014年增长8.3%（全国同期增速为6.7%）。其中，第一产业增加值4209.56亿元，增长4.4%；第二产业增加值18189.36亿元，增长8.0%；第三产业增加值14611.33亿元，增长10.5%。三次产业结构为11.4：49.1：39.5，居民人均可支配收入17125元，比2014年增长9.1%，扣除价格因素，实际增长7.7%①。一方面，作为发展中大省，随着工业化、城镇化、市场化和国际化快速推进，河南省市场需求空间广阔，发展潜力巨大；另一方面，由于世界经济增长乏力，国内经济“三期叠加”，经济下行压力依然较大。从某种意义上说，河南经济发展是中国经济发展的一个缩影，具有典型的二元经济特征。庞大的经济规模和相对滞后的人均水平既是经济快速发展的成果，也是严峻现实的反映。在我国整体经济增速减缓的大背景下，河南经济发展路径的选择尤为关键。面临着资源、环境的双重约束，如何促进供给侧改革，优化产业结构，提高经济增长质量和效益，就显得格外重要。

第二节　产业结构文献综述

一、产业结构演变理论

产业结构是指各产业在经济活动过程中形成的经济技术联系以及由此表现出来的比例关系，或者说在社会再生产过程中，各种资源在产业间的配置状态。产业结构的形成由一个国家或地区的自然资源、经济发展水平、科技发展水平、社会制度等多种因素共同决定，是经济社会长期发展的结果。

产业结构的演进包括两个方面的内容：一是产业结构的平衡和协调（静态）；二是产业结构的高度化（动态）。此外，产业结构的演进还包括时间和空间两个方面，时间反映产业结构演进的纵向关系，空间反映产业结构演进的横向关系（主要是区域结构）②。这里主要谈的是产业结构演进的时间维度。产业结构的演进，可以根据三次产业结构的比例和就业比例来具体衡量。从工业结构看，通常存在两个具体衡量指标：一是制造业增加值占总商品增加值的比重；二是消费资料净产值与生产资料净产值之比，即霍夫曼系数。而空间结构则一般通过城市化率指标来衡量（相关内容将在第五章阐述）。

在经济发展过程中，影响产业结构的因素是极为复杂的，既有主观因素，又有客观因素，如自然资源禀赋与人口、科学技术、市场因素（资本、投资、有效需求、国际贸易）、制度和产业政策等。因此，关于产业结构的演进就形成了各种不同的理论，每种理论都有其相应的优点和局限性。产业结构理论形成于20世纪三四十年代，代表性理论包括：费雪的三次产业划分理论、配第—克拉克定理、库兹涅茨的

① http：//www.henan.gov.cn/hngk/system/2014/03/14/010458641.shtml.

② 原毅军，董琨．产业结构的变动与优化：理论解释和定量分析［M］．大连：大连理工大学出版社，2008.

人均收入影响论、雁行形态理论、钱纳里的标准产业结构理论以及霍夫曼工业化经验法则。其中，新西兰经济学家费雪在 1935 年首次提出三次产业的划分，标志着产业结构理论形成雏形；配第—克拉克定理主要解释了劳动力在三次产业中的转移规律；人均收入影响论从国民收入和劳动力在产业部门之间的分布两个方面，对伴随着经济增长的产业结构演进规律做了进一步说明；日本经济学家赤松要（Akamatsu）指出，在产业发展方面，后进国家的产业赶超先进国家时，产业结构呈现出雁行发展形态。这一理论表明产业在不同国家或地区进行产业转移时先兴盛后衰退的过程；钱纳里的标准产业结构通过国际比较，表明了经济增长是不同产业和经济部门生产结构的变化，描述了经济发展过程中结构转换的一般过程，得出每一结构变量随着人均收入增长而变化的逻辑曲线，从而得到了标准（常规）发展模式；霍夫曼工业化经验法则描述了工业结构高级演进趋势。

随着世界经济发展模式和水平的变化，对产业结构优化升级的理论研究也在不断进步。当前学者开始关注产业结构的合理化和高级化方面，即产业结构合理基础上的高级化过程。一般说来，主要体现在三大产业重心的转移、要素密集度的转移和产品形态的转移上。当前，我国产业从东部沿海地区不断向中西部地区的转移就是这一理论的实际体现。在产业结构高级化的发展方面主要存在均衡发展和非均衡发展两种模式：均衡发展理论认为经济发展和投资的流向应该使得各产业保持平衡，使各产业得到均衡、全面的发展；非均衡发展理论则认为由于资源的稀缺性，应当选择重点产业进行投资，然后通过产业关联效应带动整个经济的发展。两种发展模式实际上目的是一致的，只是在具体的路径选择上有分歧，从短期看，经济结构始终表现出非均衡增长的特点，一些产业在特定时期发展较快，另一些产业则相对发展较慢。但是从长期看，产业结构的变迁总是呈现出协调和均衡发展的特点，正是在这种不断的非均衡发展过程中，推动产业结构向高端发展，形成新的均衡和协调关系，推动经济不断增长。

二、经济增长理论

经济增长通常指一个国家或地区人均产出在较长时间跨度上的持续增加。经济增长率的高低是衡量一个国家或地区经济实力的标志。古典经济学家亚当·斯密和大卫·李嘉图就认为经济增长的本质就是一个国家财富的增加，他们把经济增长看作是实际产量的增加。马克思扩大再生产理论则强调经济增长是社会物质财富的不断积累过程，他实际上强调的是生产能力的增长而不是实际产量的增加。库兹涅茨给出了经济增长的定义，他认为经济增长是在先进技术以及对应的制度和意识形态基础上为居民提供经济产品能力的长期上升。在这里，经济增长首先表现为经济实力的增加，即国民生产总值的增加（如果考虑到人口和价格因素，则是人均实际国民生产总值的增加）。其次，经济增长与技术进步密切相连，技术进步是经济增长的必要条件。最后，经济增长还必须与制度和意识形态相适应，社会制度与意识形态的变革是经济增长的前提。

传统的经济增长理论认为，经济总量的增长是在竞争均衡的假定下生产要素的积累和增加的结果。基于凯恩斯理论的哈罗德（Harrod）和多马（Domar）提出的哈罗德—多马模型假定生产技术不变，实际上是将结构因素完全排除在外，他们不考虑技术进步因素和结构变化因素，因此也排斥了结构对经济增长的作用。正是这一局限，他们的增长也被称为“刀锋”上的增长。索洛—斯旺（Solow-Swan）在哈罗德和多马的基础上提出了新古典增长模型，新古典增长模型认为，哈罗德—多马模型的“刀锋”的增长路径是可以避免的，充分就业的稳定增长可以通过市场机制调整生产中的劳动与资本的配合比例来实现。新古典增长模型显示了技术进步因素对经济增长的巨大作用。但是这一模型假定市场能够实现充分就业和均衡增长，同时技术是外生的，并不能很好解释经济增长的源泉和机制。

为了解决这一问题，20 世纪 80 年代，以罗默（Romer）和卢卡斯（Lucas）为代表的新增长理论在新古典主义关于外生技术进步的增长模型基础上发展起来了。新经济增长理论认为，知识积累是经济增长的原因，也是经济增长的结果，两者是循环互动、相互作用的。经济增长就是一个以知识积累为基础，技术进步、人力资本积累、劳动分工演进和制度变迁等诸因素共同作用的社会过程。从研究范式上看，新经济增长理论与新古典增长理论都坚持一般均衡的主流经济分析传统，但是内生经济增长模型使用的总量生产函数与新古典生产函数具有完全不同的特点。

由于新经济增长理论自身正处于演化发展过程之中，不像新古典增长理论那样有一个为多数经济学家所共同接受的基本理论模型。经济增长理论研究主题的多元化特征反映了现实经济现象的复杂性，经济理论对现实解释范围的扩大和解释能力得到增强。与之相伴随的是经济学研究方法的数理化和多样化，在原有的定性分析与定量分析、个量分析与总量分析、动态分析与静态分析、均衡分析与非均衡分析等方法的基础上，数理模型分析越来越受到经济学家的青睐，逐渐成为经济学研究的主流。

三、产业结构变迁与经济增长关系研究综述

产业结构变迁与经济增长关系的研究可以说是源远流长、卷帙浩繁。最早可以追溯到 20 世纪 30 年代，如费希尔、克拉克的相关研究等。第二次世界大战后，经济增长分析中的结构主义思潮在西方兴起，以钱纳里、库兹涅茨等为代表的经济学家

主要从产业结构上来研究结构变动与经济增长之间的关系。钱纳里以新古典增长公式为起点，并利用51个国家的经验数据研究了产业结构变动与经济增长的关系。库兹涅茨对美国1948~1966年的大量数据进行分析后认为，年生产率的提高有10%是由结构变化引起的。他们关于经济结构和经济发展的相互关系的研究，成为产业结构理论研究方面的典范。

在研究产业结构变迁与经济增长的内在联系时，分析方法有两种：一种是以库兹涅茨为代表，从经济总量出发，把产业结构置于总量框架之内，从总量的变化过程中研究产业结构的变化趋势；另一种是从部门角度出发，强调部门经济结构变化对经济总量的增长作用，从部门的变化过程来分析经济总量增长规律，代表人物为罗斯托。产业结构变迁与经济增长的内在联系主要表现为两个方面：一是通过产业结构红利和行业的外部性假设来突出产业结构对经济增长的影响；二是由于各行业的收入弹性不同，以及需求推动科技进步等因素使得经济增长反作用于产业结构。

国内对于这一问题的研究文献可以说是汗牛充栋。在实证研究上，主要是利用投入产出方法和经济计量方法来研究经济结构与经济增长的相互关系。尽管方法有差异，但是这些研究大多认为产业结构优化确实促进了经济增长，然而由于数据、变量选择和计量方法的差异，产业结构变迁对经济增长的影响程度并没有一致的结论。

20世纪90年代以来，大量学者尝试用新的方法测度产业变迁对经济增长的贡献。刘伟、张辉确认了两者之间的因果关系。张军系统分析了工业行业结构调整对全要素生产率变化起到的主导作用。

郑玉歆最早对中国制造业的结构变动对全要素生产率增长的影响进行研究，发现产业结构变化对生产率增长有促进作用。胡永泰、蔡昉和王德文也肯定了产业结构演进对经济增长的作用。李京文分析了产业结构在整个经济结构中的主导地位作用，它的变动对经济增长有着决定性的影响；郭克莎研究发现影响我国经济增长的主要因素是结构问题而不是总量问题；荣宏庆认为现代经济增长方式本质上是结构主导型增长方式，即以产业结构变动为核心的经济增长。张军为了研究中国经济增长结构转变在经济增长过程中的关键作用，建立了理论分析框架并进行实证检验，结果表明，中国经济增长在1992~2002年所表现出的下降趋势可以由过度的工业化进程来解释。刘楷通过对我国1995~2005年的数据分析发现地区工业结构调整与经济增长活力有密切联系，东部地区工业快速增长很大程度上归功于结构调整的主动性。刘保珺利用结果分解技术对我国产业结构演变与经济增长的成因进行了系统分析。刘伟、张辉使用计量经济学方法验证了我国产业变迁对经济增长的贡献，他们的研究表明产业结构变迁对中国经济增长的贡献十分显著，但是随着市场化程度的提高，这一贡献呈现不断下降趋势，然而这并不意味着结构变迁效应会完全消失，结构变迁在某些方面依然可以提高资源配置效率。高萍、孙群力的实证研究结果表明产业结构的经济效益具有明显的地域特征，产业结构的变化对东、中、西部地区经济增长具有显著的促进作用，但是对东北地区的影响为负。罗光强、曾伟发现中国产业经济增长对经济周期的影响表现为协同性和非对称性特征。宁晓青、陈柏福通过对中国 1953~2007 年的数据进行实证研究，进一步发现经济周期波动是产业结构变动的重要原因，产业结构变动对经济周期波动也具有显著的影响。方福前、詹新宇也发现改革开放以来我国产业结构升级对经济波动平稳化趋势有着显著的熨平效应。钞小静、任保平则认为经济增长的结构不仅包括产业结构，还反映在投资消费结构、金融结构、城乡二元结构、所有制结构等方面，因此从经济增长质量方面考察了我国经济增长结构变化与经济增长质量问题，他们发现中国经济增长结构与经济增长质量之间存在显著的正向关系。梁琳琳、卢启程以云南省为例，探讨了工业空间结构与经济增长空间结构演变的相关性，并发现云南省内区域的工业化程度与经济增长水平有同步性，而工业就业对经济增长的影响较小。杨智峰使用非均衡增长理论模型，模拟了工业化以及工业内部结构的变化，研究结果表明，无论是长期还是短期，工业化与经济增长都是相互促进的。林毅夫在考察经济增长成果经验和失败教训的基础上，提出了“新结构经济学”，他认为经济结构是内生于要素禀赋结构的，经济的持续发展是由要素禀赋的变化和技术的持续创新推动的，在经济发展的每个阶段，市场都是实现资源有效配置的基础机制，然而经济发展作为一个动态过程需要经历结构的调整，包括产业升级、多元化及配套的软硬件设施的改进。虽然“新结构经济学”引起了一些争议，但无疑反映了学者对经济结构作用的重新思考。干春晖等在测度产业结构合理化和产业结构高级化的基础上，构建了关于产业结构变迁与经济增长的计量经济模型，进而探讨了两者对经济波动的影响，他们的研究结果表明，产业结构合理化和高级化进程对经济增长的影响均有明显的阶段性特征。赵彦云以北京市为例，系统分析了产业结构高端化理论和实际应用，归纳了产业结构高端化的统计特征。刘涛系统研究了经济增长与产业结构变动关系及其效应，并利用山东省和河南省数据验证经济增长与各要素（除了经典的 CD 生产函数包括的要素外，还包括了所有制、产权结构等）增长之间的影响效应。郭进、杨建文则进一步对经济增长的“结构红利假设”进行检验，结果表明上海经济增长的结构效应并不显著。

这些研究从不同视角探讨产业结构与经济增长的关系，推动了产业理论的发展，同时也说明这一问题的重要性。我们看到不同学者在这一问题上的结论并不相同，有的甚至截然相反，但是有一点可以肯定，产业结构与经济增长的关系无疑是存在的，只是可能在不同时间、空间里有不同的表现。同时很多方法采用了动态面板数据模型来进行研究，而动态面板数据模型的估计往往需要较多的工具变量，不同的工具变量对估计结果是有影响的，而寻找合适的工具变量并不容易，在国内外的研究中，对于工具变量的选择其实都存在着一定的争论。

第三节 主要研究内容及方法

（一）研究内容

本书主要研究内容如下：

第一部分：绪论。主要解释本书的选题背景、相关文献综述，以及对应的研究内容及方法。

第二部分：产业结构变迁的纵向关系，主要是以中国数据为例，研究中国经济结构演进与经济增长关系。即本书的第二章，主要探讨中国产业结构变迁对经济增长的影响。

第三部分：产业结构变迁的横向关系，主要是从工业化和城镇化关系角度考察结构变迁对区域经济增长的影响。包括第三、四、五章，分别从新型工业化特征、新型工业化的测度和工业化与城镇化协同发展三个方面研究产业结构变迁的空间影响。

第四部分：探讨河南省产业结构变迁中的服务业问题。具体包括本书的第六、七、八三章。从服务业与制造业的协同和融合，探讨加快服务业发展的路径和模式。

（二）研究方法

本书以产业结构变迁与区域经济增长为主线，除了文献梳理和理论探讨等定性分析方法外，还运用多种定量分析技术和方法，具体有：

（1）投入产出技术。投入产出技术是学者研究产业结构、产业关联最常用的技术，本书主要探讨产业结构变迁与区域经济增长关系，因此在分析过程中大量使用最新的投入产出表数据，系统分析了我国产业之间的关联，并利用多地区投入产出模型实证分析了区域间的经济贸易所产生的三种效应和传导机制。

（2）空间统计技术。产业结构变迁离不开区域空间的影响，本书利用 ArcGIS、GeoDa、R 等软件，从空间维度研究产业结构变迁的空间统计特征，并以制造业与服务业为例探寻两者的相互影响。

（3）计量分析技术。学者在研究经济增长时，经常是从总量开始的，因此，多种计量分析模型和技术被广泛使用，从一般的多元统计技术、灰色关联技术、时间序列分析到空间面板模型，都体现着计量分析技术的深化，本书根据研究问题的需要，大量采用多种计量模型和技术，实证分析了产业结构变迁与区域经济增长的关系。

（三）研究思路

本书采用理论研究与现实基础、比较研究与综合考察、实证研究与政策建议相结合的总体框架。具体框架如图 1-1 所示。

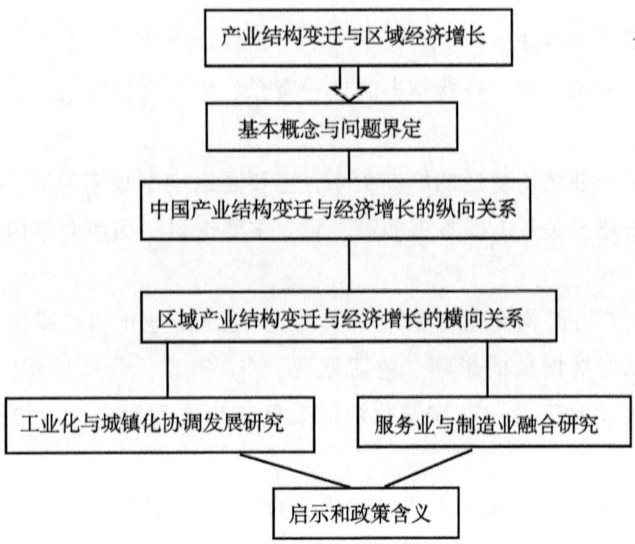

图 1-1　研究框架

第二章　中国产业结构变迁对经济增长的影响

第一节　研究背景

一、理论回顾

自华西里·列昂惕夫（Wassily Leontief）在数理经济学派瓦尔拉斯（Walras）和帕累托（Vilfredo Pareto）的一般均衡理论框架下提出投入产出分析方法以来，该方法得到了世界范围内的极大关注，并于 1968 年纳入国民经济核算体系，列昂惕夫也因此获得了 1973 年诺贝尔经济学奖。我国自 20 世纪五六十年代起就开始了投入产出技术的研究，早期在中国科学院成立投入产出研究小组，把投入产出技术引入我国。中国人民大学在钟契夫的带领下开始了高校投入产出技术的研究。正是一批批学者的不断努力推动我国投入产出技术的发展。我国自 1973 年开始就编制出了第一个实物型的投入产出表，1987 年国务院办公厅发出了《关于进行全国投入产出调查的通知》，明确规定每 5 年（年份尾数逢 2、逢 7 的年度）进行全国投入产出调查，编制投入产出表，标志着我国投入产出研究进入了一个新阶段。迄今为止，我国已先后编制了 1987 年、1992 年、1997 年、2002 年、2007 年和 2012 年 6 张投入产出基本表，同时编制了 1990 年、1995 年、2000 年、2005 年和 2010 年 5 张投入产出延长表，这些表为研究我国产业发展提供了大量有价值的数据资料①。

当前投入产出表向纵深发展，除了上述基本表外，学者又提出了区域间投入产出表，国务院发展研究中心、国家信息中心、日本亚洲经济研究所、中国科学院等机构先后编制出中国八大区域投入产出表，陈锡康提出了投入产出占用技术，自 1980 年以来预测我国粮食产量方面平均预测误差为 1.8%，处于国际领先水平。在荷兰投入产出专家 Erik Dietzenbacher 教授带领下编制的世界投入产出表，并引起人们的普遍关注。

投入产出分析方法是列昂惕夫在一般均衡理论下提出的经验研究方法，但是与

① 参考陈锡康、杨翠红等编制的《投入产出技术》（北京：科学出版社，2011 年）第一章。

单纯作为经验研究的计量经济学不同，投入产出分析遵循一定的经济理论传统，甚至本身就是经济理论。投入产出既可在古典传统路径上构成斯拉法—列昂惕夫体系，也可与新古典理论相结合，扩展为多部门线性模型与可计算一般均衡模型。另外投入产出分析需要以投入产出表为基础，正是围绕投入产出表的编制涉及大量对数据的处理，成为国民经济核算的一个组成部分。基于多部门框架，与线性规划、对策论一起成为处理经济问题的线性特征的常用方法。因此，投入产出分析并不仅局限于一种经验研究方法，同时也是数理经济学和经济核算方法，在自身相对独立的体系中同时涵盖了经济分析中最重要的三个要素：理论、数据和方法，而且这三个方面是密切关联的①。在这一点上，计量经济学实际上更多地涉及理论和方法两个层面，数据则是游离于理论方法之外的。如果在理论结构和数据内涵都尚不清楚的情况下，仅仅把数据代入越来越精巧、复杂的模型中，哪怕采用的方法再先进，这样的经验研究不仅不能增强脆弱的经验基础，甚至比没有更坏。正是理论、数据和方法整合在一起成为投入产出分析的优势，也成为研究这一领域的难点。

投入产出分析代表了从魁奈以来有别于李嘉图的独特结构分析传统，在这条分析道路上，经过马克思、瓦尔拉斯，进而在 20 世纪三四十年代形成了三个方面的拓展：即斯拉法在理论上对古典理论的复兴，冯诺依曼等在数理分析中采用的多部门分析框架，以及列昂惕夫把多部门分析向经验领域的扩展。相对于总量分析，结构分析包含了更多的因素，因而可以进行更为全面的描述。从几何意义上，总量分析由于只采用类似 GDP 这样的总量指标，只能沿着数轴的一个方向进行调整，而结构分析则采用向量形式，在矩阵变换下可以向空间任何一个方向变化。在宏观上把握一个国家或地区的总量无疑是重要的，从总量的不同构成比例上观察总量的结构特征，同样是宏观分析的重要部分。但实际上结构分析路径长期以来被人们有意或无意的忽视，甚至在目前有淡出主流经济理论之势，这是需要引起我们关注的。

投入产出表的精致结构使得其行和列反映了经济过程的实物流动和价值分配过程，也形成了一种对偶关系，并通过直接消耗系数，建立起最终产品和初次分配之间的经济联系。同时，基于直接消耗系数的列昂惕夫模型也可以建立基于分配系数的戈氏（Ghosh）模型，形成对称模型体系，分别反映了需求拉动和供给推动对经济系统的影响，更为全面地反映经济系统的内在联系。投入产出分析所具有的对偶性与对称性源于经济过程本身的系统性。从投入劳动等要素始，到生产出社会产品止，本身就是一个相对独立的系统。在这一系统中，经济过程既是“线性流”，更是“循环流”，正是在这一过程中，形成相互需求的普遍联系。直接消耗系数、完全消耗系

① 参考夏明等《投入产出分析：理论方法与数据》（北京：中国人民大学出版社，2013 年）关于投入产出学科范围的讨论。

数等则成为系统性的客观表达，涵盖了经济过程中的直接影响和所有间接影响。

从实践意义上，中国经历了改革开放以来几十年的发展，取得了举世瞩目的成就，同时经济结构也发生了重大变革，而且这种变革远未停止。在今后相当长的时期内，我国经济将处于结构调整的关键阶段。作为结构分析的投入产出方法将在我国经济研究中发挥出独特作用。如对宏观经济政策结构效应的模拟、价格变化对结构调整带来的挑战、节能减排分析、产业区域间的梯度转移问题等，利用投入产出技术，结合统计数据进行分析测算，并得出对经济政策具有参考意义的结论。

同其他方法一样，投入产出技术也存在着明显局限。比如其基本假定很难找到现实土壤，虽然较为方便分析一定时期内系统的内在联系，但是在反映动态变化上不如总量分析灵活，其动态理论也没有达到静态框架那样的完善程度。但从总量分析到结构分析本身就是认知的深化，这一深化对于处于结构转型的中国经济而言是十分重要的，也为我们提供了对经济结构调整的理解和研究思路。

二、产业分类

为了满足不同需求，通常根据产业的某些特征将产业划分为不同的类别，目前产业一般的分类方法包括两大部类分类，农、轻、重产业分类，三次产业分类和标准产业分类等，其中前两者分类应用较少，国际上较为通用的是后两者。

在国际上，三次产业分类法是 20 世纪 30 年代由英国经济学家费希尔（Fisher）提出的，英国经济学家克拉克（ Clark）在此基础上逐步完善，20 世纪 70 年代库兹涅茨进一步发展了这种分类方法。按照费希尔的观点，第一产业为农业，即农、林、牧、渔各业，第二产业为工业，即采掘业、制造业、建筑业以及水电燃气的生产和供应业等部门，第三产业即为广义的服务业，包括第一、第二产业以外的所有行业和部门。这一划分标准的意义在于从产业角度看待社会经济，世界上许多国家在实际中都接受了他的划分标准。

国际劳工组织在 1952 年提出了最早的标准产业分类，联合国为了进一步统一世界各国的产业分类，在 1971 年颁布了《全部经济活动的国际标准产业分类索引》(Indexs to the International Standard Industrial Classification of all Economic Activities, ISIC)，并经过数次修订，目前使用的是 2008 年修订的 4.0 版本，把全部经济活动分为 21 个门类，以字母 A~U 编码。我国对产业进行分类的国家标准于 1984 年首次发布，分别于 1994 年和 2002 年进行修订，于 2011 年进行第三次修订，该标准（GB/T 4754—2011）于 2011 年 11 月 1 日起实施。此次修订除参照 ISIC（4.0）外，主要依据我国近年来经济发展状况和趋势，对门类、大类、中类、小类做了调整和修改。

根据《国民经济行业分类》(GB/T 4754—2011)，我国的三次产业划分为：第一产业是指农、林、牧、渔业（不含农、林、牧、渔服务业）。第二产业是指采矿业（不含开采辅助活动），制造业（不含金属制品、机械和设备修理业），电力、热力、燃气及水的生产和供应业、建筑业。第三产业即服务业，是指除第一、第二产业以外的其他行业。第三产业包括：批发和零售业，交通运输、仓储和邮政业，住宿和餐饮业，信息传输、软件和信息技术服务业，金融业，房地产业，租赁和商务服务业，科学研究和技术服务业，水利、环境和公共设施管理业，居民服务、修理和其他服务业，教育，卫生和社会工作，文化、体育和娱乐业，公共管理、社会保障和社会组织，国际组织，农、林、牧、渔业中的农、林、牧、渔服务业，采矿业中的开采辅助活动，制造业中的金属制品、机械和设备修理业。第一产业为 4 个大类；第二产业为 2 个门类和 36 个大类；第三产业为 15 个门类和 3 个大类。此次分类是国家统计局在 2002 年的行业标准下进行的修订，明确指出第三产业即服务业，并将 A 门类“农、林、牧、渔业”中的“05 农、林、牧、渔服务业”，B 门类“采矿业”中的“11 开采辅助活动”，C 门类“制造业”中的“43 金属制品、机械和设备修理业”三个大类一并调入第三产业。这样的调整是为了更好地反映我国三次产业的发展情况，满足国民经济核算、服务业统计及其他统计调查对三次产业划分的需求。

三、数据来源及方法

本书主要数据来自国家统计局提供的历年统计年鉴和投入产出表，以及相关网站资料，从静态和动态两个方面探讨产业结构变迁与经济增长关系，以期我国在供给侧改革背景下，促进产业结构的优化升级。具体来说，第二部分“我国产业结构变迁与经济增长关系研究”主要采用历年的统计年鉴数据，第三部分“中国产业关联动态分析”则主要是利用 2002~2012 年投入产出表来进行计算，同时也利用其他年份的投入产出表进行动态比较。第四部分“产业乘数效应、溢出效应和反馈效应”则采用区域间投入产出表进行分析。

研究方法包括投入产出分析、计量经济分析等。通过多种定性定量分析方法，力图从不同角度全面描绘中国产业结构的现状和走势，尤其是在当前我国经济处于新常态背景下，探讨产业结构如何进一步调整以适应新时期的需要，推动我国经济平稳快速发展，具有积极的现实意义。

第二节　中国产业结构变迁与经济增长关系研究

一、我国产业结构变迁与经济增长状况

根据 2015 年的中国统计年鉴，我国 2014 年的经济总量达到 636138.7 亿元，按 1978

年的不变价格计算，比前一年增长了8.2%，同样地，2014年我国第一产业增加值为58336.1亿元，增长了1.4%，第二产业的增加值为271764.5亿元，增长了8.2%，第三产业增加值为305809.7亿元，增长了8.9%。通过对我国1978~2014年的产业结构总体变化趋势分析，我们可以大概了解到我国近40年的产业结构变迁情况。

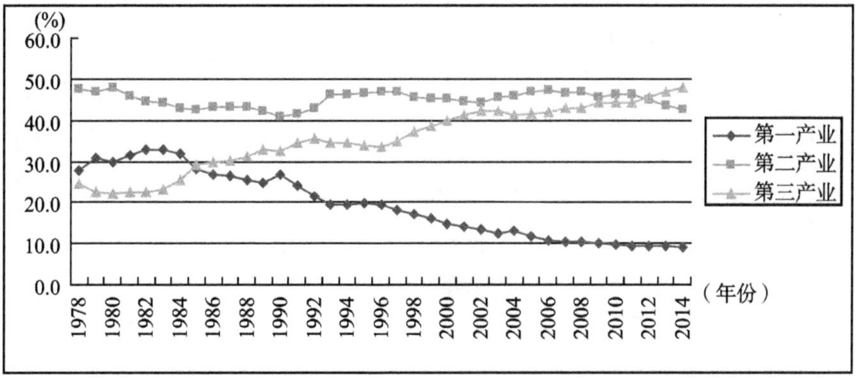

图2-1　我国三次产业结构变化趋势

由图2-1可知，1978年我国三产比重为27.9：47.6：24.5，第二产业在当时的中国占据着主导地位，农业次之。从图中可以看出在1985年我国的产业结构发生了变化，第三产业比重超过了农业，其比重调整为28.1：42.6：29.3，第二产业虽略有下降，但一直保持主导地位，自此以后第三产业比重不断上升，第二产业比重相对稳定，第一产业比重持续下降，于2012年三产的占比变更为9.5：45.0：45.5，第三产业比重首次超过第二产业。从图中还可以看出我国三次产业产值结构的变化幅度，发现第三产业增长最快，1978~2014年上升了23.6个百分点，而第一产业产值所占比重下降明显，1978~2014年下降了18.7个百分点，第二产业产值所占比重变化幅度较小，基本保持不变。

表2-1　2009~2014年中国产业结构比较　　单位：亿元、%

年份		2009	2010	2011	2012	2013	2014
第一产业	增加值	34154.0	39354.6	46153.3	50892.7	55321.7	58336.1
	贡献率	4.1	3.6	4.2	5.3	4.4	4.8
第二产业	增加值	157850.1	188804.9	223390.3	240200.4	256810.0	271764.5
	贡献率	51.9	57.2	51.5	49.3	48.0	47.1
第三产业	增加值	153625.1	180743.4	214579.9	243030.0	275887.0	306038.2
	贡献率	44.0	39.2	44.3	45.64	47.6	48.1
GDP增速		9.2	10.6	9.5	7.7	7.7	7.3

资料来源：根据《中国统计年鉴》（2015）的相关数据整理。

受2008年金融危机的影响，我国经济增长增速有所减缓。从2009~2014年数据看，三次产业贡献率变化较为稳定，第一产业在5%左右波动，第二产业贡献率明显下降，从最高的57.2%下降到47.1%，而第三产业贡献率则稳步上升，并逐渐超过第二产业，2014年第三产业拉动GDP增长（GDP增长速度与贡献率之积）首次超过第二产业，达到3.5%，而工业只有2.8%。可见我国产业结构的变化不仅体现在产业产值份额上，也体现在经济增长速度上。

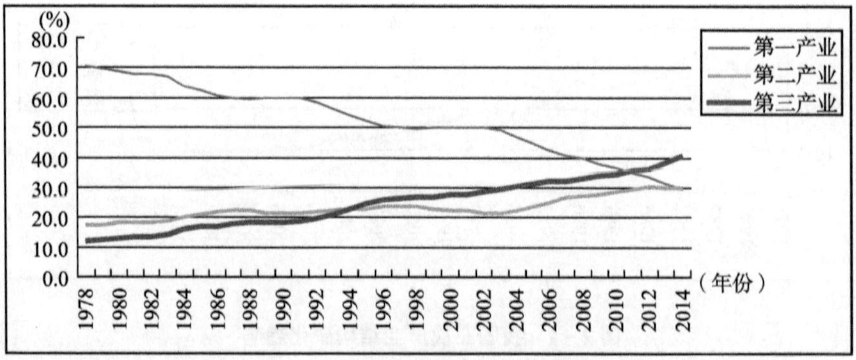

图2-2 我国就业结构变化趋势

在就业结构方面我们从图2-2中可以看出我国三次产业的劳动力转移情况，在1978年三次产业劳动力的就业结构比重为70.5：17.3：12.2，第一产业的比重明显高于其他两个产业，可见在当时的中国第一产业是吸纳劳动力的主导产业。2014年就业结构变化为29.5：29.9：40.6，第一产业劳动力比重持续下降，近40年间下降了41个百分点，而第二产业和第三产业劳动力比重不断上升，其中第三产业上升最为明显，于1978~2014年上升了28.4个百分点。这说明我国劳动力从第一产业向第二产业和第三产业转移，且大部分转移到了第三产业。

从上面的分析可以看出，我国经济运行稳中有进，产业转型的步伐加快，产业结构的层次在由“二、三、一”逐步向“三、二、一”转变。

二、我国产业结构变迁的测量

为了研究产业结构变迁与经济增长关系，首先需要找到各自的测量指标。经济增长的测量一般用GDP的增速来反映，对产业结构变迁的度量一般可以从产业结构的合理化和产业结构的高级化两个角度出发。其中产业结构的合理化是前提和基础，产业结构的高级化是目标和方向。

1. 产业结构合理化及度量指标

产业结构合理化是一个从相对不合理到相对合理的调整过程，是指为提高经济效益，要求在一定的经济发展阶段上根据科学技术水平、消费需求结构、人口基本素质和资源条件，对起初不合理的产业结构进行调整，实现生产要素的合理配置，并使各产业协调发展。在以往的研究中大多使用结构偏离度来衡量产业结构的合理化程度，其计算公式如下：

$$E = \sum_{i=1}^{n} \left| \frac{Y_i/L_i}{Y/L} - 1 \right| = \sum_{i=1}^{n} \left| \frac{Y_i/Y}{L_i/L} - 1 \right|$$

其中，E 代表产业结构的偏离度，Y 代表国内生产总值，L 代表劳动力就业人数，i 代表第 i 产业，n 代表产业部门数。由定义可知，Y_i/Y 是产值结构，L_i/L 是劳动力就业人数，因此，结构偏离度是用来衡量产值结构与就业结构对称性的一种经济指标。当经济发展达到均衡的时候，产值结构和就业结构也就达到均衡，这就意味着若各个产业的持续发展与其吸纳的劳动力保持一致，那么结构偏离度就为零。如果结构偏离度不为零，则说明经济发展偏离了均衡状态，结构偏离度越大，经济的发展就越偏离均衡，产业结构越不合理。但是，结构偏离度也存在着一个缺陷，它将各个产业在经济发展中的重要程度“一视同仁”，为了解决这个问题，下面我们引入泰尔指数来衡量产业的结构合理化。

泰尔指数由计算收入不平等而得名，它最早是由泰尔于 1967 年提出的，是衡量个人之间或者地区间收入差距的指标，而在 2011 年干春晖等对其重新定义发现它可以很好地度量产业的结构合理化程度。衡量产业结构合理化的泰尔指数的计算公式为：

$$TL = \sum_{i=1}^{n} \left(\frac{Y_i}{Y}\right) \ln\left(\frac{Y_i}{Y} / \frac{L_i}{L}\right) = \sum_{i=1}^{n} \left(\frac{Y_i}{Y}\right) \ln\left(\frac{Y_i}{L_i} / \frac{Y}{L}\right)$$

与结构偏离度一样，当经济发展处于均衡状态时泰尔指数为零，泰尔指数越小表明经济发展越均衡，产业结构的合理化程度越高。该指标和结构偏离度相比，其特点是既避免了绝对值的计算又考虑了各个产业的权重，同时保留了结构偏离度的经济含义。

2. 产业结构高级化及度量指标

产业结构高级化是指一国经济发展重点或产业结构重心由第一产业向第二产业和第三产业逐次转移的过程，是指产业结构从较低水平状态向较高水平状态转移的演进过程，也是产业结构向高技术化、高附加值化和高加工化发展的过程。在过去的研究中，学者们大多用第二产业和第三产业产值的比重来衡量产业结构的高级化，然而，随着我国经济的发展，第三产业发展迅猛，因此我们认为采用第三产业和第二产业产值之比可以更好地度量产业结构高级化。衡量产业结构高级化 TS 的计算公式如下：

$$TS = Y_3/Y_2$$

其中，Y_3 为第三产业产值，Y_2 为第二产业产值，TS 越大表明产业结构高级化程度越高。

3. 我国产业结构变迁的度量

我们运用泰尔指数 TL 和第三产业与第二产业产值之比 TS 测算我国 1978~2014 年的产业结构变迁情况，结果如图 2-3 所示。

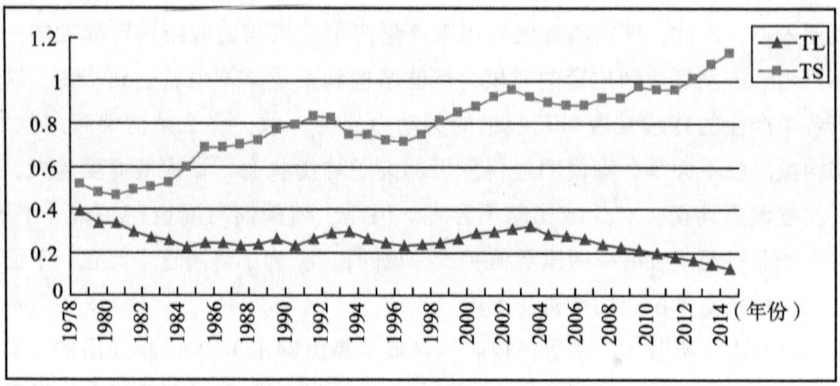

图 2-3　我国产业结构合理化和高级化变化趋势图

1978~2014 年我国的泰尔指数和 TS 值呈现出一定的波动性，TS 值的波动性要明显大于 TL 值。其中 TL 值虽波动较小，比较稳定，但整体上在逐年下降，1978~2014 年下降了大约 0.27，这说明我国的产业结构合理化水平在逐渐提高，经济发展逐渐趋于均衡。TS 值波动性较大，但整体上一直处于不断上升的趋势且于 2012 年 TS 值超过 1，说明我国的产业结构高级化水平在不断上升，“经济服务化”趋势逐渐显现。

三、产业结构变迁与经济增长的关系

为了更深入地探讨我国产业结构变迁与经济增长的关系，我们借鉴干春晖等（2011）的思路，构建出经济增长与产业结构合理化和高级化的、初步的多元回归模型：

$$Y_i = \beta_1 + \beta_2 \ln TL_i + \beta_3 \ln TS_i + u_i$$

其中，Y 代表国内生产总值增长率，TL 是泰尔指数，用来度量产业结构的合理化程度，TS 是第三产业产值与第二产业产值的比值，用来衡量产业层次的高级化水平，i 表示时间，u 表示随机扰动项，β_1、β_2、β_3 为参数。

但考虑到经济增长受到多方面的影响，若仅从产业结构角度设定上述模型并分析经济结构对经济增长的影响可能会导致模型错误，从而得到错误结论。为了避免上述情况产生，我们引入控制变量，同时为了避免控制变量的随意性，我们借鉴弗兰克（2005）以及干春晖（2011）的处理方法，在具体分析经济结构对经济增长影响时，直接利用解释变量与被解释变量的交互项作为控制变量引入模型，因此计量模型转变为如下形式：

$$Y_t = \beta_1 + \beta_2 \ln TL_t + \beta_3 \ln TS_t + \beta_4(Y_t \times \ln TL_t) + \beta_5(Y_t \times \ln TS_t) + u_t$$

由上文看出，改革开放以来，我国经济结构发生了巨大变化，无论是产业结构的合理化还是产业结构的高级化都经历了多次变动，但其变化与中国经济改革进程是密切相关的，具有较强的时段性特征。因此，若要真正认识产业结构变迁对经济增长的影响，我们有必要将产业结构与经济增长之间的关系分阶段进行研究。一些经济史专家如：董辅礽、汪海波等，将中国 1978 年以来的改革进程分为四个阶段，本书在他们的分段方式基础上将 1978～2014 年分为以下三个阶段：1978～1992 年、1993～2004 年、2005～2014 年，并将估计得到的结果记录在表 2-2 中。

表 2-2　模型估计结果

解释变量	时间段			
	1978～2014 年	1978～1992 年	1993～2004 年	2005～2014 年
常数项 C	0.096154* (26.49182)	0.11918* (15.41970)	0.108454* (7.276775)	0.093236* (22.76483)
lnTL	0.063250* (24.46395)	0.078805* (13.78564)	0.082593* (5.176601)	0.053910* (22.07160)
lnTS	0.026003* (3.350736)	0.030833* (3.261614)	-0.012744 (-0.238843)	0.176549* (14.52396)
Y×lnTL	-0.667251* (-30.82973)	-0.669714* (-21.63156)	-0.741806* (-9.687121)	-0.578086* (-62.41047)
Y×lnTS	-0.237745* (-2.941483)	-0.222452*** (-2.200391)	-0.005888 (-0.013147)	-1.905641* (-14.20995)
拟合优度	0.992	0.996	0.997	0.9998
D-W 值	1.113	2.539	1.258	2.806

注：本书估计结果由 Eviews 给出，*、**、*** 分别表示在显著性水平为 1%、5%、10%下显著，括号内为解释变量估计值的 t 值。

由表 2-2 的数据可以看出，总体上我国的产业结构的合理化和高级化演变都对经济增长有正面的影响，但两者的影响力有所不同，而且在不同时期两者的影响强度也不尽相同。产业结构的合理化指标的参数估计在所有的估计中都表现出较高的显著性，这说明产业结构的合理化对于经济增长具有持续效应，其作用机理也具有稳定性。从不同的阶段看，合理化指标对经济增长的影响强度并不相同，这就意味产业结构合理化对经济增长的作用可能取决于产业结构本身，还可能与经济发展速度密切相关，这一点从以下两方面可以看出：①产业结构的指标与经济增长的交互项的估计值都比较大且显著性水平很高；②就产业结构合理化而言，1993~2004 年和 2005~2014 年两个阶段中，第一阶段作用明显高于第二阶段，高出 53%。因此，一般可认为，在经济比较落后、增长率较低的时候，一定程度上的产业不合理还可以支撑经济的增长，但经济发展到一定程度或者经济增长较快的时候，产业结构的不合理则会在一定程度上产生抑制作用，这也符合中国的实际情况。

从整体上看，产业结构的合理化的作用强度明显高于产业结构的高级化，在 1978~1992 年以及 1993~2004 年也是如此，但在 2005~2014 年高级化的作用则强于合理化，在 1993~2004 年高级化对经济增长出现负的影响，这表明产业结构的高级化对经济增长的影响比较复杂，且两者间的关系不确定，这就意味着我们必须理性地看待产业结构的高级化。

通过产业结构对经济增长的影响研究，我们发现在过去的将近 40 年间产业结构对经济增长的贡献主要是通过产业结构的合理化发挥作用，产业结构的高级化作用则相对较小。造成这种现象的原因主要是我国是一个人口大国，劳动力的就业问题始终是产业结构调整的一个重要部分，而产业结构合理化的实质就是如何更多地吸收剩余劳动力，所以其对经济增长的作用更强就合乎情理了。另外，就是在改革初期我国的服务业还比较落后，虽然说世界经济的服务化进程始于 20 世纪 70 年代，但中国仍然是以工业为主，所以服务业尤其是生产性服务业的落后并不能产生强大的经济能动性，这可能就是产业结构高级化没有对我国经济发展起到很强作用的主要原因。

上述分析我们是从中国整体来建立模型的，由于产业结构和经济增速的巨大地区差异，我们进一步考虑了利用各省面板数据来分析。由于资料的原因，我们采用如下的模型：

$$Y_{it} = \mu_i + \beta_1 X_{1t} + \beta_2 X_{2t} + \beta_3 X_{3t} + \beta_4 X_{4t} + \beta_5 X_{5t} + \varepsilon_{it}$$

其中，因变量为对数化后的各地区 GDP，自变量分别为：城镇化率、第二产业就业比重、第三产业就业比重、第三产业增加值比重、工业化率（以第二产业增加值比重表示）。这些变量分别从产业结构、城乡结构和就业结构三个方面来解释地区经济增长，也许并不能完全刻画结构对经济增长的影响，但是作为经验性分析，无疑是可以说明问题的。分析数据是我国30个地区1997~2013年面板数据，来自中国各年的统计年鉴。

对于面板数据而言，在建模型时需要考虑是混合模型还是固定效应模型或者是随机效应模型①。通过BG检验否定了混合效应模型，然后利用基于Bootstrap方法的稳健豪斯曼检验得到检验值为11.91，p值为0.0361②，因此应该建立固定效应模型。利用STATA13.0软件估计模型结果如表2-3所示。

表2-3　固定效应模型估计结果

Y	Coef.	Robust Std. Err.	t	p>|t|
x_1	0.0157642	0.0024749	6.37	0.000
x_2	-0.0012805	0.0004878	-2.63	0.018
x_3	0.0135485	0.0044878	3.02	0.008
x_4	0.0135957	0.0033522	4.06	0.001
x_5	0.0213267	0.0045252	4.71	0.000
_cons	1.901941	0.2157409	8.82	0.000
sigma_u	0.18083866			
sigma_e	0.07855496			
rho	0.84125738	(fraction of variance due to ui)		

从估计结果看，方程各系数在5%的显著性水平下均统计显著，工业化对经济增长的促进作用最大，其系数为0.021；其次为城镇化率，然而第二产业的就业比重的估计系数为负（利用不同方法和模型进行估计系数均小于0），这可能有几个方面的原因：一是实际中工业吸纳的就业人数与工业发展并不同步。近年来河南省经济快速发展，在很大程度上是由工业发展推动的，而就业除了受产业发展影响外，还有很多其他因素（如制度、心理、习惯等）起作用，或者说经济的快速发展并没有带来就业的同步跟进，这也是当前社会经济发展中人们关注的热点之一。二是指标的替代性问题，由于很难得到工业部门吸纳的就业人数，这里我们用第二产业的就业比重来替代，二者本身就存在着口径的不一致性。

① 我们注意到不少实证研究采用了动态面板模型进行分析，在估计时往往需要较多的工具变量。实际上，在国内外的研究中，对于工具变量的选择一直存在较多争论，不同的工具变量对估计结果有较大影响，而寻找合适的工具变量并不容易。因此，这里我们采用静态面板模型。

② 如果直接进行豪斯曼检验，得到的结果是119.34，p值为0.0000，十分显著，但是此时豪斯曼检验并不稳定。

第三节　中国产业关联动态分析（2002~2012年）

产业关联分析是借助投入产出表对产业之间在生产、分配、交换上发生的联系进行分析研究，从而为认识一国国民经济各产业部门的比例关系及其特征，进而为经济预测、经济计划和产业政策服务。该方法于20世纪30年代由列昂惕夫首次提出，并很快在各国得到广泛应用。对于中国经济而言，Liu利用1987~1992年的数据分析了中国经济产出增长与结构变化的原因，李强、薛天栋则将时间区间扩大到1983~1995年，通过可比价投入产出数据分析了中国产业关联特征。与以上研究仅仅局限于国内纵向比较不同，胡秋阳运用1987~1997年的三张投入产出表，通过与日本工业化发展阶段的横向比较，来研究中国经济需求与产业结构之间的关系。王岳平等利用1997年以及2002年投入产出表数据，分析国民经济中产业结构的关联特征。虽然目前的相关研究已经取得丰硕的成果，但是大量的研究主要集中在2007年之前。而对2007年之后的中国产业关联特征分析得不够深入，因此，本书将选用最近10年（2002~2012年）的3张投入产出表数据进行分析，深入剖析我国产业结构和产业关联变动趋势。

一、2007年与2012年投入产出表的差异

由于我国2012年投入产出表采用的部门分类是参照我国新的国民经济行业分类（《国民经济行业分类 GB/T4754—2011》）制定的，因此与以往的表有较大不同。2012年投入产出表的二级分类规模为139个产品部门，2007年则是144个部门，部门有所减少。主要是采用了不同的分类标准，具体可以参考两个不同年份编表时所采用的部门分类及其解释。

在2012年最明显的区别是名称的变化。现在称为产品表，而以前均称为产业表。这实际上是突出了投入产出的“纯部门”假定条件，并无本质区别，在投入产出表中，产品、产业和部门不加区别地使用。但是由于部门分类发生了较大变化，因此需要引起注意。与2007年的表相比，2012年42部门表的变化主要原因在于行业分类标准不同。综合来看，2012年42部门表至少有如下几个方面与2007年的表存在不同：

（1）项目名称和内容均不相同。在2012年的42部门表中，新增加了一些分类。比如新增加了金属制品、机械和设备修理服务（此项原来属于“制造业”，现为第三产业）和专用设备项目（把原来的通用、专用设备制造业分成两部分），同时减少了邮政业、综合技术服务业，另外仪器仪表和其他制造产品两个产品部门也与2007年

的仪器仪表及文化办公用机械制造业和其他制造业分类也不相同，这样总的部门数目不变，但是项目内容差异较大。

（2）名称相同，内容不同。在两个表中，有些部门名称保持了原有称谓，但是其具体内容有所变化。比如非金属矿和其他矿采选部门，在两张表中均有此部门，但是2012年的表中，该部门除了2007年的原有内容外，还包括开采辅助服务和其他采矿产品，这一项目实际上是2007年的地质勘探业，在2007年归类综合技术服务业里，而目前属于第三产业。在通用设备里，除了原有分类外，还包括了文化、办公用机械制造品，这一类在2007年则归于仪器仪表及文化办公用机械制造业。此外，在卫生和社会工作这一部门里，社会工作只包含社会福利部分，社会保障则放在公共管理、社会保障和社会组织里，而在2007年的表中，社会保障和社会福利统一归于卫生、社会保障和社会福利业。

（3）名称不同，内容相同。两张表中还存在一些名称不同但是实际内容相同的分类，尤其是在二级分类里面。比如交通运输、仓储和邮政业这一大类里，包括铁路运输、航空运输等8个二级分类，原来的城市公共交通这一类并没有单独出现，而是与道路运输归为一类；交通设备制造业二级分类中包含5个小类，而2007年则只有4个小类，实际上是把汽车制造业分为汽车整车制造和汽车零部件及配件制造两小类，这样的调整显然是为了更好地反映当前产业价值链在全球范围内延伸这一趋势。

基于投入产出表存在上述的诸多差异，要对近10年来我国的产业结构变化进行动态描述和分析，就需要对现有的投入产出表按照相同的分类标准重新调整。为了方便起见，我们将2002年、2007年以及2012年的投入产出表都合并成32部门，并将2012年B门类中的“金属制品、机械和设备修理服务”调入第三产业。

二、主要分析指标

分析产业之间的技术经济联系的统计指标很多，最基本、最常用的主要有直接消耗系数、完全消耗系数、列昂惕夫逆系数、影响力系数和感应度系数等，这里我们主要用中间投入系数、影响力系数和感应度系数。

（1）中间投入系数（率）。各产业部门的中间投入占总投入的比重（也为直接后向关联系数），即各产业在自己的生产活动中，为生产单位产值的产品需从其他产业购进的原料和服务在其中所占的比重，它从各产业部门生产活动的技术特性角度反映了它们对整个经济发展的诱导作用。

（2）影响力系数。影响力系数是反映国民经济某一部门增加一个单位最终使用时，对国民经济各部门所产生的生产需求波及程度。影响力系数 F_j 的计算公式为：

$$F_j = \frac{\sum_{i=1}^{n} \overline{b_{ij}}}{\frac{1}{n} \sum_{i=1}^{n} \sum_{j=1}^{n} \overline{b_{ij}}}$$

其中，$\overline{b_{ij}}$为列昂惕夫逆系数。影响力系数大于1，则表示该部门生产对其他部门所产生的波及影响程度超过社会平均影响力水平，影响力系数越大，该部门对其他部门的需求拉动作用越大。

(3) 感应度系数。感应度系数是反映国民经济各部门均增加一个单位最终使用时，某一部门由此而受到的需求感应程度。感应度系数 E_i 计算公式为：

$$E_i = \frac{\sum_{j=1}^{n} \overline{b_{ij}}}{\frac{1}{n} \sum_{i=1}^{n} \sum_{j=1}^{n} \overline{b_{ij}}}$$

感应度系数大于1，表示该部门所受到的感应程度高于社会平均感应水平。

三、中国投入率变化分析

中间投入率（系数）是各产业部门的中间投入占总投入的比重（也称为直接后向关联系数），反映各部门对整个经济发展的诱导作用。一般来说，一个国家或地区在工业化过程中，中间投入率的上升是普遍规律。在工业化过程中，产业结构逐步由劳动密集型产业向资本密集型产业和技术密集型产业转变，同时生产的再加工程度加深，技术进步使得资本技术对劳动力的替代程度大大增强，各产业部门之间的经济联系也越发紧密，由此导致中间投入增加，使得中间投入率也在不断上升。

表 2-4　中间投入率描述统计　　单位：%

变量	N	极差	最小值	最大值	平均值	标准差	变异系数
2002 年中间投入率	32	82.80	0.00	82.80	60.30	19.22	31.87
2007 年中间投入率	32	66.85	16.62	83.47	64.90	19.25	29.67
2012 年中间投入率	32	60.70	22.66	83.36	65.37	18.62	28.48
2002~2012 年变化率	32	81.22	-32.54	48.68	7.76	13.05	168.14
2002~2007 年变化率	32	82.44	-38.16	44.28	6.50	14.24	219.08
2007~2012 年变化率	32	75.49	-22.43	53.06	2.53	12.60	497.57

我们运用2002~2012年的32个部门投入产出表进行描述统计，所得结果如表2-5所示，这10年间我国中间投入率的平均值在逐渐上升，由2002年的60.3%上升到2007年的64.9%，2012年达到65.37%，10年间上升了5个百分点，而且变异系数

也是在逐年下降，标准差2012年比2002年有所下降，说明我国产业差异在逐渐降低。从变化率看，2007~2012年的变异系数最大为497.57%，2002~2007年的变异系数为219.08%，前者是后者的2.3倍，说明我国的产业结构调整明显加快。

表2-5　2002~2012年中国分行业中间投入率变化表　　单位:%

代码	中间投入率			变化率			代码	中间投入率			变化率		
	2002年	2007年	2012年	2002~2012年	2002~2007年	2007~2012年		2002年	2007年	2012年	2002~2012年	2002~2007年	2007~2012年
1	41.8	41.38	41.4	-0.9	-1.0	0.2	17	73.8	80.5	80.1	8.6	9.1	-0.5
2	43.1	54.1	50.7	17.5	25.3	-6.2	18	75.9	83.0	83.4	9.9	9.4	0.5
3	28.9	40.3	38.9	34.7	39.4	-3.3	19	79.0	83.5	83.0	5.1	5.7	-0.6
4	56.9	64.8	61.0	7.2	13.8	-5.8	20	74.3	78.8	77.4	4.2	6.1	-1.8
5	53.5	60.8	55.8	4.4	13.7	-8.1	21	71.9	75.0	79.3	10.3	4.4	5.6
6	68.9	75.6	76.5	10.9	9.7	1.1	22	0.0	19.1	22.7	—	—	18.5
7	75.2	80.5	81.1	7.7	7.0	0.7	23	49.9	72.0	74.2	48.7	44.3	3.1
8	75.4	77.7	78.6	4.3	3.0	1.2	24	79.6	80.0	78.3	-1.6	0.4	-2.0
9	72.7	76.2	77.3	6.3	4.8	1.4	25	50.0	53.5	54.1	8.2	7.1	1.0
10	66.3	76.2	76.2	14.9	14.8	0.04	26	76.6	76.9	73.4	-4.1	0.4	-4.4
11	82.8	82.2	81.4	-1.7	-0.7	-1.0	27	51.9	53.8	63.0	21.4	3.7	17.1
12	73.1	79.7	80.8	10.6	9.1	1.4	28	45.9	39.9	30.9	-32.5	-13.0	-22.4
13	67.1	72.5	74.7	11.4	8.1	3.0	29	59.5	62.4	59.1	-0.6	4.9	-5.3
14	75.6	80.5	82.0	8.4	6.4	1.9	30	36.1	31.1	40.4	12.0	-13.9	30.0
15	76.3	79.2	80.2	5.0	3.7	1.3	31	26.9	16.6	25.4	-5.3	-38.2	53.1
16	71.9	76.9	78.7	9.4	6.9	2.3	32	48.8	52.2	51.8	6.3	7.0	-0.6

注：根据2002年、2007年、2012年投入产出表整理得出。

从表2-5可以看出我国2002年、2007年以及2012年不同部门的中间投入率和不同年份的变化情况。我国中间总投入率2002年为61.12%，于2007年达到了67.51%，2012年稍有回落，为66.48%，但整体上是呈上升趋势的，2012年比2002年增长了5个百分点，这种发展也符合产业发展的一般规律。第一产业中间投入系数有所下降，但仍都保持在40%以上；第二产业各部门中间投入率大多在70%左右，第二产业对经济的关联最强；第三产业相对来说中间投入率较低，基本都在60%以下。同时我们看到中间投入率的最小值在10年间增长迅速，22（废品废料）个部门的中间投入率从2002年的0增长到2012年的22.7%。

从各部门看，在2002~2012年，多数部门的中间投入率都有所提高。整体来看，第二产业的中间投入率变化更为显著，尤其以电力、热力的生产和供应、石油和天然气开采产品等部门表现得最为显著，其变化率高达48.7%和34.7%，即在过去的10年间电力、热力的生产和供应、石油和天然气开采产品得到了飞跃性的发展，但它们的变化主要发生在前5年，而后5年间以金融和房地产业发展最为迅猛，其变化率为30%和53.1%，这和同期经济发展政策是一致的，随着社会经济的发展，以金融、房地产业为代表的现代服务业的兴起使得我国的产业结构发生了明显变化，通过积极发展现代服务业，进而对整个社会经济产生明显的诱导作用。金融业与房地产业的兴起与同期积极的财政政策和城镇化进程相吻合。

从中间投入率下降的部门看，近10年来有7个部门下降，但是保持持续下降的只有石油、炼焦产品和核燃料加工品、批发和零售业，其他部门则在不同阶段呈现波动性特征。最近5年来有13个部门下降，其中第二产业就有10个，下降的部门数高于前5年，下降幅度最大的主要是批发和零售业，下降的变化率为22.4%，这也与我国近几年来大力发展现代服务业，而传统服务业比重降低的现状相吻合。

为了进一步比较不同时期我国分行业的中间投入率，我们做出了不同年份的中间投入率折线图（如图2-4所示），我们可以看到2007年和2012年在这32个部门中都表现出较高的一致性，与2002年也有一定的差异，但差异不是很大。其中2002年的废品废料的中间投入率为0，所以图形在这里骤减。整体上看，大多数产业的中间投入率是逐渐上升的，但是不同行业的变化并无明显的规律性，尤其是服务业波动明显。

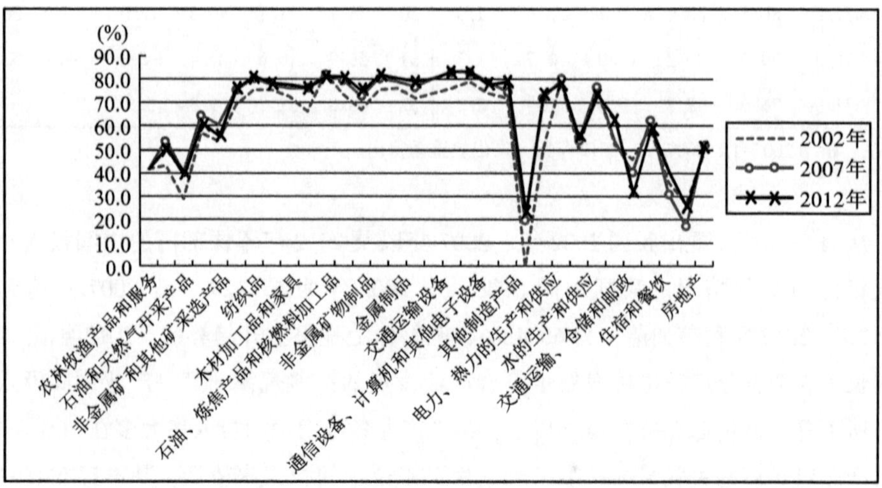

图2-4 我国分行业中间投入率折线图

四、感应度系数、影响力系数变化分析

从感应度系数和影响力系数看，两个不同时期系数整体上都有所变化，反映了这一段时期我国产业结构的调整结果。从不同时期各系数的排名看，基本上具有一致性，无论是直接用原始变量计算的皮尔逊相关系数，还是根据排序结果计算的斯皮尔曼和肯德尔的 tau 相关系数在整个时期都是显著相关的。同时，2007 年与 2012 年的感应度系数相关性最大，说明这两个时期感应度排名变化最小；相应的，2002 年和 2012 年的感应度系数相关性最小，说明我国的产业结构在这 10 年间有明显的变化，或者说这一时期产业结构调整力度很强。从影响力系数方面来看，有着和感应度系数一样的规律，但是明显可以看出影响力系数变化整体比感应度系数要小。

表 2－6 感应度系数相关分析

		感应度系数 2007 年	感应度系数 2012 年
感应度系数 2002 年	Pearson 相关	0.930**	0.954**
	Kendal tau 相关	0.774**	0.754**
	Spearman 相关	0.917**	0.916**
感应度系数 2007 年	Pearson 相关		0.965**
	Kendal tau 相关		0.802**
	Spearman 相关		0.936**

注：括号里为 p 值，** 表示在 0.01 的水平下显著（双尾）。

表 2－7 影响力系数相关分析

		影响力系数 2007 年	影响力系数 2012 年
影响力系数 2002 年	Pearson 相关	0.953**	0.935**
	Kendal tau 相关	0.855**	0.831**
	Spearman 相关	0.960**	0.952**
影响力系数 2007 年	Pearson 相关		0.983**
	Kendal tau 相关		0.895**
	Spearman 相关		0.981**

注：括号里为 p 值，** 表示在 0.01 的水平下显著（双尾）。

为了进一步分析我国不同年份部门之间的感应度系数和影响力系数的变化情况，我们制作出表 2-8。

表 2-8 我国分行业感应度系数与影响力系数情况

代码	2002 年		2007 年		2012 年		2002 年		2007 年		2012 年	
	感应度系数	排名	感应度系数	排名	感应度系数	排名	影响力系数	排名	影响力系数	排名	影响力系数	排名
1	1.4917	5	1.4236	4	1.4855	5	0.7699	28	0.7049	28	0.7152	28
2	0.9500	16	0.8944	16	1.1261	12	0.8190	27	0.8785	23	0.8206	26
3	1.1290	10	1.3957	5	1.2733	7	0.6774	30	0.7609	27	0.7311	27
4	0.6679	23	0.8003	20	0.8708	16	0.9563	19	1.0088	18	0.9538	20
5	0.5257	27	0.4827	27	0.5651	23	0.9248	21	0.9555	21	0.9175	22
6	0.8138	19	1.0184	11	1.1439	11	0.9920	18	0.9599	20	0.9701	18
7	1.0366	12	1.0108	12	1.1019	15	1.1731	9	1.1777	8	1.1660	11
8	0.5588	24	0.5592	25	0.4936	28	1.2004	6	1.1757	9	1.1741	10
9	0.6762	22	0.6435	22	0.6509	22	1.1275	13	1.1075	14	1.1413	12
10	0.9694	15	0.8460	19	0.7632	20	1.0625	15	1.1186	12	1.1358	13
11	1.1278	11	1.2845	9	1.2267	10	1.0231	17	1.0110	17	0.9870	17
12	2.6615	1	2.8031	1	2.8187	1	1.1488	11	1.1857	7	1.1974	7
13	0.7125	20	0.7648	21	0.7677	19	1.0502	16	1.0664	15	1.1041	15
14	2.1724	2	2.5210	2	2.3619	2	1.1514	10	1.1740	10	1.1878	8
15	0.8825	18	0.8608	17	0.7896	18	1.2186	5	1.2208	5	1.2323	6
16	1.2816	9	1.3436	7	1.1147	13	1.1823	7	1.2051	6	1.2408	5
17	1.0115	14	0.9356	13	0.7282	21	1.2301	4	1.2872	4	1.2606	3
18	0.8968	17	0.9199	14	0.8396	17	1.2323	3	1.2923	2	1.3039	2
19	1.3169	8	1.3600	6	1.2635	8	1.3628	1	1.3792	1	1.3478	1
20	0.5443	26	0.5426	26	0.5083	26	1.2562	2	1.2921	3	1.2414	4
21	0.5047	29	0.4395	29	0.3668	32	1.1279	12	1.1152	13	1.1783	9
22	0.5022	30	0.6256	23	0.4971	27	0.3895	32	0.4581	32	0.5533	31
23	1.3579	7	2.0501	3	1.6945	3	0.8555	25	1.0656	16	1.0586	16
24	0.4288	32	0.3831	30	0.4061	30	1.1168	14	0.9993	19	0.9635	19
25	0.4553	31	0.3801	31	0.3720	31	0.8677	24	0.8659	25	0.8582	23
26	0.5190	28	0.3726	32	0.4397	29	1.1762	8	1.1544	11	1.1305	14
27	1.5274	4	1.1958	10	1.2520	9	0.9017	22	0.8572	26	0.9331	21
28	1.4745	6	0.8484	18	1.1098	14	0.8314	26	0.6896	29	0.5890	30
29	0.6843	21	0.6035	24	0.5354	24	0.9317	20	0.8871	22	0.8538	24
30	1.0244	13	0.9186	15	1.2999	6	0.7143	29	0.5896	30	0.6656	29
31	0.5473	25	0.4539	28	0.5279	25	0.6380	31	0.4883	31	0.5363	32
32	1.5476	3	1.3182	8	1.6057	4	0.8908	23	0.8679	24	0.8511	25

从分行业看，不同时期感应度系数始终保持上升的有4个部门，都集中在第二产业，分别是金属矿采选产品、食品和烟草、化学产品、非金属矿物制品，这些行业大多集中在采掘业和制造业部门，反映了我国充分利用自身的资源优势，也带动了相关产业的发展，并取得了良好效果。从排名变化上看，感应度系数排名增加幅度最大的是食品和烟草行业，提升了8位，金属矿采选产品和金融业均提升了7位。降低幅度最快的是批发和零售业，下降了8位，交通运输设备下降了7位，这些都反映了我国产业结构的变化特征。

从影响力系数看，其变化相对平稳很多。影响力始终保持上升的有8个部门，分别是石油和天然气开采产品、化学产品、非金属矿物制品、金属冶炼和压延加工品、通用、专用设备制造业、交通运输设备、电气机械和器材、电力、热力的生产和供应行业，它们仍然都是集中在第二产业。其中热力的生产和供应行业上升了9位，是上升最快的；其次是化学产品上升了4位，下降最快的是建筑业下降了6位，其次是燃气生产和供应产业下降了5位。从这些变化看，反映了我国产业结构的调整和变动方向，一些传统产业逐渐淡出市场，无论是其所占的产值份额还是对社会经济的前向后向关联作用都有明显下降，而能源产业和制造业等对社会经济的影响逐渐增强，这就要求我们一方面要进一步保持优势和主导产业，另一方面也要注意有关产业的转移，充分发挥我国的自身优势，继续优化调整产业结构，促进社会经济的协调发展。

以感应度系数为x轴，影响力系数为y轴，我们可以做出2002年、2007年、2012年的32个部门感应度系数、影响力系数散点图（如图2-5、图2-6、图2-7所示）：如果以1为分界线，我们可以看到它把感应度系数和影响力系数分成了四个区域：两个系数均大于1的区域，两个系数均小于1的区域，以及只有一个系数大于1的区域。2002年两个系数均大于1的行业有7个，2007年减少为6个，2012年也为

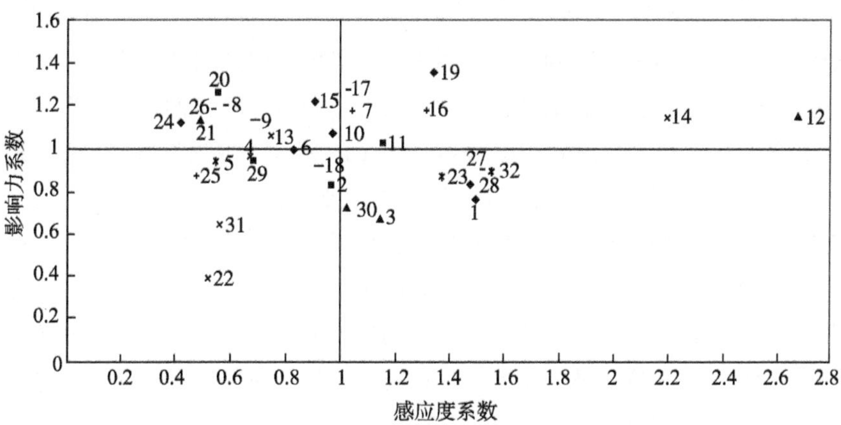

图2-5 2002年32个部门感应度系数、影响力系数散点图

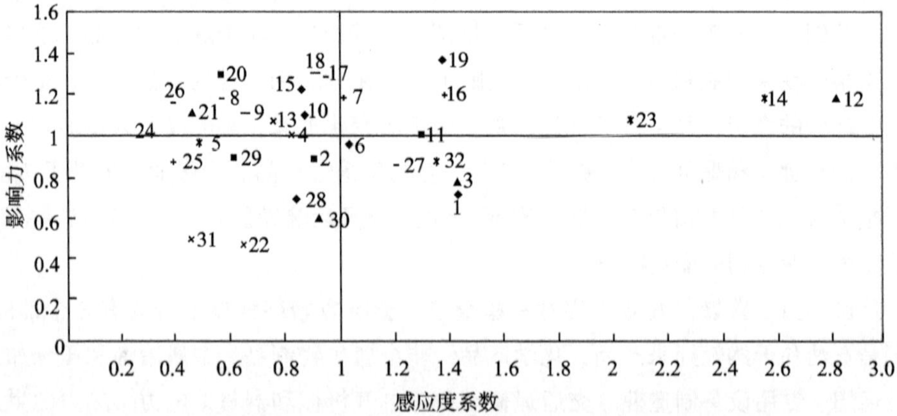

图 2-6　2007 年 32 个部门感应度系数、影响力系数散点图

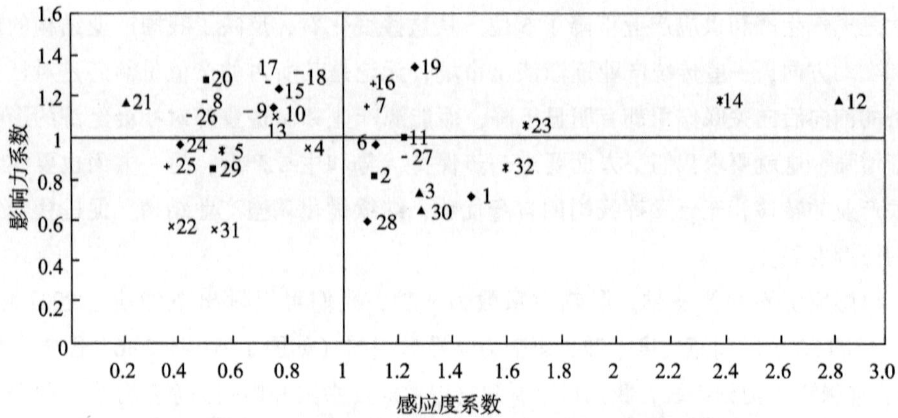

图 2-7　2012 年 32 个部门感应度系数、影响力系数散点图

6个，这些产业基本都集中在第二产业，说明我国大力发展工业的政策效果明显，产业结构优化升级对我国的拉动和推动作用进一步增强，但是需要注意工业的发展对其他产业（尤其是服务业）发展的“挤出效应”。其中在10年间两个系数始终大于1的有纺织品、化学产品、金属冶炼和压延加工品、通用、专用设备制造业、通信设备、计算机和其他电子设备行业，反映了我国的优势和主导行业。

产业政策的实施和产业结构的调整是中长期国民经济管理的主要内容之一，而主导产业部门的选择正确与否将直接影响到经济增长和社会发展。在研究产业结构和发展战略时，突出的问题就是要找到发展的重点对象，尤其是采取不平衡增长模式时，投资决策的首要内容就是确定主导产业。主导产业的确定通常用关联度的概念来描述某部门对整体经济的影响力。一般用感应度系数、影响力系数、方差系数、价值量等指标确定。

由于感应度系数和影响力系数实际上是一个平均数，并不能完全反映某一产业的实际影响，比如有些部门仅与几个特定部门的联系密切，使得 $\bar{b}_{ij}$ 较大，但是影响范围却很小。为了消除这一类误差，引入方差系数：

$$D_j = \frac{\sigma_j}{\bar{\bar{b}}_j} = \frac{\sqrt{\dfrac{\sum(\bar{b}_{ij} - \bar{\bar{b}}_j)^2}{n-1}}}{\bar{\bar{b}}_j},\quad D_i = \frac{\sigma_i}{\bar{\bar{b}}_i} = \frac{\sqrt{\dfrac{\sum(\bar{b}_{ij} - \bar{\bar{b}}_i)^2}{n-1}}}{\bar{\bar{b}}_i}$$

其中，σ_i、σ_j 分别为列昂惕夫逆矩阵中第 i 行、第 j 列的标准差，$\bar{\bar{b}}_i$、$\bar{\bar{b}}_j$ 为第 i 行、第 j 列的平均值。

如果 D_i 或者 D_j 高则说明该产业连带作用主要集中在几个部门，低则说明该产业的连带作用平均分散在多个部门。这也消除了前面所说的扩散能力和扩散感应理论值高但是实际值很小所造成的判断误差。因此，可以根据感应度系数和影响力系数以及各自的方差系数来确定主导产业。显然，感应力系数、影响力系数越大，且方差系数越小，则该产业在经济中越重要，从而可以确定为主导产业。

但是方差系数本身并没有明确的判定数值，完全依靠研究者的主观意愿来确定，这就会造成较大的误差。同时，依次的比较也会造成工作量的加大。鉴于此引入价值量指标：

$$W_j = \frac{f_j}{D_j},\quad W_i = \frac{f_i}{D_i}$$

显然，价值量指标越大，则该部门在经济结构中所占的地位也就越高，也就是我们所要确定的关键部门。

通过对 2012 年 32 个部门投入产出表的分析，我们可以得到如下计算结果：

表 2－9　2012 年影响力系数、感应度系数及其对应结果

代码	影响力系数 F_j	D_j	W_j	排名	感应度系数 E_j	D_i	W_i	排名
1	0.7152	3.3336	0.2146	28	1.4855	1.7644	0.8420	6
2	0.8206	2.8049	0.2925	26	1.1261	2.0470	0.5501	11
3	0.7311	2.7060	0.2702	27	1.2733	1.8569	0.6857	9
4	0.9538	2.3583	0.4044	19	0.8708	2.6135	0.3332	16
5	0.9175	2.1140	0.4340	14	0.5651	3.4262	0.1649	22
6	0.9701	2.8968	0.3349	24	1.1439	2.3301	0.4909	13
7	1.1660	2.8514	0.4089	16	1.1019	3.1209	0.3531	15
8	1.1741	2.1664	0.5420	8	0.4936	4.4367	0.1113	28
9	1.1413	2.5432	0.4488	13	0.6509	4.4397	0.1466	24

续表

代码	影响力系数 F_j	D_j	W_j	排名	感应度系数 E_j	D_i	W_i	排名
10	1.1358	2.3146	0.4907	10	0.7632	3.3547	0.2275	20
11	0.9870	2.4287	0.4064	18	1.2267	1.6841	0.7284	7
12	1.1974	2.9201	0.4101	15	2.8187	1.1986	2.3516	1
13	1.1041	2.1593	0.5113	9	0.7677	3.1255	0.2456	19
14	1.1878	2.6104	0.4550	12	2.3619	1.4273	1.6548	2
15	1.2323	2.0359	0.6053	5	0.7896	2.7780	0.2842	18
16	1.2408	2.1067	0.5890	6	1.1147	2.2097	0.5045	12
17	1.2606	2.2421	0.5622	7	0.7282	3.8253	0.1904	21
18	1.3039	1.9268	0.6767	1	0.8396	2.7215	0.3085	17
19	1.3478	2.8578	0.4716	11	1.2635	3.0905	0.4088	14
20	1.2414	1.8831	0.6592	3	0.5083	4.3456	0.1170	27
21	1.1783	1.7472	0.6744	2	0.3668	5.3312	0.0688	32
22	0.5533	3.5732	0.1548	31	0.4971	3.9875	0.1247	26
23	1.0586	2.7707	0.3821	21	1.6945	1.6550	1.0238	4
24	0.9635	2.3674	0.4070	17	0.4061	5.2242	0.0777	30
25	0.8582	2.3519	0.3649	22	0.3720	5.3461	0.0696	31
26	1.1305	1.7974	0.6290	4	0.4397	4.4389	0.0991	29
27	0.9331	2.4370	0.3829	20	1.2520	1.7257	0.7255	8
28	0.5890	3.3508	0.1758	30	1.1098	1.6977	0.6538	10
29	0.8538	2.4606	0.3470	23	0.5354	3.5278	0.1518	23
30	0.6656	3.1242	0.2130	29	1.2999	1.4964	0.8687	5
31	0.5363	3.6803	0.1457	32	0.5279	3.7137	0.1422	25
32	0.8511	2.5764	0.3304	25	1.6057	1.2758	1.2586	3

根据表 2-9 我们可以确定我国 2012 年的主导产业是：电气机械和器材、其他制造产品、仪器仪表、建筑业、金属制品、化学产品、金属冶炼和压延加工品、其他服务业、电力、热力的生产和供应、金融业。

第四节 产业乘数效应、溢出效应和反馈效应分析

随着经济一体化、全球化的发展，区域间的经济活动比以往任何时候都更为活跃，并向纵深发展，呈现出明显的地域特征。这种区域间的经济活动导致了溢出效

应（一个地区的经济发展对另一地区经济发展的波及效果）。溢出效应的产生与区域间不均衡发展有关，但归根结底在于资本、劳动等生产要素的流动以及产业间的经济技术联系，也就是空间经济学所说的（产业内）水平溢出和（产业间）垂直溢出。在这里，我们只考虑垂直溢出效应，其原因在于水平溢出（尤其是 FDI 溢出）讨论得很多，而区域间的垂直溢出探讨较少。此外，区域间除了溢出效应外还存在反馈效应，即一个地区的经济变化对另一地区经济产生影响的同时，反过来对自身经济所产生的波及效果。显然反馈效应要起作用，就离不开溢出效应。

虽然对溢出效应和反馈效应的研究我们可以追溯到经济均衡发展和非均衡发展理论，但是迄今为止，溢出效应、反馈效应的大小与什么因素相关，它们又是如何起作用的？学者并没有给出明晰的结论。因此我们试图从区域间产业关联效应入手，厘清溢出效应和反馈效应作用机制，以便更好地认识区域间产业发展规律，为实现区域经济协调发展提供实际支持。

一、文献综述

当前，人们对溢出研究较多，而对反馈效应研究较少。究其原因，一方面可能如张鹏、丘萍所言，人们对溢出效应的界定并不一致，对溢出的形式和传输途径存在着多种理解（如经济学界和地理学界的理解完全不同），导致相互不一致甚至是相互矛盾的结论，而反馈效应是依赖于溢出效应的，它是否存在，究竟如何起作用，人们自然更存疑虑；另一方面传统的计量方法无法测度反馈效应的大小。从现有文献看，学者的关注主要集中在如何测度溢出效应上。测度溢出效应主要有以下两种不同方法：一是计量分析方法，如向量自回归模型、面板数据模型与空间计量模型。前者较方便地测度“累计效应”和“溢出效应”，后者则可以很好地反应空间异质性对溢出的影响。计量方法对数据要求较低，可以较为方便地选择指标和模型，并为众多研究者所采用，但也正是因为其模型和指标的灵活性导致其结论众说纷纭，为人诟病，更为严重的是一般的计量模型根本无法把反馈效应从溢出效应中分离出来①。二是投入产出分析方法，主要是借助区域间投入产出模型来进行分析。与单一投入产出模型相比，区域间投入产出模型能够全面、系统地反映各区域、各产业之间的经济联系，是分析区域间产业关联的重要工具。这一方法分析框架相对固定，能够比较容易地测算出反馈效应。但是这一方法对数据要求严格，需要知道区域间的详细贸易资料并编制区域间投入产出表。不过随着数据采集和计算机技术的发展，这一方法逐渐得到广泛应用。

① 利用计量经济模型来分析溢出效应的文献十分丰富，由于不是本书研究重点内容，这里不再一一列出。

区域间投入产出表主要有两种编制方法：一是Isard首先提出区域间投入产出模型（也称为Isard模型），该模型对基础数据要求极高，因而实际应用并不多见；二是Chenery和Moses先后独立提出了多区域投入产出模型（Multiregional Input－output Model，简称MRIO模型，也称Chenery-Moses模型），这一简化模型得到了广泛的应用。Miller在这个基础上，首先利用两区域投入产出模型来测算区域间溢出效应与反馈效应，但他没有明确提出溢出效应的概念及测算方法。Round在此基础上，进一步分离出区域间的反馈效应和溢出效应，并研究它们与区域内乘数效应的关系。但是他的加法分解和乘法分解由于使用的矩阵含义不同，经济解释也不是十分清晰，使得实证结果并不一致。Schreiner等利用两区域Chenery-Moses模型分析了美国俄克拉荷马州、得克萨斯州和其他地区间的反馈效应，但是他们并没有把反馈效应和溢出效应区分开来。Akita等则建立了三区域投入产出表，分析了日本九州地区与其他地区的相互依赖关系，但是他们的分析方法与上述方法有较大差异，因而与其他研究结果无法比较。

我国编制多地区投入产出模型较晚，但是近年来得到了快速发展。目前国家信息中心、国务院发展研究中心、中国科学院等研究机构都编制出了多地区投入产出表，从而利用这些区域间投入产出表进行分析的文献也相应增多。例如我国学者张亚雄等利用8地区的投入产出表，首先测算了中国沿海与内陆的溢出效应和反馈效应，但他们的分析是基于竞争性投入产出表，同时效应的测算也没有统一到最终需求上来；潘文卿等在Miller和Round基础上，统一以最终需求作为研究出发点，运用投入产出表计算了沿海地区对内陆地区的溢出效应和反馈效应。但他们是利用竞争性投入产出表来分析的，同时只测算了自反馈效应，并没有测算互反馈效应；彭连清分析了中国8大区域间的溢出效应，发现我国区域之间的经济联系和溢出效应总体上还比较弱，但是没有分析反馈效应；潘文卿进一步考虑了非竞争性投入产出表情形，并把反馈效应分成两类，但是没有明确指出这两种反馈效应的区别以及其作用机制；李慧娟分析了长三角、珠三角、环渤海经济区6大服务业的溢出效应和反馈效应，实际上她只是测算了自反馈效应而不是全部反馈效应。

综上所述，我们不难看出：①当前研究实际上默认两种效应的存在，主要集中在如何测度上，对于两种效应如何产生，其内在机理和运行机制等基础问题缺乏相应的讨论。②学者更为关注沿海和内陆，或者是经济发达的长三角、珠三角、京津冀等地区，较少关注不发达地区，更鲜有对单一省份的分析。本书在学习前人的基础上，尝试探讨溢出效应和反馈效应的传导机制，并进一步区分自反馈效应和互反馈效应。同时考虑到河南省作为全国经济系统的一部分，与其他地区的经济发展存在着密切关联，因此把研究视角定位在河南省和中国其他地区上，利用两地区非竞争性投入产出表，验证两个不同规模的区域间的各种效应及其影响。

二、溢出效应与反馈效应传导机制

为了更好地说明区域间的溢出效应与反馈效应传导机制，我们通过两地区投入产出模型并加以说明（夏明等，2013）。两地区非竞争性投入产出结构如表 2-10 所示。

表 2-10　两地区非竞争性投入产出表结构

		中间使用		最终使用	总产出
		地区 R	地区 S		
中间使用	地区 R	Z^{11}	Z^{12}	Y^1	X^1
	地区 S	Z^{21}	Z^{22}	Y^2	X^2
进口		I^1	I^2		
初始投入		V^1	V^2		
总投入		X^1	X^2		

其中，Z^{rr}为区域内中间流量，Z^{rs}为区域 r 向区域 s 调出的中间流量，X^1、X^2为两区域总产出，Y^1、Y^2为两区域地区的最终需求。I^1、I^2为各自的进口向量，V^1、V^2为初始投入。

引入直接消耗系数矩阵$\begin{bmatrix} A^{11} & A^{12} \\ A^{21} & A^{22} \end{bmatrix}$，其中 $A^{rr} = Z^{rr}(\hat{X}^r)^{-1}$，$A^{sr} = Z^{sr}(\hat{X}^r)^{-1}$，这里为 $\hat{X}$ 对角阵 r，s 等于 1，2，则根据单一投入产出模型可以得到两地区间投入产出模型为：

$$\begin{bmatrix} A^{11} & A^{12} \\ A^{21} & A^{22} \end{bmatrix}\begin{bmatrix} X^1 \\ X^2 \end{bmatrix} + \begin{bmatrix} Y^1 \\ Y^2 \end{bmatrix} = \begin{bmatrix} X^1 \\ X^2 \end{bmatrix} \tag{2-1}$$

其中，A^{rr}表示区域 r 内的直接消耗系数矩阵，A^{sr}为区域 s 和区域 r 之间的直接消耗系数矩阵。求解式（2-1）可以得到（以 R 地区为例）：

$$\begin{aligned} X^1 &= [I-(I-A^{11})^{-1}A^{12}(I-A^{22})^{-1}A^{21}]^{-1}(I-A^{11})^{-1}Y^1 \\ &\quad + [I-(I-A^{11})^{-1}A^{12}(I-A^{22})^{-1}A^{21}]^{-1}(I-A^{11})^{-1}A^{12}(I-A^{22})^{-1}Y^2 \\ &= F^{11}L^{11}Y^1 + F^{11}S^{12}L^{22}Y^2 \end{aligned} \tag{2-2}$$

其中，$L^{11}=(I-A^{11})^{-1}$一般用来测度区域 1 的区域内乘数效应①，实际上是区域 1

① 这里的乘数与通常意义上的凯恩斯乘数有所不同，如 Goodwin（1949）就明确把这一乘数称为矩阵乘数（Matrix Multiple），并通过投入产出闭模型来反映两者之间的区别和联系。而 Polenske 在纪念列昂惕夫贡献时称为“放大器”（Magnificent Machine）具体可见参考文献。

的列昂惕夫逆矩阵。$S^{12}=(I-A^{11})^{-1}A^{12}$，它与区域 2 的总产出 $L^{22}Y^2$ 相乘，就代表了区域 2 最终产出变化而引起自身总产出变化，进而对区域 1 总产出产生影响。通常可以反映区域间的溢出效应。$F^{11}=[I-S^{12}S^{21}]^{-1}$，这里 $S^{12}S^{21}$ 代表区域 1 总产出的变化对区域 2 总产出变化的影响以及由此再反过来由区域 2 对区域 1 总产出产生影响，因而可以反映区域间的反馈效应。由此可知，溢出效应依赖于乘数效应，而反馈效应则依赖于溢出效应。

在上述定义下，Round（1979，1985）对区域间投入产出模型进行乘法和加法分解。为了使溢出效应、反馈效应和乘数效应一样，均能反映最终需求对总产出的影响，潘文卿等（2007）在 Round 的基础上，由式（2-2）进一步得到：

$$\begin{bmatrix} X^1 \\ X^2 \end{bmatrix} = \begin{bmatrix} L^{11}Y^1 \\ L^{22}Y^2 \end{bmatrix} + \begin{bmatrix} S^{12}L^{22}Y^2 \\ S^{21}L^{11}Y^1 \end{bmatrix} + \begin{bmatrix} (F^{11}-I)L^{11}Y^1 + (F^{11}-I)S^{12}L^{22}Y^2 \\ (F^{22}-I)S^{21}L^{11}Y^1 + (F^{22}-I)L^{22}Y^1 \end{bmatrix} \tag{2-3}$$

式（2-3）中第一项即为区域内的乘数效应，第二项为区域间的溢出效应，反映了其他地区最终需求的变化对本地区总产出的影响，第三项为区域间的反馈效应包含了两项：一项是由本区域最终需求变化引起的反馈效应，我们称为自反馈效应；另一项是另一区域最终需求变动引起的反馈效应，可以称为互反馈效应。

据此我们可以得出两地区间的产业关联示意图（见图 2-8）。该图反映了乘数效应、溢出效应和反馈效应及其相互传导机制。图中粗线箭头表示区域内的乘数效应，细箭头反映区域间的溢出效应，虚线反映区域间的反馈效应。我们以 R 地区为例来说明，如果 R 地区最终需求 Y^1 增加，通过 R 地区内的乘数效应 L^{11}（列昂惕夫逆矩阵）使得区域总产出增加（$L^{11}Y^1$），这正是单一地区投入产出模型结果。现在加入 S 地区后，地区之间也存在产业关联，S 地区最终需求 Y^2 通过自身乘数效应 L^{22} 并产生溢出效应 S^{12}，也使得 R 地区的总产出增加（$S^{12}L^{22}Y^2$）。R 地区的反馈效应包括因乘数效应产生的自身反馈效应（$F^{11}-I$）L^{11}，以及因溢出效应产生的互反馈效应两种（$F^{11}-I$）$S^{12}L^{22}$（图中两套用虚线表示的反馈路径），相应增加的总产出分别为（$F^{11}-I$）$L^{11}Y^1$ 和（$F^{11}-I$）$S^{12}L^{22}Y^2$。显然单一地区投入产出模型只是这里的一个特例，相当于 R 地区和 S 地区完全重合，溢出效应和反馈效应通过乘数效应内生化了，因而表现出来只有乘数效应（实际上如果可以无限细分的话，同样可以测度各种效应）。

我们看到，在这里乘数效应是关键，各种效应都通过它来起作用。如果单纯地考虑各种效应起作用的机制，那么，S^{12}、S^{21} 分别代表了溢出因子，$F^{11}-I$、$F^{22}-I$ 则是反馈因子，它们分别反映了区域间的相互影响机制，但是如果要测度各区域因溢出效应和反馈效应对自身总产出的影响时，无疑我们不能脱离区域乘数效应 L^{11}、L^{22}。由此，可以得到各种效应如下：

区域内乘数效应：$e'L^{rr}$；区域间溢出效应：$e'S^{tr}L^{rr}$；自反馈效应：$e'(F^{rr}-I)L^{rr}$；互反馈效应：$e'(F^{rr}-I)S^{rt}L^{rr}$；其中 e 为单位向量。实际上就是对相应矩阵求列和。

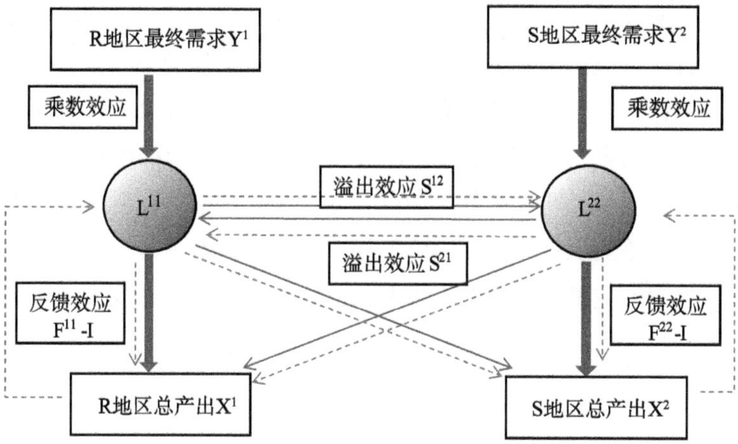

图 2-8　两地区间乘数效应、溢出效应、反馈效应传导机制图

由于地区经济规模不同会导致测度结果无法直接进行比较，因此我们这里借鉴传统分析中影响力系数的做法，通过区域平均分别构造了区域内乘数效应系数、区域间溢出效应系数、区域间自反馈系数和互反馈系数：

$$F_j = \frac{\sum_{i=1}^{n} b_{ij}}{\frac{1}{n} \sum_{i=1}^{n}\sum_{j=1}^{n} b_{ij}} \tag{2-4}$$

当 b_{ij} 分别为乘数效应、区域间的溢出效应和反馈效应时，F_j 则为对应的乘数效应系数、溢出效应系数和反馈效应系数。

三、实证结果

基于上述传导机制，我们以刘卫东等（2012）编制的 30 个地区 30 个部门即 900×900投入产出表为基础，以河南省和中国其他地区（由于缺乏香港、澳门、台湾的投入产出表，因此这里也没有将它们包括进来）为例，重新编制成两地区 30 个部门的非竞争性投入产出表，通过该表来验证溢出效应和反馈效应的传导机制和影响。

根据上述分解，计算出各效应的描述统计量如表 2-11 所示。显然各种效应具有明显的地区差异和产业差异。从绝对值看，区域内的乘数效应最大，溢出效应次之①，互反馈效应最弱。河南省乘数效应大于其他地区乘数效应，溢出效应和反馈效

① 限于篇幅，这里没有给出各效应具体值，感兴趣的读者可直接向作者索取。

应则刚好相反。从产业看，不同产业的各种效应也有较大区别，非金属矿物制造业乘数效应最大，通信设备、计算机及其他电子设备制造业乘数效应最小，乘数效应最强最弱均在制造业行业；建筑业的溢出效应最强，批发零售业溢出效应最弱，这反映了明显的行业特征，河南建筑业对其他地区的拉动作用最大，而批发零售业则以本地市场为主；交通运输设备制造业自反馈效应最大，批发零售业互反馈效应最小。对于其他地区而言，交通运输设备制造业和批发零售业的乘数效应和溢出效应都是处于所有行业中最大和最小两个极端，分别属于制造业和服务业，而且批发零售业自反馈效应也是最小的，充分说明了批发零售业的本地效应；非金属矿及其他矿采选业的互反馈效应最小，其他服务业互反馈效应最大。从变异系数看，河南省互反馈效应波动性最大，乘数效应波动性最小，其他地区则是自反馈效应波动性大，乘数效应变化平稳。

表 2-11 两区域各种效应统计描述

统计指标	河南省①				其他地区			
	乘数效应	溢出效应	自反馈效应	互反馈效应	乘数效应	溢出效应	自反馈效应	互反馈效应
最大值	2.4036	0.0756	0.0145	0.0000	1.2438	0.8309	0.0185	0.0000
最小值	1.5610	0.01	0.0000	0.0000	1.0422	0.2098	0.0027	0.0000
均值	2.0399	0.0388	0.0070	0.0001	1.1067	0.4362	0.0089	0.0016
标准差	0.2463	0.0166	0.0027	0.0001	0.0479	0.1381	0.0039	0.0007
偏度	-0.652	0.529	0.978	0.840	1.486	0.798	0.711	1.069
峰度	-0.812	-0.207	0.824	0.155	2.093	0.775	0.0000	0.996

表 2-12 给出了河南省与其他地区的区域内乘数效应、区域间溢出效应与反馈效应的测算结果。综合来看，河南省经济具有较强的内部关联，其他地区对河南省的溢出效应和反馈效应更强一些。河南省 30 个部门乘数合计约为 61.2，远远大于其他地区的乘数合计（33.2），这意味着当河南省 30 个产业部门同时增加 1 亿元的最终产出时，需求拉动将带来区域内总产出增加 61.2 亿元；而其他地区的需求拉动给本地区产出增加则只有 33.2 亿元，这说明河南省内部产业关联要强于其他地区。加权平均（按当年各自最终产品的部门结构加权）的区域内乘数值也同样表明这一点，即河南省与其他地区分别增加 1 亿元最终使用的产品时，可分别带动各自 2.07 亿元与 1.10 亿元总产出的增加。这一结论与潘文卿有明显差别。其主要原因在于：潘文

① 由于四舍五入原因，部分效应显示结果为 0。

卿分析的是沿海和内陆之间的相互关联，我们分析的是河南省与其他地区间的影响，分析对象的差别造成了结论的不一致；更关键的是把其他 29 个地区合并成一个地区后，地区间的贸易往来内生化为内部关联，而这一内部关联由于地区间的地理距离、竞争合作关系、贸易保护政策等原因，无疑是要比单一省份的关联松散，而潘文中分析的沿海与内陆地区都是由各地区合并而来的，因此，两个地区内部关联存在大致相同的影响，从而表现出不一致的乘数效应。

表 2－12　两区域的乘数效应、溢出效应和反馈效应

统计指标	河南省				其他地区			
	乘数效应[①]	溢出效应	自反馈效应	互反馈效应	乘数效应	溢出效应	自反馈效应	互反馈效应
30 个部门合计	61.1972	1.1638	0.2100	0.0045	33.1999	13.0864	0.2670	0.0487
30 个部门加权平均	2.0667	0.0426	0.0067	0.0071	1.0978	0.4061	0.009	0.0015

注：这里按照最终需求的部门结构向量进行加权。

从区域间的溢出效应看，其他地区对河南省的影响明显超过河南省对其他地区的影响。河南 30 个产业部门的溢出效应为 1.16，其他地区则为 13.09，二者相差 10 倍多，这意味着当河南省所有产业部门最终需求同时增加 1 亿元时，溢出效应将带动其他地区总产出增加 1.16 亿元；同样其他地区最终需求同等增加时，因溢出效应带动河南省总产出增加 13.09 亿元。如果按照最终使用结构加权计算溢出效应，则各自带动其他地区的产出分别为 0.04 亿元和 0.41 亿元。显然其他地区对河南省的溢出效应要远远高于河南省对其他地区的溢出效应。

从区域间的反馈效应看，河南省 30 个产业部门的自反馈效应和互反馈效应值合计分别为 0.21 和 0.0045，其他地区则为 0.267 和 0.0487，这意味着当河南所有产业部门同时增加 1 亿元的最终产出时，因自反馈效应和互反馈效应使得河南省总产出分别增加 0.21 亿元和 45 万元，由于完全反馈效应使得河南省总产出合计增加 2145 万元；其他地区相应增加的总产出分别为 0.267 亿元和 0.0487 亿元（合计 3157 万元）。另外，河南省与其他地区经济规模相差 15 倍以上，因此不能直接根据数值大小来说明地区间的相互影响，在消除规模经济的影响下，河南省对其他地区的溢出效应和反馈效应则要高出许多。同时不同地区相互影响效果不同，单一的区域经济发展政策其实很难带动整个国家的经济全面增长，甚至可能增加地区差距，由此产生新的问题。这也在一定程度上解释了为什么我国在采取向东部沿海倾斜的区域发展战略后，又先后提出“中部崛

① 这里乘数效应是指区域内的效应，溢出效应和反馈效应则是指区域间的影响，溢出效应是指本地区对其他地区的影响，反馈效应则是指本地区因为溢出而产生对本地区的影响。下同。

起”“西部大开发”及“振兴东北”等政策来促进各地区的协调发展。

同时，我们注意到乘数效应远远大于溢出效应和反馈效应，这说明各区域的最终需求增加主要是带动当地总产出的增加，而对其他区域的带动作用相对较小，各地区要想谋求快速协调发展，主要还需依靠自身的产业结构优化和经济体制完善，而不能仅仅依靠外部地区的输入，这也从数据上验证了区域经济发展的“造血”比“输血”更为重要。

由于河南和中国其他地区相比，规模十分小，导致在计算各种效应时，河南省的效应值绝对值很小。为了便于比较，类似影响力系数的计算一样，我们这里也采用平均数来反映。如某一系数值大于 1，意味着该效应超过地区平均水平；反之亦然。但是不同地区之间的平均水平并不一致，因而不同地区系数无法直接比较。

表 2－13　两地区间各产业的乘数效应系数、溢出效应系数和反馈效应系数

行　业	河南省				其他地区			
	乘数效应	溢出效应	自反馈效应	互反馈效应	乘数效应	溢出效应	自反馈效应	互反馈效应
农林牧渔业	0.8336	0.5975	0.5869	0.5077	0.9686	0.6430	0.5460	0.5625
煤炭开采和洗选业	1.0134	0.8409	0.9160	0.8939	0.9854	0.9202	0.8766	0.9235
石油和天然气开采业	0.9219	0.7419	0.8457	0.8156	0.9795	0.8333	0.7911	0.8497
金属矿采选业	0.9546	0.9211	1.2428	0.9984	1.0254	1.1767	0.9853	1.2716
非金属矿及其他矿采选业	0.9666	0.7779	0.8295	0.7747	0.9773	0.8557	0.7794	0.8325
食品制造及烟草加工业	1.1296	1.0212	0.8249	0.8047	0.9833	0.9194	0.8770	0.7633
纺织业	1.1126	1.1616	0.8920	0.9770	0.9807	0.9561	1.0505	0.8399
纺织服装鞋帽皮革羽绒及其制品业	1.0916	1.1093	0.8731	0.9164	0.9823	0.9368	0.9867	0.8134
木材加工及家具制造业	1.0897	1.0767	0.6173	1.0112	0.9487	0.6560	1.0300	0.6004
造纸印刷及文教体育用品制造业	1.0937	1.2112	0.9967	1.1330	0.9800	1.0010	1.1646	0.9781
石油加工、炼焦及核燃料加工业	1.0070	0.5470	0.8379	0.5587	0.9917	0.8673	0.5558	0.8508
化学工业	1.0495	0.9297	1.3088	0.9172	1.0457	1.3951	0.9582	1.3134
非金属矿物制品业	1.1783	1.6043	0.9484	1.4771	0.9652	0.9478	1.4974	0.9479
金属冶炼及压延加工业	1.0815	1.5195	1.4283	1.6486	1.0128	1.2724	1.5969	1.4589
金属制品业	1.1239	1.9255	1.8039	2.1752	1.0463	1.5029	2.0741	1.8537
通用、专用设备制造业	1.0584	1.4833	1.5765	1.6956	1.0367	1.3619	1.6144	1.6163

续表

行业	河南省				其他地区			
	乘数效应	溢出效应	自反馈效应	互反馈效应	乘数效应	溢出效应	自反馈效应	互反馈效应
交通运输设备制造业	1.0202	1.2826	2.0673	1.4621	1.1239	1.9048	1.4072	2.1605
电气机械及器材制造业	1.0435	1.4047	1.2976	1.5660	1.0235	1.1931	1.5050	1.3236
通信设备、计算机及其他电子设备制造业	0.7724	0.4128	0.5360	0.4368	0.9810	0.6086	0.4273	0.5378
仪器仪表及文化办公用机械制造业	0.7652	0.5473	0.5276	0.5940	0.9778	0.5901	0.5743	0.5318
其他制造业	1.1218	1.1344	0.9739	1.1610	0.9771	0.9875	1.1453	0.9436
电力、热力的生产和供应业	1.1006	1.2322	1.3482	1.2063	1.0194	1.2796	1.2128	1.3367
燃气及水的生产与供应业	1.0452	0.8071	1.2947	0.8246	1.0577	1.2928	0.8232	1.3098
建筑业	1.1179	1.9487	0.9676	1.9252	0.9717	0.9415	1.8963	0.9724
交通运输及仓储业	0.8945	0.6108	0.6869	0.6009	0.9872	0.8040	0.6088	0.6874
批发零售业	0.7949	0.2992	0.4409	0.2917	0.9418	0.4811	0.2993	0.4334
住宿餐饮业	1.0498	1.0449	0.7523	0.8092	0.9681	0.8103	0.8871	0.6839
租赁和商业服务业	0.8104	0.7286	1.1649	0.7358	1.1139	1.3533	0.7367	1.1972
研究与试验发展业	0.8851	0.6027	0.7292	0.6088	0.9747	0.7853	0.6134	0.7249
其他服务业	0.8726	0.4754	0.6843	0.4728	0.9731	0.7225	0.4793	0.6810

从表2-13中我们可以看出除了乘数效应外，两个地区其他系数都表现出较高的相似性（相关系数都超过0.5），这说明河南省和其他地区的产业结构类似，但主导产业并不完全一致，区域间存在较强的竞争合作关系。商勇（2014）曾经对中部六省产业间的竞争合作关系进行探讨，也发现了类似的结论。具体到行业上，两地区金属冶炼及压延加工业、金属制品业、通用、专用设备制造业、交通运输设备制造业、电气机械及器材制造业、电力、热力的生产和供应业的4个系数均大于1，高出各自的平均水平，且都属于制造业。这些产业除了能够给本地经济带来较大拉动外，同时产生较高的溢出效应和反馈效应，两个地区在这些产业上具有较强的竞争合作关系。另外，河南省木材加工及家具制造业、造纸印刷及文教体育用品制造业、非金属矿物制品业、建筑业、其他制造业均有3个系数超过地区平均水平，没有达到的是自身反馈效应系数，也十分接近区域平均水平（除木材加工及家具制造业只有0.62外，其他均在0.95以上）；其他地区则只有金属矿采选业、化学工业、燃气及水的生产与供应业、租赁和商业服务业各有3个系数大于1，反映这些产业在各自区

域具有优势而且没有交叉，在区域间加强合作并能够产生较好的经济效益。其他产业的各种效应表现出较大差异，有的乘数效应更大，有的溢出效应突出，而有的则反馈效应更强，不一而足。两个地区的农业、通信设备、计算机及其他电子设备制造业、交通运输及仓储业、批发零售业、研究与试验发展、其他服务业等行业的效应均低于区域平均水平。这一方面与产业自身特点有关（如农业、服务业更多的是为区域内生产和消费提供支撑），另一方面也说明相关行业整体水平较低，对自身发展拉动力不足，更不用说溢出和反馈了。据此我们可以把两个区域的产业进行分类，由于这里分类标准较为明确，因此采用快速聚类分析方法。虽然两个地区按系数大小均可分为3类或者4类，但各系数对分类结果的重要性是不一样的。在河南省，互反馈效应、溢出效应、自反馈效应和乘数效应按重要性高低依次排列，而其他地区则是自反馈效应、互反馈效应、溢出效应和乘数效应①。分类结果如图2-9所示。

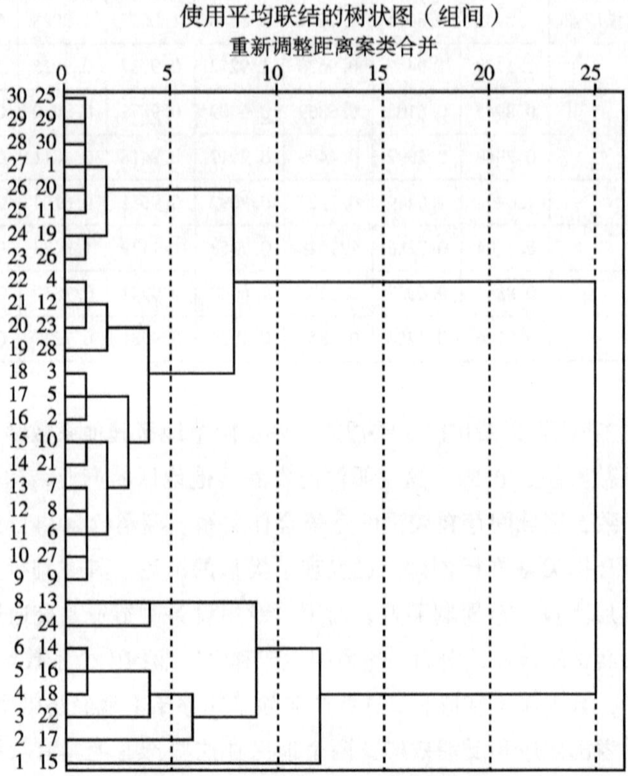

图2-9 河南省产业效应聚类图②

① 也可以直接按系数是否大于1来分成四类，这样会造成部分类别产业太少（如河南省一个类里只有2个，其他地区只有3个产业），因此这里分为三类。对应的代码和上述表中顺序一致，即1为农林牧渔业，2为煤炭开采和洗选业，依次类推。

② 由于河南省和其他地区的产业聚类基本一致，只有部分产业微调，因此这里只给出河南省的分析结果。

第五节 结论和对策建议

一、结论

通过上面的分析，我们得到的结论如下：

（一）中国经济实力不断加强，产业结构变化明显

改革开放以来，中国社会经济持续发展，取得了显著的成效，也表现为经济总量的持续增加和快速平稳增长。经济总量（GDP）按当年价格算，由 1978 年的 3650.2 亿元增加到 2014 年的 636138.7 亿元，成为全球第二大经济体。与此同时，我国产业结构发生了很大变化，第一产业占 GDP 的比重保持持续下降，由 1978 年的 17.9%下降到 2014 年的 9.2%。第二产业比重在稳定态势下逐渐回落，第二产业占 GDP 的比重由 1978 年的 47.6%下降到 2014 年的 42.7% ，而第三产业占 GDP 的比重除个别年份稍有反弹外，基本保持上涨的趋势。第三产业占 GDP 的比重由 1978 年的 24.5%上涨到 2014 年的 48.1%。产业结构的变化符合产业结构变迁的一般规律。

（二）产业结构变迁与经济增长存在密切关联，但是不同阶段不同地区的表现差异较大

通过以往研究表明：产业结构变迁与经济增长关联密切，但是表现出明显的阶段性和地域特征。这可能一方面与不同阶段采取的不同经济政策有关，另一方面由于地方保护主义的加强，经济极化效应的加剧导致了这一结果，但是经济增长与产业结构之间的这种密切关联始终存在。将近 40 年间产业结构对经济增长的贡献主要是通过产业结构的合理化发挥作用，产业结构的高级化作用则相对较小。造成这种现象的原因主要是我国是一个人口大国，劳动力的就业问题始终是产业结构调整的一个重要部分，而产业结构合理化的实质就是如何更多地吸收剩余劳动力，所以其对经济增长的作用更强就合乎情理了。

（三）我国主导产业依然以工业为主，但是服务业得到快速发展，影响不断加强

我国一贯执行的产业政策使得主导产业依然以工业为主，但是服务业近年来得到快速发展，而且服务业对经济增长的影响逐渐增加，并在 2014 年对 GDP 的拉动首次超过工业，这反映了我国产业结构变迁的新态势。

无论是从中间投入率看，还是从感应度系数、影响力系数看，最近10年我国的经济结构变化都很明显。从各部门看，第二产业的中间投入率变化最为显著，尤其以电力、热力的生产和供应、石油和天然气开采产品等部门表现最为明显。

根据感应度系数和影响力系数变动结果，我国2012年的主导产业是：纺织品、化学产品、金属冶炼及压延加工品、通用、专用设备制造业、通信设备、计算机和其他电子设备行业。主导产业基本都是第二产业。

（四）区域间的经济往来产生三种效应：乘数效应、溢出效应和反馈效应，且各效应依次递减

区域间的经济活动给区域经济带来了多重影响，具体表现为三种效应：区域内的乘数效应、区域间溢出效应和反馈效应。在这三种效应中核心是乘数效应，反馈效应依赖于溢出效应，而溢出效应则离不开乘数效应，传导机制图可以有效地揭示三种效应的存在性和作用机理。基于两地区的投入产出模型，实证结果表明区域间的产业关联在空间和行业上均表现出各自特点，同时受到区域经济规模的影响。不同区域优势产业不同，相应的乘数效应、溢出效应和反馈效应也有区别，从而区域间产业表现出不同的竞争合作关系。因此区域间在制定产业政策时，除了考虑自身发展外，还应该在更大范围内来考虑产业政策的实际效果，尽可能地优势互补，促进区域协同发展。

此外，实证结果还表明三种效应强度差别显著。区域内的乘数效应远远大于区域间的溢出效应，而区域间的反馈效应更小，同时自反馈效应因反馈路径更短而普遍大于互反馈效应，即区域间的产业关联波及效果是不断衰减的。另外三种效应的相对大小也说明区域经济的发展虽然离不开区域间的贸易往来，但更主要的还是要依靠自身的“造血”功能，而不是外部“输血”功能。

二、对策建议

基于上面的结论和河南省产业结构发展现状，我们提出如下建议：

（一）加快推动产业结构升级，促进经济结构转型

目前我国正处于“十二五”规划收官之际，在全球经济发展减缓，我国经济发展进入新常态的重要时期，我国面临着投资和要素驱动力有所减弱和资源环境约束加剧的局面，结构调整依然是发展主题。在未来“十三五”期间，必须继续推动产业结构优化升级，推动经济战略性调整，促进产业加快向中高端升级。

（二）推动新型工业化发展，进一步促进产业融合

我国多年来形成了相对完整的工业产业体系，具有较为雄厚的工业生产能力。但是其传统支柱产业依然占据较大优势，新能源、新材料等战略性新兴产业比重偏低，导致产品附加值较低，长期处于产业链低端，且竞争力有限，不利于产业转型升级。在今后发展中，必须大力推动新型工业化建设，促进工业化、信息化的深度融合，提高经济国际竞争力。在积极刺激国内市场需求的同时，加大对外贸易往来，弥补国内市场有效需求不足。具体来说就是要大力发展电子信息产业、精密制造业、航空航天等高技术性产业；培育壮大节能环保、新能源、新材料等战略性新兴产业，优化资源配置，加大政策支持，带动相关产业发展；采用新技术、新工艺、新设备、新材料改造提升化学工业、有色金属工业、钢铁工业、纺织工业四大传统产业，淘汰落后产能，消化过剩产能，使其向高端化、终端化发展，精深加工和终端产品比重稳步提高。打造产业基地和特色产业聚群，推进产业转移，促进工业转型升级；加快高速信息基础设施建设，提升社会信息化水平，促进两化深度融合。

（三）大力发展服务业，从规模和结构两个方面提升我国服务业水平

加快发展服务业，进一步促进服务业规模扩大和结构优化。提升传统服务业向高级化发展的同时，大力发展现代服务业，提高生产性服务业的比重和水平。如构建大数据平台，发展“互联网+”行业，以信息基础设施、网络技术和软件为载体，推进电子商务、文化传媒、数字教育、协同医疗和社会保障等服务业；在完善和提高河南省现有交通网络条件下，加快现代物流业的发展，建立起区域性物流和商业中心；发展金融业、咨询业等新型服务业，健全地区尤其是农村金融体系，完善服务功能，服务地方经济。

（四）加强顶层设计，从制度、法制、市场化建设等方面全面推动产业结构调整

产业结构的优化和调整是我们当前经济发展中的核心问题，因此必须要求在发展战略上进行顶层设计。在今后的发展中，进一步转变政府职能，深化改革，深入调研，合理安排，推进制度、法制和市场等方面的配套改革，真正形成有利于结构调整的外围环境。消除体制机制障碍，拓宽投资融资渠道，优化投资环境。完善现代市场体系，营造公平竞争的体制环境。大力发展个体、私营等非公有制经济，打破行业、部门的行政性垄断和地区封锁，并形成统一开放的市场体系。加强对外开放力度，提升对外开放水平，弥补国内市场有效需求不足，提升产业竞争力，推动产业结构向高级化发展。

第三章 新型工业化特征

第一节 研究目的和意义

经济发展必然要经历工业化阶段。从发达国家经济发展的历史来看，英国、德国、法国、美国、日本、俄罗斯都是先后通过工业革命而成为世界强国。当今，世界各国无不把工业化作为国家发展的核心战略，几乎世界所有国家和地区都在不同层面开展并推进着新的工业化战略，发展中国家更是把工业化作为实现国家富强、摆脱对发达国家的依附并赶超发达国家的不二法门①。可以说工业化在事实上已经构成了各国经济发展的主题。

我国在新中国成立后，面对特殊的国内国际形势，走了一条不同于西方国家的工业化道路，具体就是工业化主要是由国家推动、实行重工业优先发展、追求高速的粗放经营战略。我国虽然在短期内建立起必要的工业基础，形成比较完整的工业体系，但随着社会经济的发展，这一发展模式所带来的问题也日益凸显：企业经济效益差、产业结构失调、城乡差距扩大、资源消耗高、环境污染严重等。继续按照这一发展模式不仅会使我国重走西方国家“先发展，后治理”的道路，而且人均资源相对缺乏，生态环境脆弱的现实使得这一模式难以为继。面对日益紧张的环境和资源的双重约束，走新型工业化道路成为现实的选择。20世纪后半叶，尤其是进入21世纪，经济全球化的趋势日益加强，以信息技术为先导的高新技术大规模出现，且带来了世界范围内的科技革命，由此引发的以信息产业为先导的高新技术产业迅速发展，使世界面临一场新的产业革命和产业重组。在这样的背景下，我国要实现工业化，必须处理好经济发展与人口、资源、生态环境之间的关系，注重以科技进步促进经济增长，大力提高经济效益，节约和合理使用资源，保护生态环境，实施可持续发展战略。

党的十六大首次提出“新型工业化”概念，2012年“两会”温总理答记者会上再次提到，“要改变传统的发展方式，克服当前社会经济发展中的不平衡、不协调、

---

① 杨宏伟．中国特色工业化理论与实践：基于马克思主义中国化的视角［M］，北京：中国社会科学出版社，2013.

不可持续的问题，真正走上一条注重质量的发展道路”。这些都说明走新型工业化道路是中国在工业化过程中发挥后发优势的现实选择：即要坚持以信息化带动工业化，以工业化促进信息化，走出一条科技含量高、经济效益好、资源消耗低、环境污染少、人力资源优势得到充分发挥的新型工业化道路。

河南作为传统的人口大省、农业大省和新型工业大省，也是中原经济区建设的主要阵地，走新型工业化道路，并对工业化进程进行测度和监测，具有其现实和理论诉求，主要体现在以下几个方面：

一、新型工业化道路是中原经济区建设的必然要求

随着《国务院关于支持河南省加快建设中原经济区的指导意见》的出台，中原经济区正式上升为国家战略，确立了“三化”协调发展路子，明确了五大战略定位①，显著提升了河南在全国发展大局中的地位，为河南省改革发展创造了难得的历史机遇。为了更好地促进中原经济区建设，走“三化”协调科学发展的路子，新型工业化是主导。初步核算，全省 2013 年生产总值达到 3.22 万亿元，比 2012 年增长 9%；全省规模以上工业（以下简称“工业”）增加值同比增长 11.8%，虽然比 2012 年回落 2.8 个百分点，但增幅高出全国平均水平 2.1 个百分点。电子信息、电气机械和器材、通用设备、医药、金属制品、酒、饮料和精制茶、汽车制造、橡胶和塑料制品、化学原料与化学制品 9 大行业占全省工业的 27.6%，均保持了 15%以上的增速，对全省工业增长的贡献率达到 40.6%，拉动全省工业增长 4.8 个百分点。六大高成长性产业增加值增长 13.2%，增幅高出全省工业 1.4 个百分点，占工业比重达到 60.3%，同比提高 2.1 个百分点；高技术产业增速达到 29.1%，占工业比重上升到 6.4%，同比提高 0.6 个百分点。化工、有色、钢铁、纺织四大传统支柱产业增加值增长 12.1%，占全部工业增加值的比重为 25.2%，比 2012 年下降 0.5 个百分点；六大高载能行业增长 9.7%，占全省工业增加值的比重为 37.4%，较 2012 年下降了 1.7 个百分点。经济效益持续改善，全省工业实现主营业务收入 53375.74 亿元，同比增长 13.9%，为 2013 年以来的最高点，增幅同比提高 0.5 个百分点；实现利润总额 3902.57 亿元，同比增长 13.0%，增幅同比提高 8.0 个百分点；与此同时，粮食生产现“十连增”，城镇居民人均可支配收入 22398 元，农民人均纯收入 8475 元，分别

① 五大战略定位是国家重要的粮食生产和现代农业基地、全国工业化城镇化和农业现代化协调发展示范区、全国重要的经济增长板块、全国区域协调发展的战略支点和重要的现代综合交通枢纽、华夏历史文明传承创新区。

增长9.6%和12.6%；全省城镇化率达到43.8%，提高1.4个百分点①。这些都表明在支撑“三化”协调发展中，工业主导作用已越来越突出。

二、新型工业化道路是发挥后发优势的必然选择

改革开放以来，河南经济快速发展，取得了令人瞩目的成就。与此同时我们也看到，由于工业基础薄弱，人口众多且大量集中在农村，城乡“二元”结构突出。尽管河南省经济总量一直稳居全国第五，但人均指标、效益指标不高，人均生产总值和城镇化率也低于全国平均水平。工业产值规模大，但是主要集中在附加值低的传统低端产业方面，高技术产业、新兴战略产业、现代服务业等无论是在规模上还是在质量上，与沿海等经济发达地区差距明显，在中部省份中也不占优势。由于经济结构不合理、产业层次不高、竞争力不强，河南经济持续、快速、高效发展面临着许多困难，要想实现社会经济的跨越式发展，必须充分利用后发优势，走一条结合自身特色的发展之路。从传统工业化道路转向新型工业化道路，其实质就是由片面追求经济增长速度和规模的粗放型增长方式向追求质量、效益和协调性的集约型增长方式的根本转变。应该说经过改革开放30多年的发展，河南经济发生了天翻地覆的变化，但是在这一过程中，我们主要还是在传统工业化框架下实现这一成绩的。随着信息化、全球化的加深，传统发展模式的不足表现得尤为突出，结构问题已经成为制约社会经济发展的“瓶颈”。只有走新型工业化之路，才能把河南省的物质资源优势、人力资源优势转换为现实的生产力，实现河南经济跨越式发展。

三、新型工业化道路是现有资源约束下的唯一途径②

传统工业化道路是以资源的高投入为基础的。但资源尤其是自然资源是有限的，资源的有限性使得传统的工业化道路无以为继。虽然河南省资源总量相对丰裕，但是人均水平却大大低于全国平均水平，资源供给严重不足。在这种情况下，要实现国民经济持续快速发展，就不可能依赖资源的大规模投入，只能走资源消耗低、经济效益高的新型工业化道路。同时，河南省资源约束还表现为环境承载能力有限。在传统工业化道路上，河南省近年来工业飞速发展使得环境污染、生态破坏现象十分严重：河流干涸、水质变差使得本来就稀缺的水资源更加雪上加霜；大气污染使得河南雾霾深重，空气质量极差；工业固体废弃物和生活垃圾的排放、植被的破坏、各种化肥、农药的大量施用进一步降低了土地的产出效率，很多对自然生态造成的

①② 资料来自2014年河南省政府工作报告（http：//www.henan.gov.cn/zwgk/system/2014/01/25/010448354.shtml）和2013年河南省工业经济形势分析（http：//cn.chinagate.cn/data/2014-03/24/content_31883221.html）。

破坏还是不可逆转的，人与自然之间关系远谈不上是和谐发展的。可以说，传统的发展模式是以牺牲环境为代价的发展，这种以大量消耗资源、牺牲生态环境为代价的发展模式在当前和今后根本就行不通，以可持续发展为特征的新型工业化道路是唯一途径。

四、客观评价现状有助于更好地推进新型工业化发展

在新型工业化进程中，除了要明确发展路径和发展思路外，我们更应该对现状有清晰的认识和客观的评价。正确判断河南工业化所处的发展阶段和发展水平，并据此制定出符合省情的工业化战略和行之有效的政策措施，是促进河南省加快实现工业化的基础。但事实上，对工业化发展阶段的判断标准，迄今为止与工业化的定义一样，并没有一个公认的标准。对新型工业化的“新”的理解不同，导致人们进行评价工业化发展质量时，在指标选择上差异较大，同样没有一致的标准，同时指标的选择也没有很好地体现出与传统工业的区别。在中原经济区建设和河南工业化过程中，工业化发展到了哪一个阶段？新型工业化的“新”体现在哪些领域？“新”到了什么程度？下一步该如何发展？如何对其进行科学的评价和监测？这一系列问题都是河南省在实现“三化”协调发展过程中必须要面对的，只有准确把握了这些问题，我们才能制定正确的发展策略，促进产业结构调整优化，建立符合时代发展要求的现代产业体系。因此，建立新型工业化评价监测指标体系对于引导和推动河南省各地市、各类发展主体走新型工业化道路具有重要意义。

以科技含量高、信息化涵盖广、经济效益好、资源消耗低、环境污染少、人力资源优势得到充分发挥为主要内涵的新型工业化，在经济社会发展中具有决定性作用。新型工业化既是河南省工业发展的战略目标，也是工业发展的实际过程。工业化过程是一项系统工程，涉及社会经济的各个层面。转变增长方式、优化产业结构、缩小城乡差距都离不开工业的发展。工业化进程的快慢和质量直接影响着城镇化和农业现代化发展。基于此，课题组认为，研究河南省工业化发展现状，综合评价新型工业化水平，对于推动河南省经济结构优化调整具有重要的理论和现实意义。

第二节 传统工业化理论

工业化是人类社会从传统农业社会向现代工业社会转变的过程。工业化的本质是社会生产的专业化或生产组织方式的变化，工业化是现代化的基础和前提，是人类社会不可逾越的阶段。它既属于经济增长、社会发展的一个过程，也是工业化生产方式代替传统手工业和小农经济生产方式，并逐步成为主要生产方式的过程。工

业化过程既包括工业占国民经济的份额不断扩大，也包括与之相伴随的诸多社会经济指标不断优化提高，如人们生活水平、城市化率等随着经济社会的发展在不断丰富和完善。

一、工业化的概念

从世界经济发展史看，工业化的思想渊源可以追溯到古典经济学。随后工业化一直是发展的核心问题，许多经济学家致力于工业化问题的研究，并提出了不少理论见解，其中对工业化概念的表述大致可以分为如下几类①：

从生产工具的角度看，工业化是以机器生产取代手工操作为起源的现代工业的发展过程。例如，德国经济学家鲁道夫·吕贝尔特指出，“只是在机器时代破晓后，随着纺织的机械化，随着蒸汽机作为一项新的能源，随着从单件生产过渡到系列生产，过渡到大规模生产，人类社会才开始了巨大的变化，我们称之为工业化的变化”。② 这是一种非常普遍的观点，最典型的就是以生产工具的演进来判断和划分三次产业的革命。

从制造业的角度看，传统的西方经济学将工业化定义为，制造业（尤其是重工业部门）在国民经济中比重的增加。这一定义较为直观，抓住了工业化的主体力量——工业特别是制造业。但是把工业化简单地看成是制造业比重的变化，是不够深入和全面的。直到20世纪70年代末，几乎所有西方发展经济学家仍然把工业化理解为制造业的发展，并把这种形式的工业化作为经济发展的目标③。随着工业的发展壮大和工业化进程的不断推进，工业化也包括非制造业部门的整个社会生产方式的变化。

从产业结构的角度看，工业化是机器大工业诞生以来经济结构的变化过程。这一过程的基本特征包括：国民收入（或地区收入）中第二产业所占比例的提高；第二产业就业的劳动人口的比例增加；人均收入的增加。该定义反映了第二次世界大战后所兴起的经济增长分析中的结构主义思潮，更多的是从产业结构动态变化的角度来阐释工业化的④。

从资源转换的角度看，工业化是资源配置的主要领域由农业转向工业的过程。

① 中国特色新型工业化的实践与探索编委会．中国特色新型工业化的实践与探索［M］．北京：电子工业出版社，2012.

② 鲁道夫·吕贝尔特．工业化史（中译本）［M］．上海：上海译文出版社，1983.

③ 张培刚．农业与现代化：农业国工业化问题再论［M］．武汉：华中科技大学出版社，2002.

④《新帕尔格雷夫经济学大辞典》一书中指出“工业化主要体现在：第一，来自制造业活动和第二产业的国民收入份额一般表现为上升趋势……第二，从事制造业和第二产业的劳动人口一般也表现为上升趋势。”

西蒙·库兹涅茨指出，工业化过程即“产品的来源和资源的去处从农业活动转向非农业生产活动”。这一定义从资源配置的角度来研究工业化，从投入和产出两个角度来研究工业化的特征，且具有较深刻的内涵（见表3-1）。

表3-1 工业化的内涵比较

定义角度	工业化的内涵	代表人物
生产工具	机器生产取代手工操作	德国经济学家鲁道夫·吕贝尔特
制造业	制造业（尤其是重工业部门） 在国民经济中比重的增加	大部分西方经济学家
产业结构	第二产业所占比例和就业比例提高	巴格奇
资源转换	资源配置的主要领域由农业转向工业	西蒙·库兹涅茨

早期国内学术界也对工业化的内涵进行了多方面的探讨，主要观点如表3-2所示。

表3-2 早期国内学界对工业化的认识

观点	来源
狭义的工业化是指工业（特别是制造业）在国民经济中比重不断上升的过程 广义的工业化是指一系列基本生产函数连续发生变化的过程	李泊溪．关于新型工业化［A］．国家经贸委综合司．专家谈走新型工业化道路［M］．北京：经济科学出版社，2003.
工业化是指在社会经济发展当中，由以农业经济为主过渡到以工业经济为主的一个特定的发展阶段和发展过程。工业经济实现后还会向服务业为主的阶段过渡	史清琪．中国产业发展与新型工业化［A］．国家经贸委综合司．专家谈走新型工业化道路［M］．北京：经济科学出版社，2003.
工业化是指机器制造业代替手工劳动的发展过程	任才方（同上）
工业化过程从本质上讲就是经济结构调整的过程和产业结构不断升级的过程	国家经贸委课题（同上）
国民经济中一系列基本的生产函数（或生产要素组合方式）连续发生由低级到高级的突破性变化（或变革）的过程	张培刚．发展经济学通论（第一卷）农业国工业化问题［M］．长沙：湖南人民出版社，1991.
工业化就是使大工业在国民经济中取得优势地位的过程	许涤新．政治经济学大词典（上册）［M］．北京：人民出版社，1980.
工业化指的是一个国家由落后的农业国向现代工业国或工业—农业国转化的一种过程	辜胜阻．非农化与城镇化研究［M］．杭州：浙江人民出版社，1991.

续表

观点	来源
工业化一般是指一个国家由生产技术落后和生产力水平低下的农业国过渡到具有先进的生产技术和高度发达的社会生产力的先进工业国的过程	方甲．现代工业经济学［M］．北京：中国人民大学出版社，1996.
工业化就是机器大工业在国民经济中发展成为占统治地位的过程	辞海（经济学分册）［M］．上海：上海辞书出版社，1980.
工业化是指一个国家通过发展制造业，并用它去影响和装备国民经济其他部门，使国民经济由农业国转变为工业国的过程	吴敏一．中国工业化理论和实践探索［M］．杭州：浙江人民出版社，1991.
工业化是近代工业通过自己的变革在经济中占据主导地位并使国民经济乃至整个社会都得到改造的过程	吴天然．中国农村工业化论［M］．上海：上海人民出版社，1997.
工业化是指以传统的农业为基础的经济体系向以现代工业为基础的经济体系转变的历史过程。工业化是近代和现代世界经济发展的基本历史轨迹，是一个国家和地区由不发达走向发达的客观要求和必然选择	叶裕民．中国城市化之路——经济支持与制度创新［M］．北京：商务印书馆，2002.

注：该表转引自张贡生，王延科，郑君义．我们新型工业化道路的现实选择——走新型工业化道路观点综述［J］．兰州商学院学报，2003（6）：5-62.

综合来看，工业化作为人类发展的同一个历史阶段，不是一个简单的经济现象，而是有着丰富和深刻的内涵，并且随着经济社会不同的发展阶段，其内涵得到不断扩大、完善和丰富。我们认为，工业化是指一个国家或地区以市场制度的建立、发展和完善为依托，通过经济的持续发展使农业收入在国民收入中的比重和农业人口在总人口中的比重逐渐下降，而以工业化为中心的非农业部门所占比重逐渐上升的经济结构变化的过程。工业化应该包含以下三层含义：一是工业化是一个人类社会发展的概念，不仅包括工业自身的发展，还包括生产方式的转变、人类文明的革新。二是工业化的内涵在不断发展，不仅表现为工业占比上升，还表现为工业规模的扩大、门类的逐步完善、工业部门结构的改善、技术水平和创新能力的不断提高、承载就业能力的变革、经济效益的不断提高和管理体制体系的不断健全，以及生活方式的转变。三是工业化是一个综合指标体系，可以理解为数量的增长和质量的提高。在工业化的初中期阶段，工业化发展主要体现在从无到有、从少到多的数量增长；而到工业化中后期，更多的则是体现为工业质量的提高和国际竞争力的增强。

二、工业化的特征

工业化的内涵相当丰富，决定了工业化特征具有多重性。工业化最本质的特征是专业化分工或生产组织方式的变化，是生产技术和社会生产力的突破性变革，它包含了整个国民经济的进步和发展。工业化的基本特征是：

从技术进步看，工业化主要是由手工技术向机械化转变，再由机械化逐步向自动化、信息化和网络化转变的过程。在人类社会发展的长河中，随着生产力的发展和技术进步，一部分从事农业的劳动力开始向手工业转移。在蒸汽机发明之后，很多以前依赖人力与手工完成的工作被机械化生产取代，使人类社会发生了巨大的变革，对推动人类的现代化进程起到了不可替代的作用。工业革命实现了从传统农业社会转向现代工业社会的重要变革，促进了资本主义国家的兴起和发达。20 世纪四五十年代，计算机的出现使自动化成为可能，人类社会又经历了一场新的革命。目前，以信息化为主的产业革命风起云涌，极大地推动了生产力的发展。信息化技术、互联网已经渗透到日常生活中，正在改变着人们的工作、学习和生活的方式，也推动着社会经济的发展。在这一过程中，无一不是由技术进步所推动的。

从经济结构看，工业化是经济结构高度化的过程，即是以农业为主的传统产业结构，向以工业为主、再向以服务业为主的现代结构不断升级的过程。工业化是在科学技术推动下生产力不断进步的过程，生产力的进步推动产业结构不断由低级向高级演化。国内外工业化发展历史已经证明，工业化表现为经济结构中传统农业比重不断下降和工业特别是制造业比重不断上升，社会经济资源配置逐渐向工业倾斜和集中，工业增长速度加快，整个国家（地区）也不断由农业国（地区）向工业国（地区）转变。随着产业结构进一步朝高级化发展，社会经济不断进步，以工业为主的结构进一步向以服务业为主的结构转移。

从生产组织形式看，工业化是专业化分工不断深化、社会分工日益细化的过程，企业规模不断扩大，劳动生产率和经济效益不断提高。工业化意味着专业化、精细化，产业链条不断延伸，资源得到更为充分的利用，专业化的人力资源使得劳动生产率和经济效益不断提高。

从社会收入看，工业化是由贫穷落后的农业社会向先进发达的工业社会，再向更加繁荣的后工业社会转变的过程。工业化的直接后果就是社会产品的极大丰富，物质文明的不断繁荣发展，社会经济形态由低级走向高级的动态过程。整个社会科学、文化、教育、医疗卫生、文艺体育等各项事业不断发展，人均收入不断提高、生活水平逐步提高，人类社会走向更为高级的发展状态。

由此可见，工业化是一个综合的动态概念，单一的社会经济指标无法反映工业化特征，而应构建更为完善的指标体系来综合反映。伴随着工业化进程的加快，生产方式、生活方式、经济结构、经济制度等各方面都有深刻的变化，以此推动社会进步，人类文明发展。

三、传统工业化的缺陷

明确了工业化的概念和内涵，我国传统工业化道路的局限也就十分清晰地呈现出来。吕政、郭克莎、张其仔（2003）对我国传统工业化道路的经验和教训的深刻总结至今仍然具有很强的现实意义。他们指出这样一种格局的形成，与较长时期内我国选择了一条传统的工业化道路是密切相关的。通过对我国传统工业化道路特点的总结，这一发展模式的缺陷也就清楚地呈现在人们眼前，主要有如下几个方面：

（1）发展动力上主要是国家计划推动，资源配置上忽视市场作用。由于历史原因，河南省长期在计划经济体制下，由政府通过指令性计划来发动和推进工业化，并靠国有经济发展工业。这种工业化在较短的时期内建立起相当强的工业基础，但是实行高度集中统一管理的传统计划经济体制，管得太死、统得过多，造成企业经济效益低下，使得整个国民经济缺乏活力，向着市场经济发展正是对这一发展方式的反思和纠正。

（2）重工业优先发展的发展战略导致产业结构内部失衡。在发展重工业的过程中，往往又忽视轻工业和农业的发展。这种优先发展重工业的道路，形成了“重工业太重、轻工业太轻、服务业太少、农业落后”的畸形产业结构，并造成严重的比例失调和资源浪费，在整体上延缓了工业化的进程，降低了工业化的效率。

（3）过分追求速度，以粗放型增长方式为主的发展方式造成经济效益低下。我国在新中国成立初期，内忧外患决定了我们在工业化过程中，普遍推行赶超战略，急于求成。追求经济增长的高速度的结果是投入多、消耗大、成本高、质量差、效益低。主要是靠增加生产要素的投入，扩大生产规模，实现工业生产的发展和经济增长，经济效益比较低，造成过度的资源消耗，既影响了我国经济发展的可持续性，又影响了人民生活质量。

（4）城乡割据的格局造成“二元”的社会经济结构。在城乡发展方面，限制农业和农村劳动力的转移以及城镇化发展，人为地造成城镇化与工业化的脱节，造成“二元”经济结构，城乡差距过大，延缓了工业化的进程和农村经济的发展。

（5）对外贸易上，片面强调自力更生。特殊的历史使得中国走上一条相对封闭、高度保护的内向型发展战略的工业化道路。这种不得已而走的道路，不能充分利用国内国外两个市场、两种资源，也不能发挥本国的比较优势和后发优势，不能更好地推动技术进步和效益提高，严重延缓了工业化进程。高度封锁的产业政策不能推动技术进步和效益提高，同时也造成了我国各地区产业结构的趋同现象，有限资金大量花费在重复建设上，造成资源浪费严重。

尽管这里他们是从国家层面上进行论述，但是这些局限性在河南省工业化进程中表现得同样明显。因此省委在制定河南省“十二五”规划的建议中强调，人均资源少、经济增长长期粗放的河南，必须走新型工业化之路。

第三节 新型工业化特征

由于研究视角的不同，不同学者在新型工业化内涵界定上存在一些差异。这时候对新型工业化的探讨很大程度上是从新型工业化道路方面来论述的。江小涓（2002）、崔向阳（2003）从可持续发展角度出发，认为新型工业化道路就是可持续发展道路，可持续发展是新型工业化道路的核心；林兆木（2002）、曲格平（2003）、胡鞍钢（2003）等持有类似观点，不过也强调了信息化的作用；赵振华（2003）则认为新型工业化超越式建设中，三次产业的协调发展是最为重要的；史清琪（2003）认为中国的新型工业化就是工业化、后工业化和信息化三个过程同时进行的过程。吕政（2003）从狭义和广义两个层面定义了新型工业化，狭义的新型工业化主要包括以信息化带动工业化、工业领域科技含量高以及控制人口增长三个方面，广义的新型工业化还要突出解决制度、机制、经济增长方式等问题。吴敬琏（2005）等从信息化与工业化以及服务业的关系入手，认为信息化是新型工业化的最重要特点和实现方式，服务业的发展降低了生产成本和交易成本。

这些研究在理解新型工业化的内涵和特征方面起到了重要作用，但是却存在一定的局限性：一是没有鲜明地突出新型工业化的独特性。工业化中的“新”是相对的，任何一次工业革命与上期相比，都是“新”的，且都具有科技含量高、经济效益好以及人力资源优势得到充分发挥的特点，因此这些特征并不能完全说明此“新”与彼“新”的区别。二是各国或地区自身条件的差异决定了新型工业化本身没有统一的模式，党中央和政府提出的“新型化工业”更多的是一个纲领性概念，同各地区工业化发展的实际还是存在着较大不同的。我们认为在理解新型工业化的内涵上必须把握住以下几个方面：

一、与信息化融合互动，以信息产业为主导，产业融合成为趋势

信息技术是人类有史以来发展速度最快、影响范围最为深远的技术，是当代先进科学技术和生产力的体现，因而也是推动工业化实现跨越式发展的直接动力。当前，在发达国家，不仅信息技术在社会经济各个领域中得到了广泛应用，信息产业

也成为新的经济增长点，电子计算机、集成电路、光纤通信、数字化网络、信息高速公路、电子商务、软件以及各种信息服务业已成为最为活跃的行业和部门，甚至已经成为国民经济和社会发展的主导因素。以信息化带动工业化，要求优先发展信息产业，在经济和社会领域广泛使用信息技术，通过信息技术促进科技进步，在更高起点上快速推进工业化，由此实现工业化的跨越式发展。以工业化促进信息化。信息化是工业化发展到一定阶段的产物，它是工业化发展为其提供了可能的物质基础之后才产生的。工业化不仅为信息化发展提供必要的物质基础和技术支持，而且为信息化发展提供了内在动力，信息化只有在工业化推动下才能不断深化。在工业化中引入信息化，实现工业化与信息化的互动融合，也是新型工业化道路的本质及精髓。在工业化进程中引入信息化，不仅大大丰富了工业化的内容，而且势必改变传统经济的商业模式，进而推动传统经济的转型，从根本上改变传统工业化的性质。

二、集约型内涵式发展，促进社会经济结构转型，促进城乡协同发展

集约式发展主要依靠科技进步和劳动力素质和管理水平的提高来实现，粗放式发展则是靠要素的投入来实现，受制于资源约束，不可能持续发展。只求产值、不计成本，只要数量、不顾质量，只重速度、不讲效益的粗放经营使得经济效益低下，资源浪费严重。随着经济发展水平的不断提高，环境约束和资源约束等问题则日益凸显。而集约型发展方式则以理论创新、制度创新、科技创新来促进经济增长、提高经济效益、推进产业结构优化升级。同时推动社会从“二元化”特征向“一元化”收敛，城乡协调发展。在传统的工业化进程中，产业的升级一方面是生产进步的结果；另一方面也是产生“三农”问题的现实土壤，导致了城乡差距、收入差距的不断扩大的“二元”的社会经济结构，如果继续按照这一模式发展，必然会产生严重后果。新型工业化则是要求产业结构、产业布局更为科学合理，改变传统“二元”结构，实现社会和谐发展。集约型内涵式发展以及由此产生的产业融合使得经济结构向“一元”转型成为可能。

与传统工业化相比，集约型内涵式发展更加注重社会经济效益，不再单纯地靠投入的扩张来推动生产，依靠不协调的高速增长来促进社会进步，而是通过技术进步提高产品的生产率，减少传统农业靠天吃饭，提高产品竞争力，另外交通和网络的普及也缩短了城乡距离，提高了农产品的流通速度。农业工业化以及农产品商品化程度的提高，意味着传统工业化过程中普遍存在的二元化模型最终将向同质的一元化部门的新古典模型收敛。同时劳动力的自由流动进一步带动（流入和流出）区域社会经济的发展，缩小城乡差距，实现城乡协调发展。

三、可持续协调发展，注意资源的充分利用

西方发达国家在实现工业化过程中基本上走的是“先污染、后治理”的工业化道路，这种发展模式使得环境污染严重、资源浪费，以资源的高投入、低产出效益为特征的传统发展模式已经走到尽头。可持续发展是基于环境资源的有限性而提出的，它要求经济、社会发展与人口、资源、环境相互协调，实现当代人和子孙后代利益的不断持续。可持续发展是人类在面临人口爆炸、能源危机、资源短缺、环境污染、生态失衡等严峻挑战下，对传统发展模式反思背景下提出的新的发展模式，是新型工业化的根本要求。只有可持续发展，合理利用和开发各种资源，降低能耗和资源消耗，边发展，边治理，才能使得环境承载能力与社会经济发展保持协调。

河南省经济快速增长，各项建设取得巨大成就，但也付出了巨大的资源浪费和环境破坏的代价，人与自然之间的矛盾日趋尖锐，引起人们的普遍关注。这种状况与经济结构不合理、增长方式粗放直接相关。不加快调整经济结构、转变增长方式，社会经济发展难以为继。因此必须在新型工业化框架下大力发展循环经济，推进企业清洁生产，控制和减少污染物排放，提高资源利用效率。在资源节约型、环境友好型社会建设过程中，真正实现资源的可持续利用，天人合一，和谐发展。

四、强调自主创新能力，以人为本实现人力资源的充分利用

人力资本理论自创立以来，发展极为迅速。从舒尔茨（T. Schultz）、托达罗（M. P. Todaro）、卢卡斯（R. E. Lucas）到克鲁格曼（P. Krugman），他们都从不同侧面指出人力资本与物质资本一样，具有流动性、收益性、风险性的特征，也受到产业集聚等因素的影响，通过流动产生空间上的积聚，会对一个区域经济增长产生影响。人力资本流动对我国经济增长做出了重要贡献，并得到了研究的一致肯定。世界银行（1997）研究表明：在 1985~1994 年，劳动力从国有部门的重新分配大致使国内生产总值增长了 0.15 个百分点，而同一时期劳动力从农业的转移使国内生产总值再增长了 1 个百分点，这还不包括其对产业结构调整效益的贡献。

新型工业化的内涵界定意味着其注重自主创新能力，强调人力资源的充分利用。新型工业化从发展方式上以集约经济为主，走可持续发展之路，注重技术创新和产业融合，产业的边界逐步趋于模糊化，并变更着传统的产业结构，它将导致产业发展基础、产业之间关联、产业结构演变、产业组织形态和产业区域布局等方面的根本变化，并对整个经济与社会产生综合影响。同时，必然影响到个人、家庭、企业以致国家等各个层面。如果缺乏必要的自主创新能力，没有人力资源的充分利用，根本就无法在跨越式发展过程中进行科学、合理的制度安排和顶层设计，更不用说

面对经济全球化、信息化的挑战。河南是人口大省，人力资源具有一定优势，在新型工业化进程中必须发挥改革主体——人的主观能动性，积极创新，使得高端人才和高端技术充分融合，以此推进新型工业化快速高效发展。

第四节 当前评价检测体系现状

当前对新型工业化进行评价主要涉及两个方面的内容：指标体系的构建及评价模型。下面我们简述已有研究成果。

指标体系构建问题。由于相关文献十分丰富，并且表现出明显的时代特征，我们据此分成三个阶段。早期阶段（2000~2005年）①。早期的研究更多地关注我国的工业化进程即我国工业化处于什么阶段，这一时期对工业化水平的测度主要是借鉴国外，从经济发展水平、产业结构、就业结构和城镇化水平四个方面对工业化进程的测度。早在1999年国家统计局就利用增加值和劳动力贡献率之和来反映工业化程度；郭克莎（2000）从人均收入水平、三次产业结构和工业内部结构分析我国工业化进程，并认为产业结构偏差影响了经济的持续增长和质量的提升；史清琪等（2000）提出以人均GDP、产业结构、就业结构、消费结构、外贸结构、技术贡献率六个方面指标来衡量工业化进程。马崇明（2002）对我国工业化进程从劳动生产率、增加值、劳动力构成三个方面进行了测度；陈佳贵、黄群慧（2003）提出从工业增长效率、工业结构和工业环境三个方面评价工业现代化水平，并据此对我国工业的现代化水平进行了初步评价。陈佳贵、黄群慧、钟宏武（2006）认为可以从经济发展水平、产业结构、工业结构、就业结构和空间结构等方面衡量工业化水平，他们对中国所有省级区域的工业化水平进行了评价，并对中国各地区工业化所处阶段进行了判断②。陈元江（2005）通过第一、第二产业产值比例、人均国内生产总值、城市化率、第一、第二产业就业比例4个指标构成的指标体系来反映工业化进程和运行质量，体现了新型工业化对经济增长质量的要求，但是并没有把信息化、人力资源等因素纳入指标体系，与中共十六大所表述的新型工业化尚有一些差异。也有部分学者开始考虑新型工业化的评价问题，如吴亚燕（2003）从工业化基本情况、产业结构、产业对经济增长、工业效益、可持续发展与环境保护、人民生活六个方面建

---

① 需要注意的是，这个年代的划分并不是绝对的，在早期阶段，也有部分学者的研究与中期的研究成果更为相似，因此我们依然放在中期进行说明，这里的划分主要依据是研究思路和研究主体而不是时间。

② 虽然从时间看是属于第二阶段，但是从研究思想上，他们的研究依然可以归结为第一阶段，因此放在这里论述。陈佳贵，黄群慧，钟宏武．中国地区工业化进程的综合评价和特征分析［J］．经济研究，2006（6）：4-15.

立指标体系。张克俊、曾科（2004）用人均国内生产总值指标、产业结构指标、劳动力结构指标作为主要衡量工业化水平的指标，信息化程度指标、科技创新与进步指标、经济效益指标、资源消耗指标、环境污染指标、人力资源利用指标反映新型工业化特征。陈森良（2004）等从新型工业化进程、信息化、工业化科技含量、工业经济效益、可持续发展、劳动力资源利用六个方面构建评价指标体系。谢德禄、李琼与王小明（2004）从区域角度出发，认为新型工业化评价指标体系可以分为收入水平指标、结构性指标、科技含量指标、效益性指标、资源与环境指标、人力资源利用指标、信息化指标等。在早期研究中，还有一些学者另辟蹊径，设计了一些新颖的指标体系，如李建等（2003）在新型工业化进程中引入了风险指标的概念，从投入、产出和风险（成本）三个方面来衡量新型工业化水平。这一做法的可操作性不强，尤其是其风险很难量化，且进行实证有一定困难。杨同宇（2004）则主张在指标体系中引入 GDP 增长速度以及工业增加值增长速度指标来反映工业发展速度。这一思想明显受到传统工业化道路中注重速度的影响。

我们看到这一时期的研究受西方结构主义影响较大，同时由于我国经济在经历较长时期的高速发展后，结构性矛盾逐渐显现出来，引起了广泛的关注。党的十六大中明确提出走新型工业化道路正是这一背景的写照。传统的指标体系的突出优点是指标含义清晰、便于度量，但没有考虑环境质量、资源消耗还有人力资源等方面，容易产生片面追求工业化速度，忽视经济效益和社会效益的倾向。总体来说，这一时期人们关注的重点依然在我国工业化所处的阶段上，很少涉及新型工业化的特征及其测度问题。

中期阶段（2005~2010 年），这一时期的研究较之早期有了很大的发展，无论是研究数量还是质量都有显著提高。随着人们对新型工业化的内涵和特征的理解不断深入，在评价新型工业化水平方面，人们把工业化进程和工业增长质量结合起来进行评价，对我国工业化阶段的研究相对减少，较为关注工业化的质量问题。基本上是把传统的工业化进程的测度指标和新型工业化的特征结合起来构建指标体系。但是在体现新型工业化的“新”的内涵上，由于不同学者的研究视角差异，形成了众多的指标体系。杨杰（2005）等构建的指标体系包括经济发展、产业结构、就业结构、城镇化水平、科技贡献、经济效益、资源利用、环境改善、人力资源发挥等方面，前四个方面实际上是反映传统工业化进程的指标，后五个方面反映了新型工业化的特征。赵国鸿等（2005）从收入水平、产业结构、信息化与技术进步、人力资源开发、可持续发展、城市化、市场化、外贸结构、社会等方面构建指标体系。这一指标体系强调了收入水平在新型工业化评价中的作用。王晓昀、吴纪宁（2006）认为新型工业化应该突出反映工业化质量、工业化的协调性和可持续性，并以此设计了指标体系；李同宁（2006）以转变增长方式为核心构建逻辑分析框架，从工业化水平、集约化水平、信息化水平、全球化水平、科技教育水平五个方面构建评价指标体系，并对我国新型工业化进程进行监测分析。李世英（2009）从工业化进程、结构变动、科技水平、经济效益、可持续发展、人力资源和信息化水平七个方面来测量新型工业化水平，在结构变动中除了就业结构外，还引入城乡恩格尔系数来反映消费结构。游达明、陈国藩（2010）构建了包括经济发展、科技创新和环境保护三个方面的新型工业化评价指标体系，突出了环境保护与新型工业化之间的联系。鄢军、王传捷（2010）从技术、组织、制度和其他社会指标角度设计了一套新型工业化指标体系，这一方法在标准参数的选择上存在困难①。谢春和李健（2011）则强调创新的因素，从工业化进程与结构、工业化质量、工业化发展潜力与可持续发展三个准则层面来评价我国新型工业化水平。耿修林（2012）则从新型工业化的投入、产出和推进强度三个大方面共52个指标来测度新型工业化水平，强调了近年来“两化”融合的思想。孙智君、周滢（2013）则考虑了国际竞争力要素，突出了经济全球化对工业化的影响②。

在区域新型工业化测度研究方面，由于各地实际情况差异较大，研究的视角以及考虑的重心不同，因此相应的指标体系就更是五花八门、不一而足，相应的评价结果也相差甚远。可以说，随着人们对新型工业化理论研究的不断深入，相应的指标体系也越来越复杂，如同时对江苏新型工业化水平的评价，渠爱雪（2006）选择了22个指标，而黄德春、龚萍（2013）采用了57个指标，各种评价方法也层出不穷。但遗憾的是迄今为止，无论是在国家层面还是在省际层面，并没有一个统一的指标体系来测度地区新型工业化水平，因而也无法对这些研究进行系统深入的比较。

我们看到，无论是国家层面还是地区层面，当前在设计指标体系时，大多分成两个部分：一部分是反映一般意义上工业化特征的指标体系，另一部分是反映工业化是“新型”的指标体系。传统意义的工业化在指标体系上基本没有任何分歧，但是在反映新型工业化方面，由于对“新”的理解不同，相应的指标体系也有所不同。但无论指标体系是复杂还是简单，始终都是围绕党的十六大对新型工业化的表述来进行设计的，可以说在理解新型工业化的内涵上，这一表述最为全面、准确，并得到了学者们的一致认同。因此我们认为在对地区新型工业化水平进行评价时也应该遵循这一思路，无论对“新”的内涵如何进行拓展，信息化、工业化、科技水平、经济效益、资源环境、人力资源这六个方面的内容都始终应该是评价的核心，其他方面只能是对它们的补充和完善。同时我们也需要注意的是，当前在评价新型工业

① 鄢军，王传捷．我国新型工业化指标体系构建与指数估算［J］．商业时代，2010（35）：10-11.

② 孙智君，周滢．中三角区域新型工业化水平测度［J］，统计与决策，2013（2）：46-49.

化水平时似乎有复杂化倾向，构建的指标体系越来越庞大，动辄几十个甚至上百个。工业化虽然是我国经济发展过程中的重要阶段，但绝不是经济发展的全部，因而在建立指标体系时也不宜包罗万象，过于复杂化，这样虽然在一定程度上保证了指标体系的全面性，但是容易造成指标之间的相互干扰，反而不能很好地体现出指标之间的科学性和简约性。

后期的研究（2011 年至今）。后期的研究人们更多关注的是产业的融合问题，如生产性服务业与制造业，信息化与工业的融合、产业聚集、产业承接与转移、全球价值链等，这一期的研究视角和我们的课题差别较大，我们将在其他研究中继续探讨①。

评价模型问题。目前新型工业化评价模型大致可以分为两大类：第一类评价模型是直接采用主成分分析方法或因子分析法对指标体系进行分析评价；第二类评价模型是运用系统综合评价方法对指标体系进行评价②。但是两类分类的主要问题其实集中在权重的处理上，是用主观赋权还是用客观赋权。主观赋权法主要有专家打分法、层次分析法，客观赋权法主要有功效系数法、DEA 法、主成分分析法、因子分析法、模糊综合评价法、灰色关联法、熵权法、均方差法、多元方差分析法。相对来说，主观赋权主观性较强，因而在实践中用得不多，客观赋权法更受研究者的青睐，但是这一方法综合时经济意义有时候并不明显（见表 3-3）。另有一些学者为了避免使用一种方法可能导致的缺陷，综合运用上述方法中的两种甚至几种来确定权重。如余华银（2006）采用专家咨询法、主成分分析法和层次分析法来确定权重。马涛、李鹏雁（2009）则在主成分分析基础上结合 DEA 法进行评价，该法实际上也是主客观方法的结合。詹浩勇（2010）使用层次分析法和熵权法确定新型工业化综合评价指标体系权重；杨建仁、刘卫东（2011）综合运用灰色关联分析法和层次分析法确定评价指标的权重；杨韡韡、李平（2011）采用德尔菲专家咨询法和层次分析法确定权重；唐浩、贺刚（2014）则采用主成分分析法和层次分析法来确定权重；侯荣涛（2014）则采用熵权法、层次分析法和集值迭代法确定权重，我们看到这些综合赋权方法大多数是把主观赋权和客观赋权结合起来，以充分利用不同方法的优势，以求得到更为科学的结论。

① 如前所述，工业化是任何国家和地区所必经阶段，具有鲜明的历史特征，不同时期的研究主题也不相同，当前学者的关注点虽然庞杂，但是整体上依然可以归结于工业化这一大的主题上来。

② 吴晓庆．我国新型工业化进程评价指标体系及模型构建研究［D］．重庆大学硕士论文，2007.

表 3-3 常见的评价模型和方法

权重的选择	评价方法	代表人物
主观赋权	层次分析法	陈佳贵、黄群慧、钟宏武（2006），陈晓红（2006），杨韡韡、李平（2011），杨烨军等（2012）
	专家打分法	杨杰（2005），李同宁（2006），游达明、陈国藩（2010），张立阳、彭开虎（2012），李琼（2013）
客观赋权	主成分分析法	陈国宏（2005），马涛等（2006），王亚玲（2008）
	因子分析法	毛文娟（2005），张伟（2006），林春燕、姜慧（2008），叶祥凤（2010），易磊（2012），王慧（2013）
	熵权法	苏孝辉等（2011），郝华勇（2012），王中亚（2013）
	综合赋权法	余华银（2006），李世英（2009），杨建仁（2011），詹浩勇（2010），马涛、李鹏雁（2009），梅强等（2010），孙智君、周滢（2013），孙智君、戚大苗（2014），唐浩、贺刚（2014），侯荣涛（2014）
	灰色关联法	王秉建（2008），袁晓玲、张薇、景行军（2012）
	均方差法	渠爱雪（2006），罗永乐（2012）

从评价模型看，应该说，当前的研究向着纵深方向发展，研究方法日益精细、复杂，一方面可以得到更为科学客观的结论，另一方面也促进了工业化理论的发展，丰富了产业经济学的内容。另外，由于研究的视角和侧重点不同，指标的设计存在较大差异，不同模型之间存在较大差异，不同方法、不同地区的测定结果完全没有可比性，这给系统研究带来一定困难。

第五节 指标体系的构建

一、指标选取原则

科学合理的指标体系是系统评价准确可靠的基础和保证，也是正确引导系统发展方向的重要手段。因此，指标体系的建立必须遵循一定的原则，而不能是一组任意指标的简单堆砌。我们认为在构建河南省新型工业化评价指标体系时应遵循以下原则：

（1）科学性原则。科学性是评价工作得以进行的基础和前提。指标体系的建立应遵循客观规律，从而使评价结果能够尽可能地反映客观实际。党的十六大提出的新型工业化道路，是一个符合国情的完整科学体系，具有深刻的内涵和显著的特征。

同时，设立其指标体系，应该科学地、准确地反映其“科技含量高，经济效益好，资源消耗低，环境污染少，人力资源优势得到充分发挥”之特征和要求，客观反映出经济全球化背景下河南省新型工业化进程中的经济增长、科技进步、开放程度、跨越式发展、可持续发展能力以及产业国际竞争力之状态和水平。新型工业化的基本特征和要求是其指标评价体系建立的基本依据，也成为反映该指标体系设计是否科学合理的基本尺度。

（2）系统性原则。系统性是指指标体系不能是指标的简单堆砌，而应是一个统一的有机整体。新型工业化不仅是一个经济性的概念，也是一个系统性的概念，包含社会、经济、科技、环境、信息等各个方面的内容，彼此互为联系形成有机整体。因此，指标的选取不仅要从不同角度反映新型工业化的发展状况，还要能体现新型工业化内涵中各个方面的内在联系。

（3）简约性原则（可行性原则）。指标体系的构建并不是越庞杂越好，同时任何一个指标体系也不可能反映所有问题。因此在建立指标体系时，应该在把握核心指标的基础上，注意指标的简约性，并兼顾指标的实用性和可操作性。新型工业化的测度与评价是一项实践性很强的工作，因此在指标的选取上，要立足现状，力求把握新型工业化最本质的特征，选取那些概括性强、所代表的信息量大、容易获取的指标。在强调指标间有机联系的同时，既应避免指标的交叉与重复，以降低信息的冗余度，还应该充分考虑数据取得和指标量化的难易程度，尽量采用各类年鉴和可供查阅的资料上提供的指标，与现行统计方法相衔接，以利于指标体系的运用。

（4）可比性原则。可比性是指所选择的指标在计量口径、计量方法上、指标所反映的内容在时间和范围上具有一致性。它要求指标设计要内涵一致、尺度统一。同时应吸收国内外工业化进程评价有益的量化指标，从而使得该指标体系既可以进行纵向的历史动态分析，又可以实现对省际、省内的横向比较，以便于对河南省新型工业化的发展进程和横向差异进行深入评价和分析。

（5）动态性原则。新型工业化的发展既是一个目标，又是一个过程，其进程评价指标体系应充分反映出动态变化的特点。在评价指标的选取上，应尽量选择既能够量化，又能描述系统运行的动态指标，以实现对新型工业化进程的动态评价。此外，新型工业化的发展是一个持续改进的过程，评价指标的选取应随着经济形势和客观条件的变化加以调整，以综合地反映新型工业化的现状和发展趋势。

除此之外，结合河南省工业化进程实际，我们认为必须要考虑到以下几个方面：

（1）正确处理农业与工业的关系。河南省是农业大省、人口大省，改革开放以来，虽然我们积极发展工业，工业化进程显著加快，第二产业产值在地区 GDP 中比例超过 50%，对河南省经济快速增长起到了主要作用。但是我们必须在新型工业化进程中强调农业的基础地位，尤其是在河南农村人口依然占大多数的情况下，在发展新型工业化过程中，加强工业对农业的反哺，而不是把农业仅仅当成为工业提供原材料的产业，忽视甚至弱化农业的基础地位，否则又将走上传统工业化的老路上去。

（2）正确处理人口优势与人力资源劣势局面，加强人力资源的充分利用。河南是人口大省，但是河南人力资源优势并不明显，主要表现在人口总量多，高级人才相对较少，这就导致在我们的人口输出中，绝大部分文化程度和受教育水平低，只能从事体力劳动和技术含量低的劳动密集型工作，不利于人口素质的进一步提高，也难易满足新型工业化对人力资源的要求。应该在充分利用现有“人口红利”的基础上，考虑未来发展需求，以便更好地利用人力资源。

（3）正确处理工业化与信息化的关系。工业化道路要求工业化与信息化相结合，以信息化带动工业化，以工业化促进信息化，大力开发和运用信息技术，迅速发展信息产业，加快推进国民经济和社会的信息化。运用信息技术改造传统产业，通过信息技术，提高产品开发和设计能力，改进工艺技术，实现传统产业的产品升级换代；发展电子商务和电子金融，推动营销、运输和服务方式的变革，实现工业生产的高加工度、高附加值和自动化，降低成本，节能降耗，加快资本周转，减少或防止环境污染，提高经济效益和生态效益；实现企业生产经营的信息化，使传统产业结构优化、技术升级、管理改善，进一步使信息化与工业化融为一体，互相促进，共同发展。

（4）正确处理发展高新技术产业与发展传统产业的关系。工业化要求发展传统制造业，工业现代化和产业结构优化升级要求发展高新技术产业，因此二者不可偏废，必须兼顾。发展制造业在促进经济增长、解决就业问题、增加收入方面具有特别重大意义，但绝不能再搞低水平的重复建设。正确处理发展高新技术产业与发展传统产业的关系，必须在积极发展对经济增长有突破性重大带动作用的高新技术产业的同时，大力发展制造业特别是装备制造业，加强基础设施建设，更加注重用高新技术和先进适用技术改造传统产业，使之升级换代，重新焕发青春。

（5）正确处理先进制造业和现代服务业的关系。产业融合是新型工业化的特点，在信息技术的充分利用下，现代服务业和先进制造业之间不再是传统的竞争关系，而是共生关系，尤其是信息技术的发展使产业边界模糊，各产业之间相互影响渗透融合，推进产业结构的优化升级。河南产业结构不合理的因素之一就是服务业和工业尤其是制造业的有机联系被历史人为地割裂，也在一定程度上制约着河南产业结构的进一步调整。在评价河南工业化水平时，指标体系的设计中，应该体现出生产性服务等现代服务业的应有地位。

二、新型工业化水平综合评价指标体系

根据新型工业化内涵、特征和影响因素，在对相关文献进行梳理分析时，将统计到的近 100 项指标归结为五大类，即工业化基础水平、科技进步与创新（体现新型工业化的“新型”特征）、经济效益、节能减排和以人为本几个方面。按照科学性、系统性、可比性和可操作性原则，借鉴国内外关于工业化发展评价指标，从五个方面构建了新型工业化水平评价指标体系（见表 3-4）。

表 3-4 新型工业化水平评价指标体系

目标层	准则层	指标层
新型工业化发展水平	工业化基础水平（X_1）	人均 GDP（x_{11}）
		第二产业产值比重（x_{12}）
		城镇化率（x_{13}）
	科技进步与创新（X_2）	工业企业 R&D 投入强度（x_{21}）
		技术改造经费占比（x_{22}）
		高技术产业比重（x_{23}）
		信息化发展指数（x_{24}）
	经济效益（X_3）	工业增加值增长率（x_{31}）
		总资产贡献率（x_{32}）
		工业成本费用利润率（x_{33}）
	节能减排（X_4）	单位工业增加值能耗（x_{41}）
		单位工业增加值用水量（x_{42}）
		工业固体废弃物综合利用率（x_{43}）
		工业主要污染物排放强度（x_{44}）
	人力资本（X_5）	工业企业从业人员年均增长率（x_{51}）
		工业企业职工平均工资增长率（x_{52}）

工业化基础水平主要包括人均 GDP、第二产业产值比重、城镇化水平等指标。其中人均 GDP 直接反映一个国家或地区的工业化水平和发展阶段①，主要衡量和评价工业化进程。第二产业产值比重反映工业化演进中引起的结构变动，城镇化率则是反映二元经济的结构指标，从空间上衡量城乡协调发展程度，是新型工业化进程的重要指标。

① 国内外所有研究中，经常把人均 GDP 作为工业化水平和发展阶段的核心指标，如钱纳里的工业发展阶段的划分等。

科技进步与创新主要包括工业企业 R&D 投入强度、技术改造经费比重、信息化发展指数等。这是新型工业化区别于传统工业化的最主要特征①。工业企业 R&D 投入强度可以反映一个国家（地区）对研发的资金投入规模和重视程度，技术改造经费占比则反映企业转型升级能力，信息化发展指数（Informatization Development Index，IDI）能够全面评价信息化发展水平，这里采用国家统计局的计算方法进行计算②，高技术产业占比反映行业结构的高端化程度，也体现新型工业自主创新能力。

经济效益指标主要包括工业增加值增长率、总资产贡献率、工业成本费用利润率和全员劳动生产率四个指标。新型工业化要求经济效益好，经济效益的好坏离不开一定的工业增长速度，也与企业经营业绩和管理水平尤其是获利能力（资产贡献率）密切相关。工业成本费用利润率则是从投入产出角度反映企业通过降低成本所取得的经济效益。

新型工业化要求资源消耗低、环境污染少，走可持续发展之路，因此节能减排是新型工业化水平的重要方面。这里选择了单位工业增加值能耗、单位工业增加值用水量、工业固体废弃物综合利用率和工业主要污染物排放强度四个指标，从不同侧面反映新型工业化对节能减排的要求。

人力资源优势是新型工业化的又一重要特征，这里我们用工业企业职工平均工资增长率和工业企业从业人员年均增长率两个指标来反映。前一指标体现一定时期内工业企业职工劳动报酬的增长水平，可以反映工业化发展对提高居民收入、改善民生方面的贡献，后一指标则衡量了工业发展过程中吸纳就业能力的高低。

---

① 2012 年“两会”温总理答记者会上提到“要改变传统的发展方式，克服当前社会经济发展中的不平衡、不协调、不可持续的问题，真正走上一条注重质量的发展道路”。这些都说明走新型工业化道路是中国在工业化过程中发挥后发优势的现实选择：即要坚持以信息化带动工业化，以工业化促进信息化，走出一条科技含量高、经济效益好、资源消耗低、环境污染少、人力资源优势得到充分发挥的新型工业化道路。

② 信息化发展指数是为国家“十一五”信息化规划而编制的，它从信息化基础设施建设、信息化应用水平和制约环境，以及居民信息消费等方面综合性地测量和反映一个国家或地区信息化发展总体水平。信息化发展指数是由 5 个分类指数和 10 个具体指标构成。分为信息化发展指数Ⅰ和Ⅱ两种，“十二五”国家信息化规划采用的是信息化发展指数Ⅱ。我们这里也是采用这一指标进行计算的。但是由于数据的可得性，部分指标采用替代指标来计算。

第四章　河南省新型工业化测度研究

第一节　河南省工业发展历程

改革开放以来，随着中国经济从内向型逐步过渡到外向型，河南省的经济取得了巨大的成功，生产总量从1978年的162.92亿元增长到2013年的26931.03亿元，增长了近197倍，按不变价计算增长了近40倍，年均增长11.16%。产业结构也得到了优化，从“一、二、三”转化到“二、三、一”的模式。

1978~1984年是经济结构进行调整、改革、整顿的时期，根据党的十一届三中全会的精神，河南省积极开展经济体制改革，在全省企业进行分批试点“放权让利”政策，1984年企业的自主权得到了扩大。1984年，全省生产总值达到370亿元，是1978年的2.27倍，其中第三产业得到了快速发展，增长了1.74倍，占GDP比重迅速得到提高，到1984年为21.2%，比1978年增加了3.6个百分点；第二产业增长了96.24%，其中工业增长了97.06%，但占GDP比重均有所下降。

1985~1992年是改革继续深化的阶段，经济结构得到了进一步优化。第一产业比重开始掉头持续下降，到1990年下降近11个百分点，从经济第一位下降到第二位；第二产业增长呈现巨大波动，占GDP比重也处于波动中，在1986年增加到最大值40.2%，此后又开始波动下滑，到1990年后又开始上升；第三产业保持2位数的速度增长，增加值占

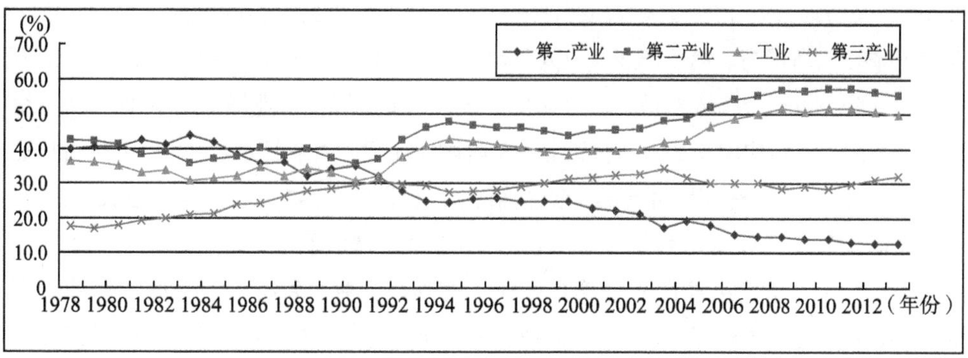

图4-1　1978~2013年三次产业与工业占GDP比重

GDP 比重继续持续增加，到 1992 年已超过第一产业。这 9 年期间，完成了由原来第一、第二产业主导地位的结构逐步由“二、一、三”向“二、三、一”的结构过渡。

1993~2000 年是第二产业尤其是工业主导的经济结构，完全形成了“二、三、一”的格局。这期间，GDP 年均增长了 18.73%，比上个时期高出业近 5 个百分点。第一产以年均 16.02%的速度增长，比重下降了 1.7 个百分点；第二产业年均增长了 19.68%，其中工业增长了 19.49%，占 GDP 比重呈现先上升后从 1995 年开始又下降的趋势，到 2000 年占到 45.4%，工业占比到 39.6%，在全省经济中占有绝对优势；第三产业年均增长了 19.64%，占 GDP 比重上升到 31.6%。这一期间，劳动力就业结构依然是“一、二、三”，还是以第一产业为主，从业人员增长了 20.61%，占比呈现“U”型走势，第二、三产业分别增长了 34.94%和 57.89%。但到 20 世纪末，绝大多数工业产品价格都实现了市场化。这些都极大地调动了企业、职工和投资者的积极性，使工业经济步入了良性发展的轨道，工业经济在国民经济中逐步占据了主导地位。

2001 年至今是在市场经济完善的体制下，抓住国家进行促进中部地区崛起的重大机遇，大力推进经济发展的质量，加快经济结构的调整步伐。根据 2003 年党的十六大提出了“科技含量高、经济效益好、资源消耗低、环境污染少、人力资源得到充分利用的新型工业化道路”的要求，河南省进入了大力推进工业内部结构优化的新阶段。全省工业经济发展实现了大跨越，并成为国民经济增长的主导力量。2005 年，河南工业进入了全国第一方阵，基本确立了新兴工业大省的地位。

2001~2013 年，第一产业比重下降了近 10 个百分点，到 2013 年降为 12.6%，第二产业比重增长了 10 个百分点，增加到 55%以上，其中工业占 GDP 比重达到 50%以上，对 GDP 的贡献率在 60%以上，其中工业对 GDP 的贡献也在 60%以上。在“十一五”期间第三产业占 GDP 比重在 31%以上，但在“十二五”期间出现下滑，跌破了 30%，下降到 2000 年以来的最低点 28.3%，近几年又出现逐步回升态势，到 2013 年达到 32.0%。从劳动力就业结构来看，在这一期间，第二产业吸纳劳动力的能力比 1993~2000 年阶段有所提高。第一产业从业人员逐步下降，到 2013 年比 2001 年减少了 915 万人，占比降为 40%，但依然是劳动力的主要吸纳产业；第二产业增加了 1038 万人，增长了 1 倍之多，年均增长 5.81%，比上一个阶段增加了近 2 个百分点，从业人员占比达到 32%，比 2001 年提高了 14 个百分点；第三产业增加了 747 万人，年均增长 4.33%，比上个阶段下降了 1.54 个百分点，占比上升到 28%，增加了 9 个百分点。

可见，河南省的主导产业是第二产业，尤其是工业，暂时还不是第三产业，产业结构已经过渡到中级阶段，正向高级阶段演变，第三产业还未得到充分的发展，还有非常广阔的空间。因此，河南省经济要加速产业结构的全面升级，进一步优化工业内部结构，大力发展第三产业。

第二节　河南省新型工业化现状

一、河南省工业化进程

（一）人均 GDP

河南省经济保持快速发展，经济总量稳定居于全国第 5 位，人均 GDP 也大幅提高。2013 年全省人均 GDP 为 34174 元，比上年提高了近 3000 元，增长了 8.9%，和 1952 年相比，增加了 55 倍多。根据钱纳里标准模式，按照相关汇率计算，河南省工业化处于中后期阶段，发展态势良好。

（二）产业结构变动

按照三次产业结构来看，2013 年，河南省三次产业占比分别为 12.6%、55.4% 和 32.0%。根据西蒙·库兹涅茨三次产业结构变动趋势，第一产业的比重持续下降，已经低于 15%，第二产业比重从 2005 年以来均在 50%以上，与第三产业相差从 2010 年开始持续缩小，到 2013 年相差 23.4 个百分点，所以河南省处于工业化中期，正向成熟期迈进。

（三）城镇化率

工业化与城镇化是密不可分、共同发展的互相推进的关系。河南省城镇化率从 2009 年开始超过 37%，到 2013 年为 43.8%，仍处于 50%以下，所以如果根据钱纳里等经济学家提出的关于工业化与城镇化进程之间的关系判断，河南省处于工业化中期阶段。

（四）就业结构变动

虽然随着河南省经济的快速发展，第一产业就业比重逐步下降，但由于农村人口较多、城镇化率偏低、服务业发展滞后等原因，在三次产业中河南省第一产业比重依然较大。2013 年河南省三次产业就业比重分别为 40.1%、31.9%和 28%。

按照英国经济学家威廉·配第等研究提出的劳动力就业结构变动趋势，目前河南省工业化还处于中期阶段。

基于人均 GDP、产业结构、就业结构和城镇化率来看，目前河南省工业化还处于中期阶段，正向工业化后期过渡。

二、工业内部结构调整绩效

表 4-1　2003~2013 年规模以上工业指标情况　　单位：亿元、%

年份	工业		制造业		先进产业	
	增加值	增长率	增加值	增长率	增加值	占工业比重
2003	1754.08	22.60			239.5	13.65
2004	2332.68	32.99			309.8	13.28
2005	3200.23	37.19			417.3	13.04
2006	4150.60	29.70	3111.80		541.97	13.06
2007	5438.06	31.02	4210.10	35.29	715.54	13.16
2008	7305.39	34.34	5652.69	34.27	966.92	13.24
2009	7764.45	6.28	6114.79	8.17	1153.5	14.86
2010	9901.52	27.52	8008.56	30.97	1612.78	16.29
2011	11882.55	20.01	9533.17	19.04	2150	18.09
2012	12654.83	6.50	10292.26	7.96	2201.86	17.40
2013	13986.51	10.52	11727.37	13.94	2696.49	19.28

由表 4-1 可以看出，河南省工业增加值持续增长，从 2003 年的 2876.93 亿元增长到 2013 年的 15960.60 亿元，且几乎每年以 16%的速度递增，其中规模以上的工业企业增加值比 2003 年增长近 7 倍，且占工业增加值比重增加的 87.63%，增长了近 27 个百分点。

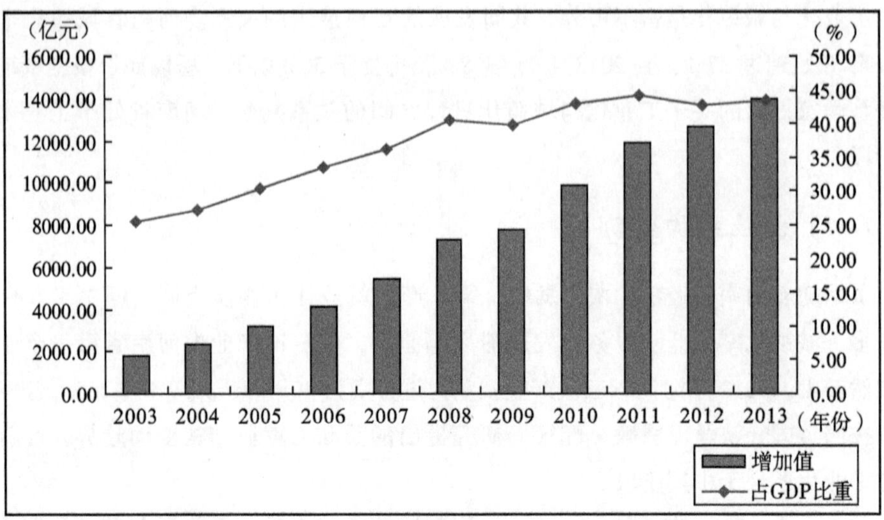

图 4-2　2003~2013 年规模以上工业及占 GDP 比重

（一）制造业增速最快，且占工业比重持续增加

从规模以上工业行业门类来看，2006~2013年，制造业增速最快，增长了近2.77倍，2013年河南省制造业实现工业增加值11727.37亿元，占工业增加值比重为83.85%，比2006年增长了近9个百分点；2013年河南省采矿业和电力、燃气及水的生产和供应业实现增加值分别为567.69亿元和1595.09亿元，比2006年增长了50%和142%，而占工业比重分别为4.06%和11.40%，比2006年下降了5.09个百分点和4.48个百分点。

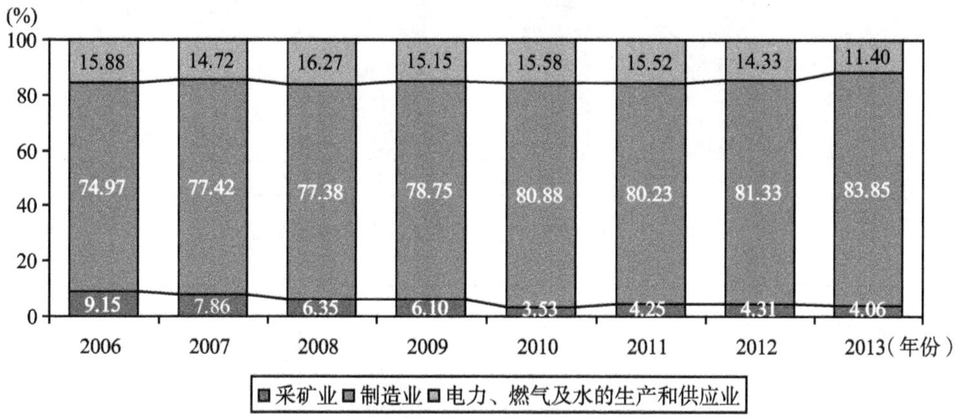

图4-3　2006~2013年河南省工业行业门类增加值比重情况

（二）工业增长动力结构逐步优化，高成长产业、先进制造业地位显著提高

从近3年的数据来看，六大高成长产业高速发展，占规模以上工业增加值比重大，河南省汽车、电子、装备制造、食品、轻工、建材六大高成长产业增加值高速增长，2013年到达8291.32亿元，年均增在12.35%，其中电子行业增长最快，年均增长39.42%。六大高成长产业占规模以上工业增加值比重也在持续增加，到2013年高达59.28%，比2011年增加了近4个百分点，占全省经济中的比重也在逐步提高，从2011年的24.39%增加到2013年的25.78%，增加了1.39个百分点。四大传统产业和六大高载能产业占工业比重有所下降，且增长放缓，其中，化工、有色、钢铁、纺织四大传统支柱产业增加值2013年为3771.76亿元，年均增长8.37%，占工业增加值比重下降到26.97%；六大高载能产业2013年增加值为5229.41亿元，占比下降到37.39%，比2011年下降了3.30个百分点。

2003~2013年，河南省规模以上的通用、专用、交通运输、通信、计算机及其他电子设备制造业、仪器仪表及文化办公用机械制造业、电气机械及器材制造业六大先进制造业增加值到2013年增长到2696.49亿元，是2003年的11.26倍，年均增

长了27.39%，占规模以上工业增加值和全省GDP的比重一直处于上升的通道，占工业增加值的19.28%，比2003年增加了5.63个百分点，占全省GDP比重从2003年的3.49%上升到2013年的8.39%，增加了5.90个百分点。

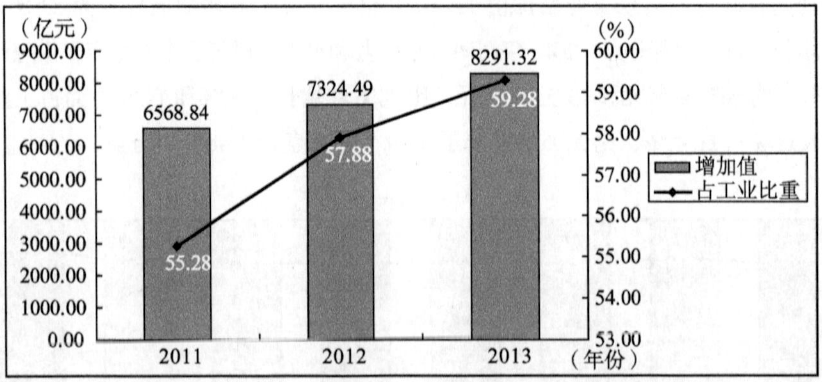

图4－4　六大高成长产业增加值及其占比情况

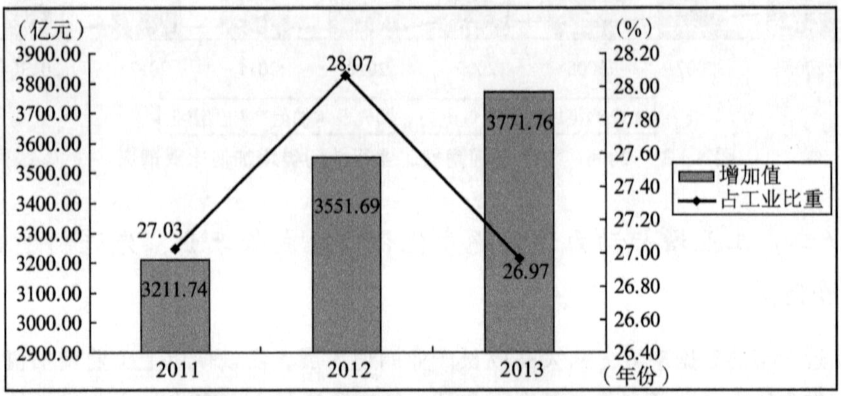

图4－5　四大传统产业增加值及其占比情况

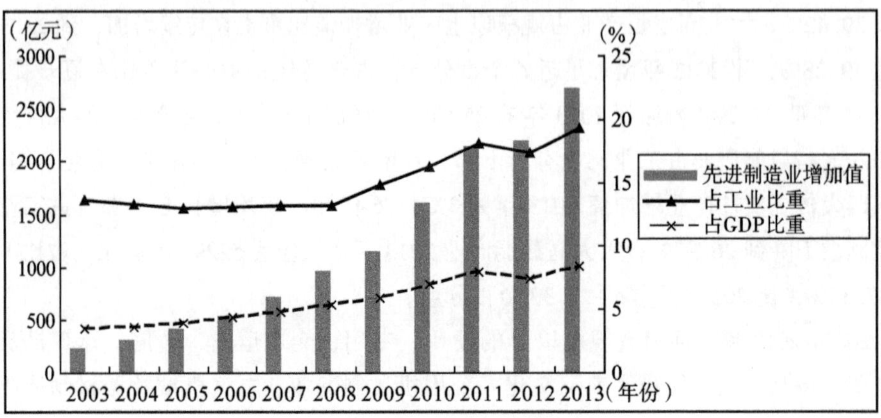

图4－6　先进制造业增加值及其占比情况

（三）从工业大类来看，资源型工业仍占比较大

从规模以上工业 40 个行业大类来看，近 3 年的数据表明行业增加值占工业增加值比重前五的行业有：非金属矿物制品业（12.74%）、煤炭开采和洗选业（8.02%）、农副食品加工业（7.03%）、黑色金属冶炼及压延加工业（5.13%）和化学原料及化学制品制造业（4.98%）。能源原材料工业占规模以上工业增加值比重持续下降，且 2013 年下降到 47%，但仍是河南省工业中的主导行业。

三、节能减排

2005~2013 年，河南省工业污染治理能力进一步提高，治理效果显著。从表 4-2 可以看出，工业用水量从 2005 年的 45.71 亿立方米增加到 2013 年的 60.78 亿立方米，增长了 32.97%，但平均年增长速度正处于下降趋势。单位工业增加值能耗从 2005 年的 2.35 吨标准煤/万元下降到 2013 年的 1.14 吨标准煤/万元，下降总幅度超过了 50%，年均降速为 8.67%。从 2010 年开始小于同期全国平均水平，到 2012 年比全国平均水平线低 0.13 吨标准煤/万元，可见，河南省工业经济活动中对能源的利用程度趋于向好的态势发展。工业固体废弃物综合利用率提高到 2013 年的 76.1%，比 2005 年提高了近 10 个百分点，2012 年比全国平均水平高出 13.97 个百分点，居全国 11 位，河南省对环境的保护力度较高。工业主要污染［包括工业废水、工业 SO_2、工业烟（粉）尘和固体废弃物］排放量从 2005~2013 年呈现倒“U”型走势，2010 年达到最高为 16.13 亿吨，到 2013 年又降到 14.72 亿吨，而主要污染排放强度却在快速下降，2013 年下降到 9.22 吨/万元，比 2006 年下降了近 2/3。

表 4-2　2005~2013 年工业节能减排指标情况

年份	单位工业增加值能耗（吨标准煤/万元）	工业用水量（亿立方米）	工业固体废弃物综合利用率（%）	工业主要污染排放强度（吨/万元）
2005	2.35	45.71	66.4	26.54
2006	2.15	48.32	67.6	22.86
2007	1.93	52.82	67.8	19.10
2008	1.66	51.40	73.6	15.32
2009	1.62	53.51	73.7	15.28
2010	1.37	55.57	77.1	13.50
2011	1.26	56.81	74.8	11.00
2012	1.16	60.50	75.5	10.18
2013	1.14	60.78	76.1	9.22

资料来源：根据《河南省统计年鉴》整理。下同。

四、科技信息化水平

2003~2013年，河南省专利授权量总量大幅增长，增长了7.89倍，到2013年达到近3万项，年均增长率高达24.42%，尤其是“十一五”期间年均增长了34.57%，“十二五”前期也以每年21.25%的速度增长；国际互联网用户数量几乎每年都以两位数增长，近10年间平均年增速为38.84%；河南省大中企业技术改造经费占GDP比重较小且处于逐年下降的趋势，从2006年的1.15%下降到2012年的0.46%，7年间下降了0.69个百分点；R&D经费投入强度保持着良好的发展，且一直处于上升的通道，10年增加了0.6个百分点，增幅超过1倍；工业企业的新产品产值从2005年的499.64亿元增长到2013年的4948.10亿元，增长了近9倍，但新产品产值率整体却处于下降趋势，其中2009年大幅回升，之后起伏波动，可见河南省新产品对工业总产值的贡献较低，可能是因为河南省自主创新能力不高、新产品开发率低，新产品产值率就不可能有很大提高。

表4-3　2003~2013年河南省科技信息化水平指标

年份	专利授权量（项）	大中企业技术改造经费占比（%）	R&D经费投入强度（%）	新产品产值率（%）	国际互联网用户（万户）
2003	2961	—	0.50	—	245.81
2004	3318	—	0.50	—	269.17
2005	3748	—	0.53	6.60	274.28
2006	5242	1.15	0.65	6.38	326.87
2007	6998	1.28	0.67	5.84	403.26
2008	9133	0.84	0.69	4.07	494.38
2009	11425	0.81	0.90	5.63	625.49
2010	16539	0.59	0.92	5.31	3043.42
2011	19259	0.61	0.98	5.56	3857.20
2012	26833	0.46	1.05	—	5098.00
2013	29482	—	1.10	—	5657.14

五、经济效益

从2003~2013年动态分析来看，河南省规模以上工业经济效益能力总体趋势向好。从资本投入来看，企业的总资产贡献率整体处于上升趋势，且均超过同期全国平均水平，但近几年河南省总资产贡献率有所下滑，尤其近两年出现连续下降情况，但仍处于全国平均水平以上，2012 年河南省总资产贡献率居全国第 5 位，居中部六省第 3 位；从成本投入来看，2003~2007 年持续增长，2007 年以后，增长缓慢，且出现 3 年连续下降，2012 年居全国第 10 位，居中部六省第 1 位；从劳动投入产出来看，河南省全员劳动生产率处于持续上升通道，至 2013 年增长到 22.11 万元/人·年，比 2003 年增长了 3 倍，年均增长 14.87%。

表 4-4 2003~2013 年河南省规模以上工业企业经济效益

年份	总资产贡献率（%）	成本费用利用率（%）	全员劳动生产率（万元/人·年）
2003	10.7	5.2	5.53
2004	23.0	6.0	7.68
2005	15.7	6.9	8.90
2006	20.7	9.1	11.10
2007	23.5	11.6	14.22
2008	24.7	9.5	18.19
2009	21.0	9.6	17.29
2010	22.4	10.2	20.66
2011	22.7	9.5	21.73
2012	18.9	8.3	21.67
2013	16.9	8.2	22.11

六、人力资本

河南省工业吸纳就业人员总量呈现递增的趋势，从工业吸纳从业人员的能力来看，略高于第二产业和第三产业，但近几年增长放缓，保持在 5%左右。从 2003~2013 年工业吸纳从业人员的增长速度在 3.5%~11%，波动较大，在 2004 年增长速度最大为 11.06%，但近几年相对于“十二五”期间的增速有所下降，基本保持在 5%左右，2012 年最低为 3.91%，2013 年有所上升。从工业行业门类来看，制造业从业人员占河南省总从业人员比重一直保持着上升趋势，到 2013 年增长到 19.15%，比 2003 年增加了 8 个百分点，且制造业从业人员增长速度一直高于工业；采矿业从业人员占总从业人员比重还不到 1%，且变动不大，仅在 2011 年出现高幅度回升，超过了 1%，但随后连续 2 年出现下滑趋势，且增长速度也连续出现负增长；电力、燃气及水的生产和供应业从业人员占总从业人员比重最小还不到 0.5%，且处于下降趋势，但 2013 年略有回升，增长速度在 2004~2008 年一直处于负增长状况，从 2009 年开始出现正增长，且呈现上升趋势，连续 2 年超过制造业，2013 年增长了 7.67%，超过制造业 1.86 个百分点。

表 4-5　2003~2013 年河南省工业从业人员情况

年份	工业从业人员（万人）	工业从业人员增长率（%）	采矿业占总从业人员占比重（%）	制造业占总从业人员比重（%）	电力、燃气及水的生产和供应业占从业人员比重（%）
2003	687.42	—	0.89	11.11	0.42
2004	724.97	5.46	0.88	11.68	0.41
2005	805.15	11.06	0.88	12.94	0.40
2006	872.8	8.40	0.88	14.00	0.39
2007	957.08	9.66	0.89	15.32	0.37
2008	1005.69	5.08	0.88	16.00	0.36
2009	1082.72	7.66	0.93	16.91	0.36
2010	1129.61	4.33	0.90	17.44	0.36
2011	1196.50	5.92	1.05	17.90	0.36
2012	1243.34	3.91	1.03	18.38	0.37
2013	1311.19	5.46	0.99	19.15	0.39

第三节　河南省新型工业化水平综合评价

一、河南省新型工业化水平的省际比较

这里我们利用前面建立的指标体系，从以下三个方面进行分析：一是河南省新型工业化水平省际比较；二是河南省新型工业化水平的动态比较；三是河南省内各地区新型工业化水平比较。全部数据来自历年《河南省统计年鉴》、《中国科技统计年鉴》、中经网数据库和权威机构发布的研究报告，数据真实、可靠。

在对河南省新型工业化水平进行省际比较时，由于涉及的指标众多，而且不少指标之间还存在着一定的共线性，因此我们考虑利用因子分析技术来进行降维处理，通过适当损失部分信息达到综合分析的目的。由于各指标量纲不同，或虽然量纲相同，但数量级不同，为了消除量纲的影响，先对原始数据进行无量纲化处理。然后对数据进行 Bartlett's 球形检验，结果表明，KMO 值为 0.668，Bartlett's 球形检验的卡方统计值为 420.769，p 值近似为 0.000，因此检验表明适合采用因子分析。这里我们采用广泛使用的主成分分析方法提取公共因子，同时考虑到变量之间的相关性，

采用方差最大化进行旋转。

表 4-6 KMO 和 Bartlett's 的检验

取样足够度的 Kaiser-Meyer-Olkin 度量		0.668
Bartlett's 的球形度检验	近似卡方	420.769
	df	120
	Sig.	0.000

各因子对原始变量的信息提取也是令人满意的，最低也达 70%以上。各因子的特征值和累计解释方差结果如下：

表 4-7 解释的总方差

成分	初始特征值			提取平方和载入			旋转平方和载入		
	合计	方差（%）	累计（%）	合计	方差（%）	累计（%）	合计	方差（%）	累计（%）
1	7.783	48.647	48.647	7.783	48.647	48.647	6.480	40.503	40.503
2	1.899	11.866	60.513	1.899	11.866	60.513	1.934	12.085	52.588
3	1.739	10.869	71.382	1.739	10.869	71.382	1.862	11.638	64.226
4	1.117	6.979	78.361	1.117	6.979	78.361	1.558	9.736	73.962
5	0.823	5.147	83.507	0.823	5.147	83.507	1.527	9.546	83.507
6	0.573	3.579	87.086						
7	0.549	3.433	90.519						
8	0.439	2.745	93.264						
9	0.424	2.647	95.911						
10	0.236	1.476	97.387						
11	0.132	0.823	98.210						
12	0.099	0.619	98.829						
13	0.083	0.518	99.347						
14	0.056	0.349	99.696						
15	0.034	0.211	99.907						
16	0.015	0.093	100.000						

提取方法：主成分分析。

通常，人们在选择公因子数目时，可以有不同标准：比如特征根大于 1，累计贡献率达到 85%，或者说单一因子的解释能力超过 5%等。这里选择 5 个公因子显然不满足前两个标准，结合碎石图图 4-7，我们提取 5 个公因子，累计贡献率达到 83.5%，基本能够满足分析需要。

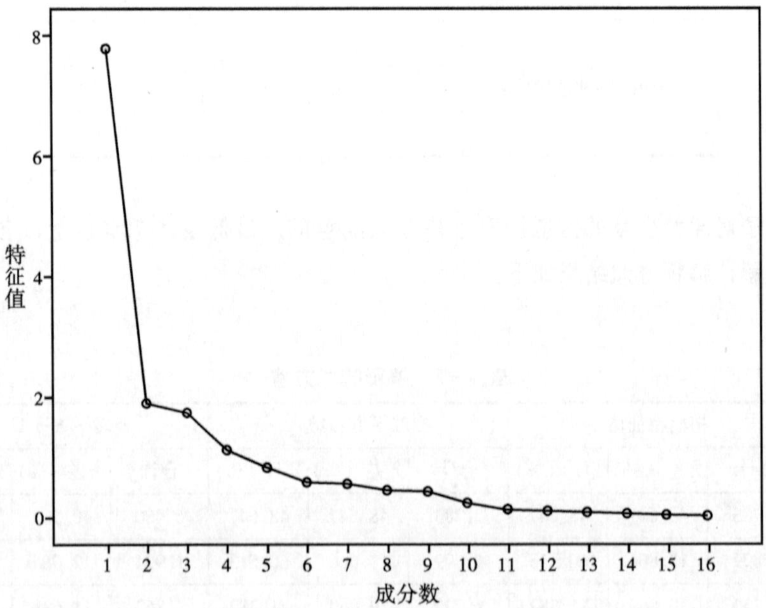

图 4-7 碎石图

为了更好地解释各因子的实际意义，我们进行方差最大化旋转。通过提取的各因子的载荷，我们看出第一个公因子对各原始变量的载荷都比较大，且大多符号为正，因此我们把这一因子称为综合因子，反映新型工业化的主要特征。第二个因子在能耗上载荷较大（0.671），我们命名为节能因子。第三个因子在工业企业平均工资增长率和从业人员增长率上有显著载荷（分别为 0.865 和-0.889），反映的是人力资本对新型工业化的影响，我们称为人力资本因子。第四个因子在资产贡献率、第二产业产值比重方面载荷较大，我们命名为结构效益因子，最后第五个因子则在成本费用率（0.898）、技术改造经费占比（0.533）方面更为突出，因此命名为技术效益因子。

表 4-8 旋转后的主成分矩阵

	成分				
	1	2	3	4	5
第二产业比重	-0.170	-0.332	0.282	0.678	-0.401
城市化水平	0.900	0.179	0.124	0.007	0.074
R&D 投入强度	0.688	0.598	0.115	-0.185	-0.108

续表

	成分				
	1	2	3	4	5
技术改造经费占比	-0.390	-0.562	-0.132	-0.258	0.533
信息化指数	0.854	0.421	0.098	-0.156	-0.085
高技术产业占比	0.734	0.359	-0.088	0.194	-0.164
工业增加值增长率	-0.804	0.044	0.095	0.243	0.121
资产贡献率	-0.016	0.121	-0.222	0.860	0.174
工业成本费用利润率	-0.170	-0.034	0.050	0.083	0.898
工业企业平均工资增长率	0.054	-0.210	0.865	-0.123	0.141
工业固体废弃物综合利用率	0.694	0.251	0.079	0.325	-0.319
工业用水 1	0.884	-0.042	-0.234	-0.081	-0.177
排放强度 1	0.832	0.390	0.062	0.034	-0.056
单位工业增加值能耗 1	0.595	0.671	-0.153	-0.010	0.049
人均 GDP	0.872	0.199	0.180	-0.009	0.051
从业人员增长率	-0.007	-0.206	-0.889	-0.034	0.134

利用各因子得分系数矩阵，可以计算各地区的因子得分，再利用方差贡献率对各因子综合加权得到综合得分，表达式如下：

$$F = \sum_{i=1}^{5} \frac{\lambda_i}{\sum_{i=1}^{16} \lambda_i} F_i$$

对各因子得分和综合得分进行排序，结果如下：

表 4-9 各省（市、区）新型工业化水平综合比较（2012 年）

地区	F1	排序	F2	排序	F3	排序	F4	排序	F5	排序	F	排序
北京	1.337	3	3.110	1	0.534	9	-2.708	31	0.504	9	1.095	3
天津	1.292	4	0.789	5	0.894	3	1.433	1	0.834	8	1.152	2
河北	-0.534	23	-0.755	25	-0.438	23	-0.373	21	-0.660	23	-0.547	25
山西	-0.116	13	-1.368	28	0.404	13	-0.584	25	-1.420	30	-0.346	23
内蒙古	0.383	8	-1.842	31	0.488	10	0.422	12	1.631	4	0.161	10
辽宁	0.079	11	-0.436	23	0.388	15	-0.211	20	-0.825	25	-0.034	12
吉林	-0.189	15	-0.300	22	0.414	12	0.599	9	-0.162	14	-0.059	14
黑龙江	0.153	10	-0.279	21	0.704	5	0.864	7	1.451	5	0.303	9

续表

地区	F1	排序	F2	排序	F3	排序	F4	排序	F5	排序	F	排序
上海	3.438	1	-1.404	29	-2.107	30	-0.737	26	-0.307	17	1.448	1
江苏	1.010	6	1.073	3	0.396	14	0.571	10	-0.350	21	0.818	5
浙江	1.231	5	0.118	16	0.669	6	-0.507	24	-0.783	24	0.730	6
安徽	-0.548	24	0.587	8	0.152	20	0.534	11	-0.856	27	-0.224	20
福建	0.221	9	0.429	10	0.485	11	0.818	8	-0.003	12	0.321	8
江西	-0.783	26	0.813	4	-2.826	31	1.188	4	-0.245	16	-0.624	26
山东	0.486	7	0.029	18	-0.137	21	1.082	5	-0.343	20	0.339	7
河南	-0.162	14	-0.270	20	-0.937	27	1.197	3	-0.370	22	-0.177	19
湖北	-0.412	19	0.704	7	0.743	4	0.152	16	-0.826	26	-0.082	15
湖南	-0.462	20	0.565	9	0.375	16	1.021	6	0.046	11	-0.052	13
广东	1.591	2	0.277	12	0.218	19	0.160	15	-0.307	18	0.989	4
广西	-0.655	25	0.138	15	-0.498	25	0.196	14	-0.241	15	-0.425	24
海南	0.070	12	-0.491	24	-1.036	28	-1.121	28	1.778	2	-0.148	18
重庆	-0.253	16	0.245	13	0.219	18	0.125	17	-1.124	28	-0.143	17
四川	-0.840	27	0.743	6	0.314	17	0.237	13	-0.329	19	-0.343	22
贵州	-0.902	28	-0.046	19	-2.076	29	0.044	18	0.947	7	-0.740	28
云南	-1.128	29	0.089	17	-0.934	26	-0.374	22	-0.082	13	-0.802	29
西藏	-1.444	31	0.338	11	-0.451	24	-2.362	30	1.767	3	-0.940	31
陕西	-0.494	22	1.125	2	0.508	9	1.280	2	1.255	6	0.123	11
甘肃	-1.210	30	0.145	14	0.624	7	-1.179	29	-1.658	31	-0.804	30
青海	-0.354	18	-1.785	30	1.952	1	-0.489	23	0.209	10	-0.234	21
宁夏	-0.481	21	-1.248	27	-0.156	22	-1.111	27	-1.406	29	-0.657	27
新疆	-0.326	17	-1.094	26	1.116	2	-0.166	19	1.876	1	-0.099	16

从各因子得分和综合因子得分看，这一评价方法还是比较符合实际情况的。京、津、沪等直辖市和经济发达的江苏、浙江、广东省等地区新型工业化水平处于国内领先水平，西部边远地区新型工业化水平最为落后。河南新型工业化水平整体较低，与河南经济总量位于前五的地位很不相称，综合得分只有-0.177，位于全国19位，低于全国平均水平，这说明河南新型工业化发展还任重道远。

从图 4-8 可以看出，我国各地区新型工业化发展很不均衡，明显高于全国平均水平的仅有北京、天津、上海、广东等 11 个地区，约占总数的 1/3。虽然说地区发展差异是一种常态，但各地区新型工业化水平差距是非常明显的，这种两极分化的现状不利于全国新型工业化道路的实现与和谐社会的构建。我们应该促使各个省份之间的新型工业化差距合理化，实现各个地区经济发展的相互协调、相互促进，这样也更有利于推动区域新型工业化建设。

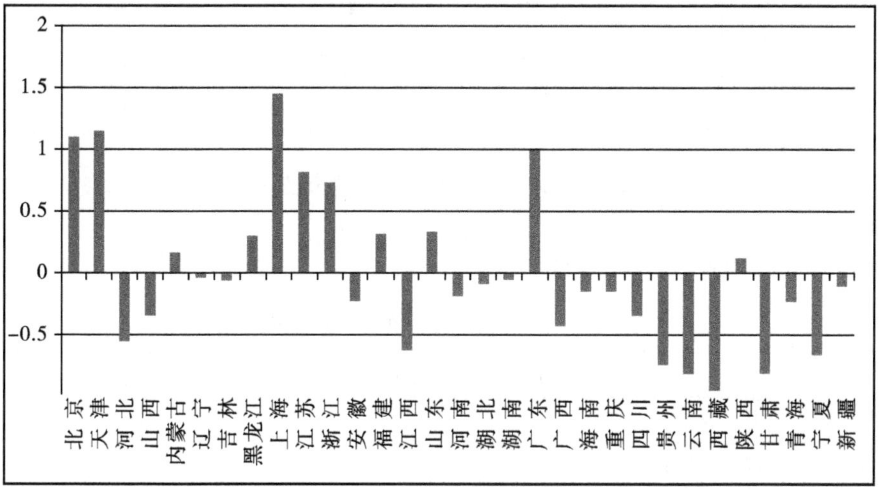

图 4－8 因子得分比较图

图 4-9 进一步表明各省市新型工业化水平内部也具有明显的不均衡性。如上海综合得分高居第一，这主要是因为第一因子得分远远高出其他地区的原因所致（超出得分第二的广东 1 倍多），其他各因子的表现并不理想；而北京尽管综合新型工业化水平高居第 3，但结构效益因子方面的得分却是所有地区中最低的，这可能与北京产业结构有关，第二产业产值比重并不高，只有 22.7%，只有天津和江苏新型工业化水平发展相对均衡。通过这些新型工业化水平发展较好的地区相比，河南省的差距是全方位的，唯一高出全国平均水平的是结构因子得分（第二产业产值比重达 56.3%），这得益于河南近年来推行的工业化战略，一方面确实促进了工业的快速发展，提高了河南省的经济地位；另一方面结构性失衡却也越来越严峻，第一产业尤其是第三产业的发展远远滞后，既不能很好地提供与工业化发展相匹配的生产性服务能力，也不能很好地满足人们因物质生活水平提高对精神文明的追求。这在未来的发展是需要引起高度关注的。

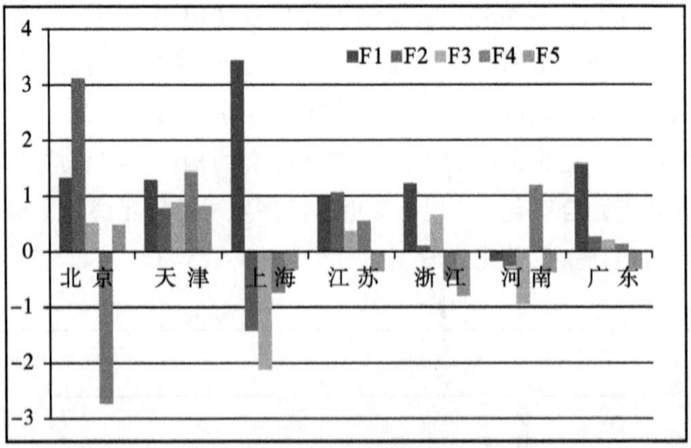

图 4-9 部分地区各因子得分图

根据各因子和综合因子得分结果，我们可以把它们分成如下五类：

表 4-10 工业化水平聚类分析结果

分 类	省、市、自治区
第一类	北京、上海、天津
第二类	广东、浙江、江苏
第三类	黑龙江、福建、陕西、内蒙古、山东
第四类	河北、山西、辽宁、吉林、安徽、湖北、湖南、河南、广西、海南、重庆、四川、青海、新疆
第五类	江西、贵州、云南、西藏、甘肃、宁夏

上述第一类是综合得分超过 1 的地区，也是新型工业化水平最高的地区。这一类在因子综合得分和各因子得分方面都表现出明显优势，反映了京、津、沪地区在国内范围里所具有的巨大优势；第二类是综合得分超过 0.622（这一值是综合得分的标准差）以上的地区，包括广东、浙江、江苏（它们也是地区经济综合实力的前三位），也是新型工业化水平发展很好的地区；第三类是综合得分超出平均水平的地区，新型工业化水平在国内也位于前列；第五类是新型工业化水平最落后的地区，综合因子得分低于-0.622，主要分布在西部地区，唯有江西是中部地区，主要是由于江西的综合因子得分排名靠后（26 位）所引起的。其他地区归属于第四类，综合因子得分也低于平均水平，这一类新型工业化水平发展相对落后，但是这一类得分较为分散。进一步细分的话，如辽宁、吉林、新疆、湖南、湖北得分接近于 0（绝对值小于 0.1），基本处于全国平均水平，和同类的其他地区比还是有一定优势的。

二、河南省新型工业化水平动态分析

上面我们从省级层面分析了河南省新型工业化水平现状，可以清晰地看出河南省新型工业化发展过程中的优势和不足，尤其是和经济发达地区相比还存在较大差距，在新型工业化道路上还有很长的一段路要走。我们通过对河南省近 5 年新型工业化发展历程进行剖析，从纵向研究河南省新型工业化的发展变化。

（一）新型工业化水平评价指标体系

对河南省近 5 年新型工业化进程进行评价，由于数据的原因，我们无法利用上面的指标体系进行分析，结合实际我们构造了如下的评价指标体系：

表 4-11　河南省新型工业化水平评价指标体系

<table>
<tr><th>目标层</th><th>准则层</th><th>指标层</th></tr>
<tr><td rowspan="16">新型工业化发展水平</td><td rowspan="4">工业化基础水平（A）</td><td>人均 GDP</td></tr>
<tr><td>第二产业增加值比例</td></tr>
<tr><td>第一产业就业比重</td></tr>
<tr><td>城镇化率</td></tr>
<tr><td rowspan="4">科技进步与创新（B）</td><td>工业企业 R&D 投入强度</td></tr>
<tr><td>技术改造经费占比</td></tr>
<tr><td>高技术产业比重</td></tr>
<tr><td>互联网普及率</td></tr>
<tr><td rowspan="4">经济效益（C）</td><td>工业增加值增长率</td></tr>
<tr><td>总资产负债率</td></tr>
<tr><td>工业成本费用利润率</td></tr>
<tr><td>全员劳动生产率</td></tr>
<tr><td rowspan="2">节能减排（D）</td><td>单位工业增加值能耗</td></tr>
<tr><td>单位工业增加值用水量</td></tr>
<tr><td rowspan="2">人力资本（E）</td><td>从业人员年均增长率</td></tr>
<tr><td>工业企业职工平均工资增长率</td></tr>
</table>

与上面的指标体系相比，只有几个指标进行了微调：如工业化基础水平里我们增加了第一产业就业比重，第一产业就业比重是一个逆指标，则是从农村劳动力的情况反映农村工业化、农村现代化水平；在科技进步与创新一级指标方面，这里用互联网普及程度（每百户互联网使用数目）间接地反映信息化发展水平；在经济效益指标层增

加了工业全员劳动生产率，全员劳动生产率是工业增加值与工业企业从业人员的比重，综合反映企业的生产技术水平、经营管理水平、职工技术熟练程度和劳动积极性；节能减排方面，尽管工业固体废弃物综合利用率和工业主要污染物排放强度等指标十分重要，限于资料原因，这里只选择了单位工业增加值能耗和单位工业增加值用水量两个指标，反映工业生产过程中资源利用效率。其他指标保持不变。

（二）新型工业化水平综合评价方法

在进行综合评价时，由于各指标性质不同（如绝对指标和相对指标，正指标和逆指标等），因此不能直接对各指标进行比较。这里我们先对指标进行可比化处理，即指标的标准化，并将不同单位的指标数据通过标准化方法转换为无量纲、可加总的标准化数值。评价内容选取了标准化正态得分的方法，不仅得到标准化数据，还充分体现了数据的厚度，增强数据的可变性和数据质量的稳定性。其计算过程如下：

（1）指标的标准化。第 i 个指标标准化得分（Z_i）$=\frac{X_i-\overline{X}}{S}$，其中，$X_i$ 为原始指标值，$\overline{X}$ 为指标均值，S 为指标标准差。

（2）计算指标得分。标准化后指标得分有正有负，加总时会相互抵消，因此采用标准正态分布进行变换。同时这里有正指标和逆指标之分，因此也需要分别处理。正指标得分$=\Phi$（Z_i），逆指标得分$=$［$1-\Phi$（Z_i）］，其中：

$$\Phi(x)=\frac{1}{\sqrt{2\pi}}\int_{-\infty}^{x}e^{-x^2/2}dx$$

（3）权重的确定。一般权重的确定有客观赋权和主观赋权两种方法。我们这里采用主观赋权方法。二级指标采用平均赋权处理，一级指标采用专家打分等方法确定，最终确定各指标权重，结果如表 4-12 所示。

表 4-12　权重分配表

目标层	指标层	
	指标	权重（%）
新型工业化发展水平	工业化基础水平（A）	27
	科技进步与创新（B）	23
	经济效益（C）	18
	节能减排（D）	16
	人力资本（E）	16

（4）计算综合得分。根据实际数据，先计算各类工业化指数，再用下述综合评

价模型计算综合得分，并进行评价。

$$I = \sum_{i=1}^{5} W_i \sum_{j=1}^{16} w_{ij} I_i$$

（三）结果分析

根据近年来《河南省统计年鉴》数据，利用上述方法，计算结果如下：

表 4-13 工业化指数变化表（2008~2012 年）

指标 \ 年份	2008	2009	2010	2011	2012
人均国内生产总值	0. 1377	0. 2063	0. 4671	0. 7656	0. 8976
第二产业增加值占 GDP 比重	0. 5303	0. 2064	0. 8342	0. 8342	0. 1152
第一产业就业比重	0. 0857	0. 2961	0. 5173	0. 7564	0. 8780
城镇化率	0. 1066	0. 2870	0. 4521	0. 7265	0. 9075
工业化基础指数	0. 2151	0. 2490	0. 5677	0. 7707	0. 6996
投入强度	0. 0536	0. 4885	0. 5172	0. 7077	0. 8532
技术改造经费占比	0. 6627	0. 9420	0. 2857	0. 2660	0. 2116
高技术产业占比	0. 2114	0. 2505	0. 3135	0. 6439	0. 9442
互联网普及率	0. 1401	0. 2291	0. 3930	0. 8282	0. 8741
技术创新指数	0. 2669	0. 4776	0. 3774	0. 6114	0. 7208
工业增加值增长率	0. 8478	0. 2680	0. 8317	0. 4633	0. 1008
总资产贡献率	0. 9001	0. 3312	0. 5846	0. 6380	0. 0789
成本费用率	0. 4539	0. 3972	0. 1294	0. 4539	0. 9476
劳动生产率	0. 2014	0. 1004	0. 6432	0. 8131	0. 8049
经济效益指数	0. 6008	0. 2742	0. 5472	0. 5921	0. 4830
能耗	0. 1637	0. 1546	0. 5147	0. 7805	0. 8821
工业用水	0. 3857	0. 1798	0. 2181	0. 6889	0. 9322
节能减排指数	0. 2747	0. 1672	0. 3664	0. 7347	0. 9072
从业人员增加率	0. 0382	0. 7391	0. 6473	0. 6871	0. 6045
工资增长率	0. 0628	0. 4202	0. 5409	0. 6717	0. 8821
人力资本指数	0. 0505	0. 5797	0. 5941	0. 6794	0. 7433
综合指数	0. 2796	0. 3459	0. 4923	0. 6816	0. 7057

从动态比较看，近5年来，河南省稳步推进新型工业化发展战略，新型工业化水平也不断提高，产业结构得到了进一步的优化升级。综合指数稳定上升，反映了河南新型工业化水平不断提高，但是增速波动性较大，从2009年的23.7%上升到2010年的42.31%，然后持续下降，2012年增速只有3.54%（见图4-10），反映了河南省近年来在推动产业结构优化升级方面取得的显著成效，同时也由于国内国际经济形势的变化，整体上经济增长速度有所放慢，这给产业结构调整和经济结构转型带来的压力也相应增加。

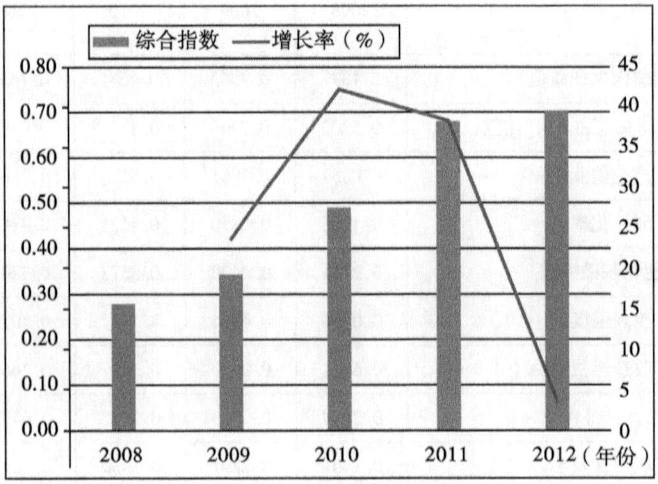

图4-10 综合指数及其变动图

从单一指数看，整体上向好的方向发展，三维图表现出由低向高态势，但是部分指数有所波动（见图4-11）。新型工业化分类指数在各年表现不一，河南省工业化基础水平在2010年有明显提高，技术创新指数呈波动上升趋势，经济效益指数基本保持稳定，由于面临节能减排的硬性约束，节能减排指数在2010年后上升势头明显。

具体到工业化基础指数上，我们看到波动上升的态势。从2008年开始，基础指数稳步上升，增速在2010年达到近5年的顶点（超过100%），然后增速减缓，2012年指数为0.6996，比2011年下降了近10个百分点。究其原因，与国家产业转移政策密切相关。自2010年起，工业与信息技术部和河南省政府连续3年在郑州举报了一系列的产业转移对接活动，2010年和2011年共签约转移项目1188个，总投资高达4980亿元，落地项目895个，到2012年签约987个，签约项目以高成长产业和大型企业为主①。通过产业转移，河南引进了奇瑞汽车、富士康、格力电器等一大批大型

① 李鹏．部省共推模式助河南3年承接产业转移将逾万亿·新华网河南频道，2012年9月25日；http：//www. a. xinuanet. com/hnxw/012-0925/c_ 11319238. html.

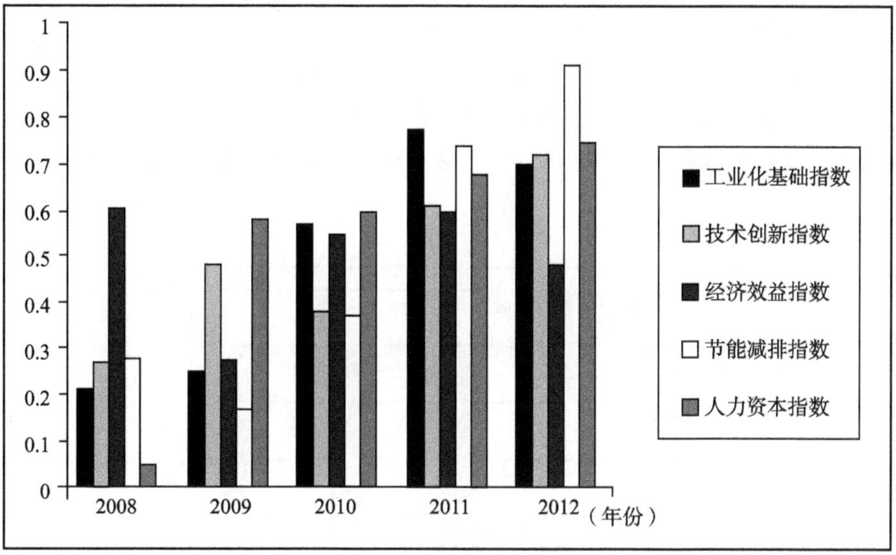

图 4-11　分类指数变化图

企业，为河南工业转型升级提供了强大动力。在 2012 年，面临全球经济复苏步伐减缓，国内经济增速减缓趋势明显的双重压力，河南工业经济生产也较为低迷，全省规模以上工业增加值比上年增长 14.7%，比 2011 年 19.4%的增速相比，回落了 4.7 个百分点[①]。正是这样的工业发展态势导致了工业化基础指数的波动上升（见图 4-12）。

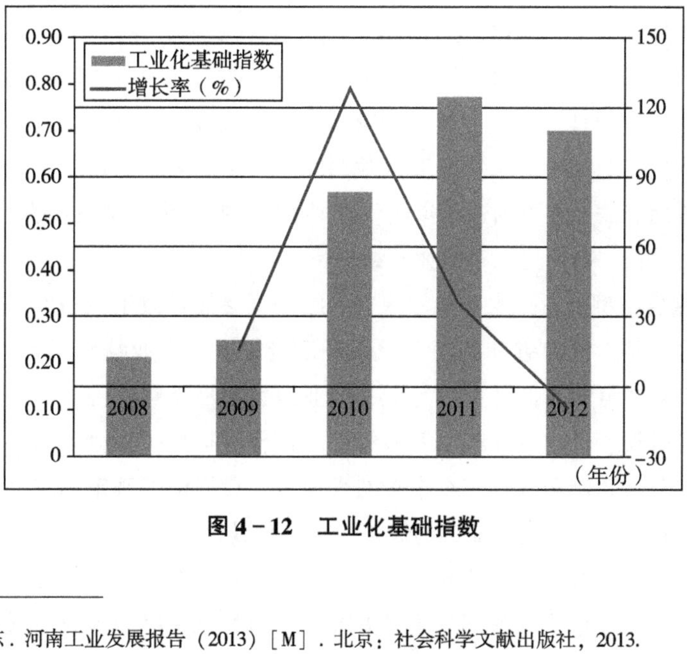

图 4-12　工业化基础指数

① 龚绍东. 河南工业发展报告（2013）［M］. 北京：社会科学文献出版社，2013.

从经济效益方面看，近 5 年来波动较大。效益指数从 2008 年的 0.6008 下降到 2009 年的 0.2742，下降幅度超过 50%，然后又开始上升，2010 年上升明显，表现起伏不定（见图 4-13）。究其原因，与上面对工业化基础水平的分析类似，在减速增效方面效果不佳，这会使得经济面临增速下降、效益没有提升的双重不利局面，如何更好地提高经济效益，减轻增速下滑带来的负面影响也是未来发展中需要注意的问题。

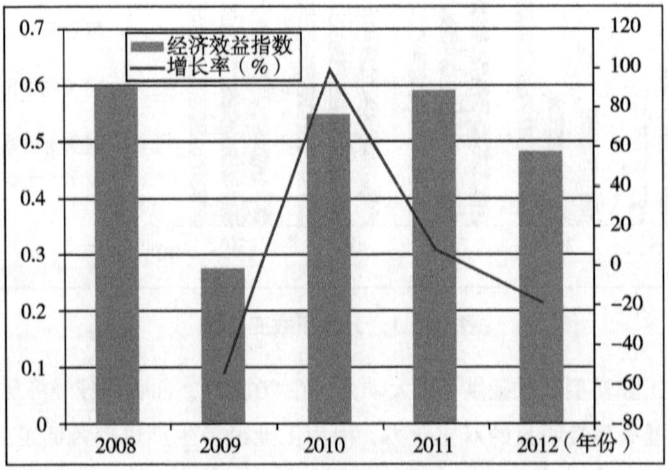

图 4-13 经济效益指数变化图

从节能减排指数看，也有类似综合指数的变化趋势。指数整体呈上升趋势，略有波动，主要是在 2009 年指数比上一年下降，从 0.274 下降到 0.1672，减幅明显。然后一直上升，但是增速开始减缓（见图 4-14）。说明河南省在降低能耗、节约资源方面做出了明显调整，通过淘汰一批落后产能，减停高能耗、高污染行业，鼓励清洁生产，优化产业结构，取得显著成效。同时，我们面临的任务依然艰巨，在产业结构调整方面仍需从多方面进行突破，否则依然面临反弹甚至退步的情形。

通过上述分析，我们可以得出如下结论：

（1）河南省新型工业化水平稳步提升，结构调整效益政策取得明显成效。经过近 5 年的结构调整，河南省新型工业化水平质量提高，产业结构得到进一步优化，形成一批具有较强竞争力的企业和行业，产业园区发展态势良好，高新技术产业成果斐然，产业聚集、产业转移都给河南经济结构转型提供了强劲动力，为下一阶段的发展奠定了坚实基础和方向，在未来的发展中，我们仍需坚定不移地采取多种措施推进产业结构转型，促进产业的高级化和软化发展。

（2）新型工业化依然面临困难，结构性矛盾在一段时期内始终是主要问题。虽然整体上看河南产业结构调整开创了良好局面，但在未来甚至较长一段时期内，工

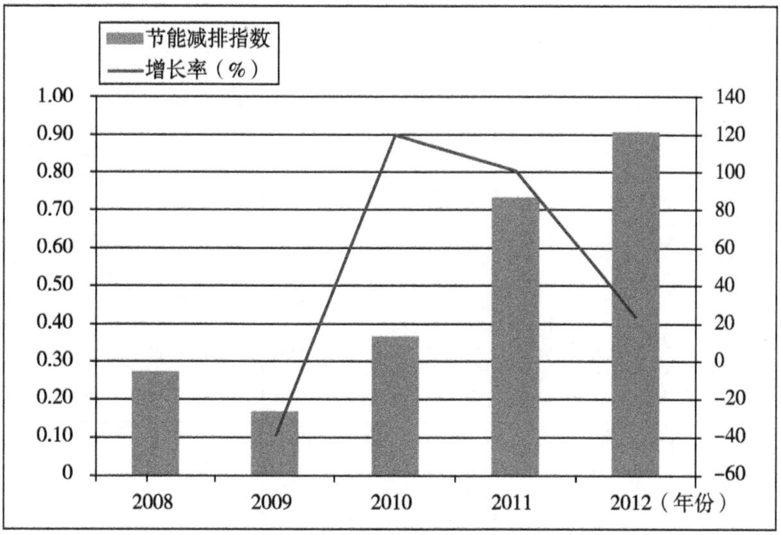

图 4-14 节能减排指数变化图

业化道路不会始终平坦，遭遇波动甚至结构性阵痛难免。尤其是在全球经济一体化背景下，中国经济整体增速减缓，各方面临的压力增加①，地方政府甚至可能采取一些不利于工业化长远发展的措施来刺激地方经济发展，比如在承接产业转移过程中，一些沿海发达地区可能会把一些能耗高、污染大的产业向河南省转移，这也是我们在发展中需要注意的。

三、河南省内各地区新型工业化水平综合评价

对于河南省 18 个地市，我们采用因子分析方法进行综合评价，同样提取 5 个公因子，综合解释能力达 85.73%，因子命名和前述类似，总评价结果如下②：

表 4-14 河南省 18 个地市因子分析结果（2012 年）

地区	F1	排序	F2	排序	F3	排序	F4	排序	F5	排序	F6	排序
郑州	3.606	1	0.706	4	-0.632	12	0.047	8	-0.088	7	1.678	1
开封	-0.272	9	0.470	5	-1.164	16	0.702	4	-0.178	8	-0.087	10
洛阳	0.881	2	-1.255	17	0.123	10	0.202	6	0.539	5	0.163	5
平顶山	-0.343	10	-1.642	18	0.339	8	-0.495	13	-0.496	15	-0.600	18

① 目前不少学者都在关注中国经济是否长期处于下行态势，虽然观点各异，但是对我国整体上的减速并无异议。

② 在这里限于篇幅，不再给出分析过程，如果感兴趣，可向作者索取。

续表

地区	F1	排序	F2	排序	F3	排序	F4	排序	F5	排序	F6	排序
安阳	-0.343	11	-1.004	16	0.355	7	-0.282	11	-0.288	12	-0.403	15
鹤壁	0.296	4	-0.766	15	0.402	6	-1.597	18	-0.280	10	-0.207	11
新乡	0.150	5	-0.285	11	-0.519	11	1.640	2	-0.418	14	0.086	7
焦作	0.429	3	-0.165	10	0.948	4	-0.825	15	-0.218	9	0.159	6
濮阳	-0.751	18	-0.088	8	0.222	9	-0.850	16	0.705	3	-0.368	14
许昌	0.004	6	0.915	3	1.443	2	-0.462	12	3.060	1	0.585	2
漯河	-0.437	13	2.228	1	0.882	5	-0.550	14	-1.442	18	0.287	4
三门峡	-0.437	12	0.314	6	1.441	3	0.109	7	-1.375	17	-0.024	9
南阳	-0.588	15	-0.115	9	-0.649	13	0.730	3	0.675	4	-0.235	12
商丘	-0.714	16	-0.629	14	-1.335	18	0.479	5	0.937	2	-0.511	16
信阳	-0.192	8	-0.446	13	-1.215	17	-1.350	17	-0.768	16	-0.559	17
周口	-0.715	17	1.906	2	-1.075	14	0.042	9	0.270	6	0.035	8
驻马店	-0.507	14	0.190	7	-1.150	15	-0.066	10	-0.282	11	-0.352	13
济源	-0.064	7	-0.334	12	1.583	1	2.524	1	-0.351	13	0.353	3

从结果我们可以看出：郑州作为省会城市，其新型工业化水平的龙头地位凸显。综合得分是第二名许昌的3倍，各因子得分也都居前列，领头雁位置十分明显。就具体指标而言，郑州多项指标均处于全省第1名的位置，具有明显优势。传统工业城市实力较强，综合得分位于第2~6位的分别是许昌、济源、漯河、洛阳和焦作，这些城市工业化基础较好，济源作为新兴城市具有较强的后发优势，表现不俗；平顶山市虽然工业化基础较好，但是作为资源性城市，在结构转型、节能减排方面任重道远，综合排名不容乐观（当然这也与各因子的权重有关，第一因子贡献最大，平顶山得分靠后，安阳也是类似的情况）；商丘、信阳工业经济规模相对较小，主要以农业为主，综合得分也位于后列，其他各地市表现或单项指标突出，或某一综合方面不乏亮点，基本都符合实际①。据此我们对18个地市进行聚类分析。聚类分析是根据所选定的变量对研究对象进行分类，聚类的结果仅仅反映所选变量定义的数据结构，通常要求变量之间不能高度相关。由于因子分析就是要使得各因子之间不

① 在我们课题完成之后，无意看到《河南工业蓝皮书》，结果发现我们的分析结果和河南省社会科学院工业经济研究所课题组对河南工业竞争力评价结果几乎一致，虽然我们采用的指标体系和方法差别很大，这也从侧面验证我们的结果较为客观，且符合实际。

存在相关性，因此据此得到的因子得分也不具有相关性，从而我们可以利用各因子得分进行聚类。具体聚类图如图 4-15 所示。

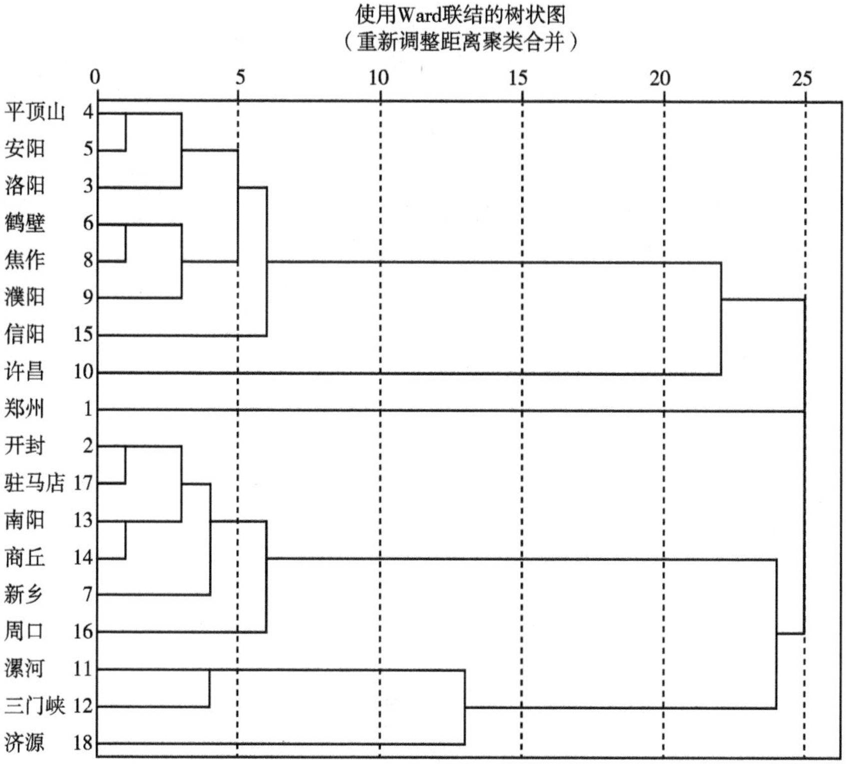

图 4-15　河南省各地市聚类分析结果

上述分析是从变量的差异和相似性方面来比较各地区新型工业化水平，但是新型工业化水平的地区差异也会影响到变量的表现，因子分析以及基于其结果的聚类分析只是反映了变量之间的关系，为了把变量和地区（样本）结合起来，我们采用对应分析（Correspondence Analysis）对上述结果作进一步分析。

对应分析起源较多，一般认为它起源于 20 世纪三四十年代一批独立的文献，如 Richardson 和 Kuder（1933）、Hirshfeld（1935）、Horst（1935）、Fisher（1940）等，很难说哪位统计学家是该方法的真正作者①。这一方法属于探索性分析的一种，是在 R 型因子分析（变量）和 Q 型因子分析（样本）基础上发展起来的一种多元统计分析方法。它通过标准化数据将 R 型因子分析和 Q 型因子分析结合起来，利用降维（一般为二维）把变量和样品的载荷反映在相同的公因子轴上，并把众多的变量和样本在一个二维空

① 张文彤，董伟主编. 统计分析高级教程（第二版）［M］. 北京：高等教育出版社，2013.

间展示出来，根据其结果还可以对样本进行直观分类，还能指示分类的主要参数（主要因子）和依据，可以更好地分析变量之间的相互关系，也得到了广泛应用。

表 4-15　对应分析结果

维数	奇异值	惯量	惯量比例		置信奇异值	
			解释	累计	标准差	相关
						2
1	0.297	0.088	0.518	0.518	0.059	-0.120
2	0.229	0.052	0.307	0.825	0.061	
3	0.133	0.018	0.104	0.929		
4	0.110	0.012	0.071	1.000		
总计		0.171	1.000	1.000		

从分析结果看，前两个惯量（相当于因子分析中的特征根）分别为 0.088，0.052，它们累计解释了所有惯量（0.171，即原始信息）的 82.5%，因此二维图就能够很好地解释变量和样本之间的关系，二维图如图 4-16 所示。

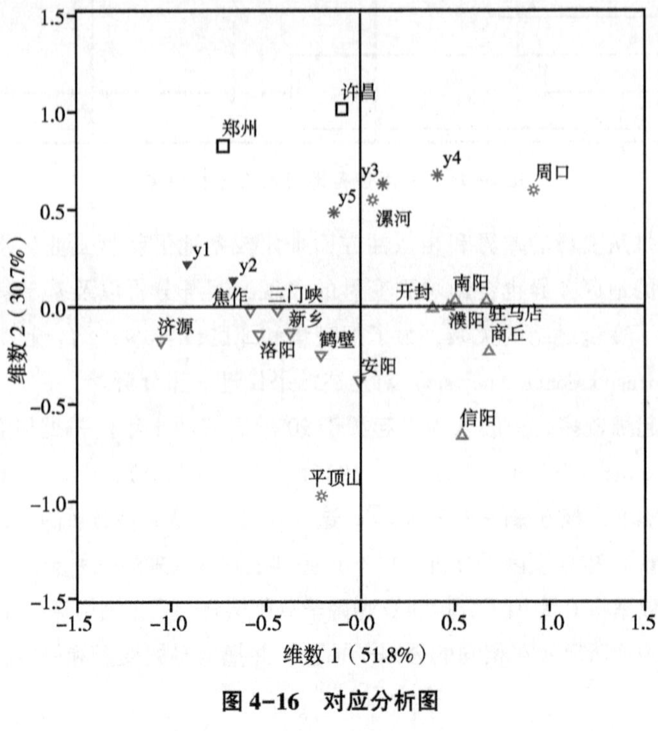

图 4-16　对应分析图

从二维图我们看到不同变量不同地区之间的联系和区别（图中分别用不同记号

表示），从变量看，工业化水平和技术创新联系密切，经济效益和节能减排、人力资本较为相近；从地区看，郑州、许昌、平顶山与其他地区差别明显，郑州在工业化基础水平和技术创新方面都处于领先地位，从综合得分看也显示这一点，前两地区分别位于第一和第二，而平顶山则倒数第一。开封、南阳、驻马店、商丘、信阳工业化水平十分近似，济源、焦作、新乡、洛阳、鹤壁、安阳也可归为一类。总体来看，郑州在工业化基础水平、技术创新方面得分靠前，周口总排名较高并不是其工业化水平高，而是源于节能减排方面，这正是因为其工业基础水平较低，因而工业企业较少，因此在资源和环境保护上相对较好，开封、南阳、信阳等地也是类似情况。平顶山则正好与此相反，作为资源型城市，工业基础较好，但是资源消耗大，环境污染严重，在经济转型方面还须花大力气。洛阳、新乡、焦作、安阳等工业基础较好，也具有较好的技术优势，但是在环境保护、经济效益等方面还需要进一步改善，提高新型工业化水平。

进一步地，我们考察了河南省 10 个省直管县情况。由于这里指标多而县市少，我们采用新兴工业化指数来加以分析（和动态分析时采用方法一样），得到结果如表 4-16 所示。

表 4-16　10 个省直管县新型工业化水平

地区	基础水平	科技创新	经济效益	节能减排	以人为本	综合水平
巩义市	0.9820	0.8481	0.4175	0.3329	0.2603	0.5682
兰考县	0.4408	0.3440	0.7041	0.7277	0.7641	0.5962
汝州市	0.6273	0.5430	0.2954	0.2509	0.3820	0.4197
滑县	0.1540	0.3066	0.4731	0.7675	0.3921	0.4187
长垣县	0.5242	0.8959	0.5559	0.7970	0.8765	0.7299
邓州市	0.2974	0.3299	0.5218	0.6988	0.3751	0.4446
永城市	0.7536	0.8289	0.3228	0.0304	0.4552	0.4782
固始县	0.3441	0.1747	0.5082	0.6457	0.5511	0.4448
鹿邑县	0.4659	0.3162	0.6650	0.4501	0.5308	0.4856
新蔡县	0.1718	0.1823	0.5154	0.6555	0.5677	0.4185

从得分看，长垣在综合得分上处于明显领先，这似乎与人们的直觉不符，但是通过对各县市进行综合考察，这个恰好反映了实际情况。在一般印象中，县级市里，巩义的工业是十分发达的。2012 年全市生产总值完成 527.8 亿元。其中第一产业增加值 10.15 亿元，第二产业增加值 373.69 亿元，第三产业增加值 143.96 亿元。人均生产总值 65024 元。全市完成工业增加值 356.07 亿元，规模以上工业企业完成工业

增加值309.77亿元，各项经济指标均处于领先地位。从分类指数看，巩义的工业化基础水平是最高的，科技创新得分也名列前茅，这和它的经济地位是相称的。但是我们也注意到巩义工业发达主要源于其矿产资源丰富，这就造成了它发展过程中的问题，更多的是粗放经营，资源消耗大，对环境的破坏性也很强，这从它的经济效益指数和节能减排指数得分低就能看出来，同时，人力资本也处于劣势，技术含量低，最终其排名位于长垣之后。与此相反，长垣则是另一种发展模式，长垣是国家粮食生产基地县和绿色农业示范区，是中国中部经济百强县和国家级卫生县城。长垣起重装备制造业发展迅猛，小吨位起重机占全国65%的市场份额，现在正加快延伸汽车及零部件产业链条，大力发展专用车生产销售，形成以起重机械为龙头，以医疗器械、建筑、防腐、烹饪、绿色食品、苗木花卉为特色的产业体系。2012年，全县地区生产总值完成193.81亿元，同比增长14.7%；工业增加值87亿元，规模以上工业增加值76.75亿元，增长17.8%；城镇以上固定资产投资130.3亿元，增长26.5%；社会消费品零售总额38.5亿元，增长18.7%；财政一般预算收入6.3亿元，增长26%；城镇居民人均可支配收入14551元，增长14.6%；农民人均纯收入8788.7元，增长21%。县域经济综合实力得到快速提高，从各分类指数看，长垣工业经济发展更为均衡，除了工业化基础水平稍差外，其他都处于领先或前列，从而出现了这一局面。兰考县的发展类似，虽然工业化基础水平偏低，但是工业经济发展迅速，初步形成了板材加工、吊装机械、民族乐器、纺织四大特色产业，是河南省最大的桐木板材加工基地，豫东地区最大的小型吊装机械生产基地。在新型工业

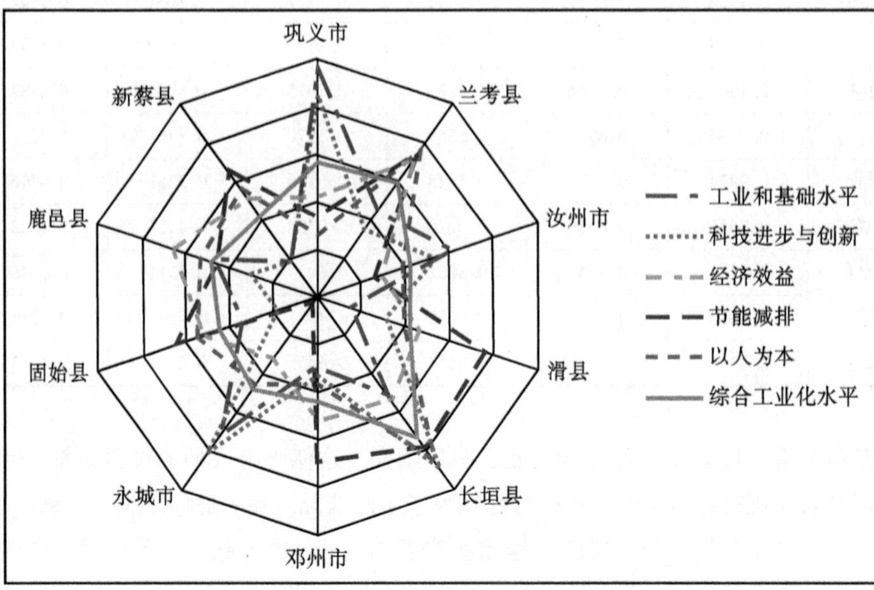

图4-17　10个省辖县新型工业化指数雷达图

化综合水平上也取得不俗成绩，其他地区情况也可以进行类似分析。由于各分类指数地区表现差异巨大，因此雷达图 4-17 表现出交错态势（图），新蔡、汝州、滑县三地工业化水平滞后明显。当然我们也注意到这里我们是采用等权的方式进行计算汇总的，而实际上，影响工业化发展的诸多因素的重要性是有明显差别的，这也是我们在看待最终指数时必须注意的，但是总体看来，利用这一指标体系进行综合评价，还是具有较高的科学性，因而在制定各地的产业发展政策方面，我们的结论还是具有很好的参考价值的。

第五章　工业化与城镇化协同发展研究[①]

第一节　城镇化概念与测度

一、城镇化的界定[②]

城镇化的概念最早出现在1867年，西班牙工程师A. Serda在他的著作《城镇化基本理论》一书中首先使用了Urbanization的概念，并且区分了“城市化”和“乡村化”概念。然而由于城镇化研究的多学科性和城镇化过程的复杂性，不同的学科依据各自的角度对城镇化有不同的理解。如人口学认为城镇化是农村人口转变为城市人口的过程。地理学认为城镇化是农村地区转变为城市地区的过程，是一种空间上的转化关系。社会学认为城镇化是一种社会变迁，是社会结构的变化，是由农村生活方式转化为城市生活方式的过程。经济学认为城镇化则是由农村自然经济转化为城市社会化大生产的过程，即一种生产型方式的转变。可以说迄今为止，还没有一个完整、统一的城市化概念。

表5-1和表5-2列出了国内外学者对城市化观念的种种定义，从中可以看出不同学者对城市化的理解是有差异的。

表5-1　国内学者对城市化概念的理解

序号	内涵	资料来源
1	城市化是社会生产力变革所引起的人类生产方式、生活方式和居住方式改变对过程	谢文蕙等
2	城市化是指居住在城镇地区的人口占总人口比例增长的过程，即农业人口向非农业人口转变并在城市集中的过程	吴楚材
3	城市化是一个综合的、系统的社会变迁过程。它包括人口城乡之间的流动和变迁、生活方式的改变、经济布局和生产经营方式的变化，还包括整个社会结构、组织、文化的变迁	王春光

① 由于工业化在上一章已经论述，因此本章着重从城市化角度论述。

② 本书中对“城市化”和“城镇化”不加区别地使用。

续表

序号	内涵	资料来源
4	城市化是一个以人为中心的系统转化过程，包括硬结构和软结构两大系统的建设，是一种从传统社会向现代社会的全面转型或变迁过程	崔援民
5	城市化是指人口向城市或城市地带集中的想象或过程，它既表现为非农产业和人口向原城市集聚，城市规模扩大，又表现为在非农产业和人口集聚的基础上形成新的城市、城市数量增加	陈颐
6	城市化是指农村人口向城市人口转移和集聚的现象，包括城市人口和城市数量的增加及城市经济社会化、现代化和集约化程度的提高	胡欣等
7	城市化是由工业化发展引起的，伴随着现代化过程而产生的在空间社区上人口、社会、经济、文化、政治、思想等领域变迁演化的一段承前启后的历史分化过程	王振亮
8	城市化是一定地域（居民点）的人口规模、产业结构、经济成分、营运机制、管理手段、服务设施环境条件以及人们的生活水平和生活方式等要素由小到大，由单一到复合的一种转化或重新组合的复杂的动态过程	王茂林
9	城市化是指由于社会生产力的发展而引起的城镇数量增加以及规模扩大，人口向城镇集中，城镇物质文明和文化不断扩散，区域产业结构不断转化的过程	陈顺清
10	城市化是指一种产业结构由以第一产业为主逐步转变为以第二产业和第三产业为主的过程；是一个以农业为主的就业人口逐步转向非农业人口为主的过程；是由一种自然、原始、封闭、落后的农业文明，转变为一种以现代工业和服务经济为主的并以先进的现代化的城市基础设施和公共服务设施为标志的现代城市文明过程，是对居民从思维方式、生活方式、行为方式、价值观念、文化素养全面改善和提高的过程	秦润新

表 5－2 国外学者对城市化概念的理解

序号	内涵	资料来源
1	城市化是乡村地区转变为城市地区的过程，这种转变引起人口数量的变化	歌德伯戈
2	城市化指从人口稀疏并相对均匀遍布空间，劳动强度很大且人口分散为特征的农村经济转变为具有基本对立特征的城市经济变化过程（［美］沃纳）	催援民
3	城市化是人口、社会生产力逐渐向城市转移和集中的过程（［英］巴顿）	同上
4	城市化是随着工业革命的发展、大机器工业的出现，劳动分工的深化、交换范围的扩大，社会从一种形态转向另一种形态的历史性过程（［苏］库采夫）	同上
5	城市化是一个社会城市人口与农村人口相比数量绝对增大的过程（《日本百科全书》）	同上
6	城市化是人口集中于城市或城市地区的过程，这种过程有两种方式：一是通过城市数量的增加，二是通过每个城市地区人口的增加（《不列颠百科全书》）	同上

续表

序号	内　涵	资料来源
7	城市化作为国家或区域空间系统的一种复杂社会过程，它包括人口和非农业活动在规模不同的城市环境中的地域集中过程，非城市型景观逐步转化为城市景观的地域推进过程，还包括城市文化、城市生活方式和价值观念的农村的地域扩张过程。前者称为城市化过程Ⅰ，后者被称为城市化进程Ⅱ（［美］弗里德曼）	沈建法

资料来源：姜爱林. 论城镇化的基本含义和特征［J］. 大理学院学报，2003（11）；转引自何念如，吴煜. 中国当代城市化理论研究［M］. 上海：上海人民出版社，2007.

我们看到尽管关于城市化概念的表述很多，有的强调人口的地域转移，有的强调生存方式的改变，有的强调制度的变迁，有的强调城市质量的提高，侧重点不同，但基本意思是一致的。城市化作为一个社会经济转化过程，无疑是包括人口流动、经济结构、社会文化、地域景观等方面的内涵。首先，城市化是人口的城市化，其具体表现就是城市化水平以人口城市化来衡量的，城市化水平的高低以及城市化率都是以城市人口占总人口的比重来定义的，它体现的就是人口的城市化过程。城市化就是一个农村人口逐渐减少、城市人口逐渐增加的过程，是城市人口占总人口比重不断提高的过程。其次，城市化意味着非农产业的集中。城市第二、第三产业的发展就是城市化过程在经济结构上的体现。同时也意味着人们的就业从农业向非农业领域渗透的过程。再次，城市化意味着生活空间的转化，仅仅有了产业的转化，如果人们不从农村进入城市，没有完成空间的转化过程，同样不属于城市化过程，城市化过程必然是一个城市地域扩大、城市数量增加的过程。最后，城市化还意味着观念意识的转变，即城市的思想、观念、意识、生活方式扩散的过程，这是一种无形的城市化。因此我们认为，城市化是一种历史过程，在这一过程中，第一产业逐步转化为第二、第三产业，大量分散的农业人口向城市集中，在这一集中过程中，城市规模不断扩大，人们生产生活方式发生根本变化，城市经济结构、社会结构逐步优化升级，并带动国民经济发展和社会进步。

二、城镇化水平测度

关于城镇化水平的测度，国内外学者提出了许多不同的测算方法，概括起来主要有单一指标法和综合指标法两种类型。

（一）单一指标法

现在大多数涉及城镇化水平的研究文章中，多采用单一指标法即是用城市人口比重或非农业人口比重来测度城镇化水平。

单一指标法简单易行，一目了然，资料也容易收集，能够进行连续的纵向对比，便于统计，以及相互比较。这种方法特别是在有些资料不够健全的地区是可行的，但它存在着诸多弊端和局限性。

一是不能反映城镇化的本质。城镇化的直接动因是工业化，城市化的过程是一个国家和地区工业化的过程，也是一个国家结构转换、经济增长和社会发展的过程。这一过程涉及了很多方面，并不单是指人口方面的变化，还包括产业结构、经济、文化、地域和生活等方面的特征。因此用单一的指标法不能真实地反映城镇化水平。

二是可操作性差。①在现实操作中，市镇的建制标准多次发生变动。由于市镇人口的多少与市镇的设置标准密切相关，因此市镇设置标准的不断调整必然会导致同一地区设市（镇）前后城镇人口的统计出现差异，从而不能如实地反映出该地区城镇化水平的变化。②城镇人口统计的地域范围与城镇实体的地理界限不一致。我国城镇人口的统计是按市镇的辖区范围为单元进行的，而中国市镇的行政辖区要远比城镇的实体范围大。1980 年实行的撤县建市、撤乡建镇以及市带县的体制，使统计出的城镇人口中包含了大量的农业人口，导致测出的城市化水平不真实。另外国民经济统计资料及人口普查都是以各级行政区为基本单元统计的，一旦行政区划改变，本来在实体上并没有很大变化的城市人口，在统计资料上却有了很大的变化。③城镇人口的统计对象没有形成统一的标准。1963 年之前，我国把市镇辖区内的全部常住人口都统计为城镇人口。1964 年以后，规定只限于市镇辖区内的非农业人口为城镇人口。1982 年以后，又把区内农业人口统计在内。1980 年以后，有大量流动人口涌入城市，对城市的发展起到很大作用，但是他们却不被公安部门登记为城镇非农业人口，而这部分人口无论在从事的职业方面，还是在生活和集聚性方面，都具有相当大程度的城市特性。

三是引起政策上的误导。用单一指标来测度城镇化水平极易使某些国家或地区片面追求城市人口数量的增加导致社会经济发展的不和谐。

（二）综合指标法

有些学者考虑到城市化内涵非常丰富，它不仅体现了一个地区人口性质的变化，还体现出该地区的经济发展水平、产业结构演变以及人民生活质量的提高。因此有学者选取若干个既相互联系又相互独立的指标，通过一定的计量方法，来构建出一个反映综合区域城镇化水平的指标体系，考察城镇化水平的发展状况。

李振福认为城市化就是一定地域在社会产业结构上、人口上、文化上和人们的生产生活等各方面向具有城市特点的表现形态变迁的系统的、动态的过程，认为城市化水平测度应从城市发展潜力、城市发展经济、城市发展装备方面进行。

都沁军等认为城市化过程是一个经济、社会、生态、文化诸方面全面转变的动态的时空过程，是人类生产方式、生活方式和居住方式全面转变的过程，并提出从经济、人口、地域景观、生活方式以及环境状态五个方面来考察城市化发展水平。

王慧认为城市化是持续的、动态的、不断深化的过程，是一个非常复杂的多维问题，并从经济、人口、空间以及生活方式四类 14 项指标构建综合评价指标体系。

孙锦等认为城市化是一个国家或地区由传统的农村文明向现代城市文明转化的过程，因此应从广义城市化的内涵出发，其水平的测度包括经济、人口、生活方式、地域环境方面。

在建立起一套评价指标之后，就要选取适当的分析评价方法对指标进行处理。比如采用多元统计分析中的因子分析法，采用降维思想找出公共因子，根据各因子对城市化贡献率的不同，确定权重和综合城市化水平得分；也可采用德尔菲法确定指标的权重体系，以发达国家在某一经济发展阶段上的相应数据作为目标值，在计算出本地区的城镇化水平后，再与目标值进行比较，以判断该地区的城镇化水平。

采用综合指标法计算城镇化水平较之单一指标法更为全面、科学，但也存在着一些问题，即所选用的指标比较多，且针对性强、通用性差、可比性差，多用于具体区域的分析。因此，对城市化进行准确测度并非易事。

三、城镇化水平测定指标体系建立

根据城镇化的内涵，按照指标体系构建原则，本书在城镇化水平综合指标体系构建中以城镇化人本指标系统为城市化主指标系统，以城镇化产业指标、城镇基础建设指标为辅助指标系统。具体指标体系如表 5-3 所示。

表 5-3　城镇化水平核算体系

	一级子系统	二级指标
城镇化水平综合指标体系	人本发展	城镇化率；非农化率；第二产业从业比例；第三产业从业比例；人均科学费；人均教育费；万人拥有科技人员；万人拥有大学生数
	产业指标	第二产业增加值占区域 GDP 比例；工业增长率；建设投资占比率；第三产业增加值占区域 GDP
	基础建设	万人拥有公交车数；万人拥有医生数；人均城市道路面积；人均城市维护费支出；用水普及率；年底综合供水能力；互联网用户；城市电话用户

（一）城镇化人本发展指标

要反映区域城市以人为本的状况，必须包括城市人才数量、质量、人才结构方面的情况。因此，笔者构建的城市化人本指标包括城镇化率、非农化率、第二产业从业比例、第三产业从业比例、人均科学费、人均教育费、万人拥有科技人员、万人拥有大学生数。城镇化率作为衡量城镇化水平仍然是较为通用和较为实用的指标，因此在此保留该指标。非农人口比率即城市非农人口占区域总人口比重，该指标可以反映城市非农人口数量，衡量传统的城市化水平。目前该指标仍然是很多学者衡量区域城市化水平的一个重要指标。城市第二产业从业比例即城市从事第二产业的从业人员占总从业人员的比例。第二产业是目前我国多数城市提高城市化水平的主要产业，可以说该产业的发达与否决定了该区域城市化能否提高。该指标也是反映区域人力资源素质结构的一个重要指标。城市第三产业从业比例即城市从事第三产业的从业人员占总从业人员的比例。第三产业是目前发达国家很多发达区域大力发展的方向，也是我国多数城市未来发展的一个重要方面，产业的从业人员比例的多少将对区域城市化水平产生重要影响，同时该指标也是反映区域人力资源素质结构的一个重要指标。人均科学费、人均教育费、万人拥有科技人员和万人拥有大学生数从一定程度上反映了人才质量和结构。

（二）城镇化产业指标

通过城镇化内涵可知城镇化产业指标主要体现三大产业分别对城市化水平的支撑，具体包括第一产业对城市化的基础动力作用；第二产业对城市化的主动力作用；第三产业对城市化的后续动力作用。产业结构是在社会再生产过程中，国民经济各产业之间的生产技术经济联系结合数量比例关系。区域经济发展的根本原因在于区域产业结构的演变，产业结构的不断演变的物质基础是工业化过程中的生产力发展。为了反映产业结构的变化对城市化的影响作用，本二级指标体系包括第二产业增加值占 GDP 比例、工业增长率、建设投资占比率和第三产业增加值占 GDP 五个指标。

（三）城镇化基础建设指标

城镇化包括了城市规模扩大和城市环境的改善等，从而使居民生活方式发生改变，生活质量得以提高。在城市规模扩大和城市环境改善中，城市基础设施的建设起着决定性作用，城市基础设施越完善，城市区位优势和城市经济、社会和环境方面的综合效应也能得到更好的体现。城市基础设施包括城市交通、城市住房、城市绿化等方面。因此本指标体系选取万人拥有公交车数、万人拥有医生数、人均城市道路面积、人均城市维护费支出、用水普及率、年底综合供水能力、互联网用户、城市电话用户。

第二节 城市化和经济发展的关系

一、城市化自身发展的一般规律

城市化发展的阶段性规律，又叫城市化发展的S型曲线，该规律最先是由美国的地理学家诺瑟姆提出的，20世纪70年代，诺瑟姆在大量研究世界各国的城市化发展的历史进程中发现，其发展轨迹可以概括成一条S型曲线，城市化阶段性发展规律：一是城市化的发展轨迹类似于一条被拉平的S型曲线；二是城市化发展具有一定的阶段性；三是城市化发展经历了初期的（30%以下）、中期（30%~70%）与后期的（70%以上）三个阶段，这三个阶段是城市化发展的必经阶段。

诺瑟姆的城市化发展S型曲线已被不少的学者所证实，对城市化发展的阶段性规律，理论界有多种解释。一种观点认为，之所以城市化发展进程表现为S型的阶段性规律，究其原因主要在于经济发展过程中的产业结构高级化，而其根源则是由制造产品的需求收入弹性所致。这可以用人均收入水平来说明；一国的人均收入水平越低，制造业产品的需求收入弹性越大；随着人均收入水平的提高，其需求收入弹性下降。进一步而言就是：在工业化的初始阶段，人均收入较低，制造业弹性较高，因而城市化进程较快；在工业化进入成熟阶段之后，随着人均收入水平的提高，制造业弹性降低，城市化进程也趋于滞缓。另一种观点则认为，之所以城市化发展进程表现为S型的阶段性规律，究其原因在于城市文明普及率加速的结果。城市文明普及率之间具有加速度的关系，后者的发展速度高于前者，并呈现加速的特性。当城市化达到一定水平（例如20%~30%）时，城市文明随着城市化水平的提高而提高，同时区域内文明的普及将会加速，享受城市文明的人数多于城市的实际人口数，城市全方位文明覆盖的区域大于城市社区面积。

根据城市化发展的阶段性规律，城市化发展划分为初期（30%以下）、中期（30%~70%）和后期（70%以上）三个阶段。第一阶段为初期阶段或初级阶段。在这个时期，城市人口占总人口的比重在30%以下，其特点是这一阶段时间相当长，城市数量少，城市规模小，城市化水平低，发展速度十分缓慢。从农村经济依然占据主导地位，第一产业的就业比重在50%以上，第二、第三产业有了初步的发展。工业化是城市发展的基本动力。第二阶段为中期阶段，在这个时期，城市人口占总人口的比重在30%~70%，人口和经济活动迅速向城市聚集，城市化水平明显加快。城市数量迅速增加，城市地域大幅扩展并出现城市密集地区和大城市连绵区。农村经济已退居次席，城市经济迅速崛起。第一产业就业比重持续下降，第二、第三产业比重相继上升。双方地位交替互换，这一阶段工业仍是城市变化的重要动力，但第三产业对城市化的推动作用日益显露。第三阶段为后期阶段或称成熟阶段，在这个时期，城市人口占总人口的比重为70%以上。城市人口比重的增长日趋缓慢甚至停滞不前，城乡差别近乎消除，城市产业结构发生革命性变化，第三产业就业比重大幅攀升，而第一产业进一步下降。此时第三产业已成为城市发展的主要后续动力。

二、城市化与经济发展关系的一般规律

人们在谈城市化与经济发展关系更多的是从城市化和产业结构的角度来论述，或者说是指城市化与工业化的关系。钱纳里和塞尔奎因在研究各个国家经济结构转变的趋势时，曾概括了工业化与城市化关系的一般模式：随着人均收入水平的上升，工业化的演进导致产业结构的转变，带动了城市化程度的提高（见表5-4）。

表5-4 工业化与城市化关系的一般变动模式

级次	人均 GNP		GNP 结构变化（%）		就业结构变化（%）		城市化率（%）
	1964 年（美元）	1997 年（美元）	制造业	非农产业	制造业	非农产业	
1	70	350	12.5	47.8	7.8	28.8	12.8
2	100	500	14.9	54.8	9.1	34.2	22.0
3	200	1000	21.5	67.3	16.4	44.3	36.2
4	300	1500	25.1	73.4	20.6	51.1	43.9
5	400	2000	27.6	77.2	23.5	56.2	49.0
6	500	2500	29.4	79.8	25.8	60.5	52.7
7	800	4000	33.1	84.4	30.3	70.0	60.1
8	1000	5000	34.7	86.2	32.5	74.8	63.4
9	1500	7500	37.9	87.3	36.8	84.1	65.8

资料来源：钱纳里等．工业化和经济增长的比较研究［M］．上海：上海三联书店，1995.

从工业化导致的产业结构转变看，制造业生产比重与就业比重的上升基本上是同步的，而非农产业就业比重与生产比重的上升则表现出阶段性差别：在人均GNP达到500美元以前，生产比重的上升较快，而当人均GNP超过500美元以后，就业比重的上升明显加快。从产业结构转变对城市化进程的作用看，城市化率主要与就业结构变动相联系，而且与非农产业就业比重上升联系更为密切。因此，如果说工业化带动了非农化，非农化带动了城市化，那么工业化对城市化的带动趋势是明显的。

城市化与工业化协调的基本内涵在于：由于工业化的推进，非农就业人口的不断增加，与之相适应的非农就业人口和依托非农就业人口生存的相关人口向城市集聚，采用城市的生活方式，促进城市的发展。然而，在漫长的现代化进程中，由于工业化和城市化过程与许多社会经济文化因素相关，因此，两者并不是自动协调发展的，世界各国的发展历史表明，工业化和城市化存在协调同步、过度城市化和滞后城市化三种模式。所谓过度城市化是指城市发展超越了其赖以支撑的产业结构的发展，大量的城市人口没有能够在非农产业中就业；而滞后城市化则是指城市发展落后于产业结构的转变，大量的非农就业人口和依托非农就业人口生存的相关人口不能在城市中生活，无法采用城市的生活方式。由于过度城市化和滞后城市化模式会产生种种社会经济问题，如何协调推进工业化和城市化进程，成为各国社会经济发展的关键问题。

从本质上说，城市化与工业化的协调关系并不意味着城市化率和工业化率两者应该是始终相等或者同步增减关系，因为两者之间的协调关系更多地体现为动态演进关系。一个国家或地区的不同发展阶段，工业化和城市化的关系是呈现不同特征的。一般的规律是，在工业化和城市化初期，工业化影响和推动城市化是重要特征，城市的功能主要是为制造业发展提供集聚场所。该阶段以工业就业比例表示的工业化率应该高于城市化率。在工业化和城市化中期，双方互动发展成为主要特征。在该阶段的前期，工业就业和城市人口应该同比增长，工业化率和城市化率都在相应提高；在该阶段后期，工业就业开始下滑，而城市人口不断上升，城市化率超过了按照工业就业计算的工业化率。在工业化和城市化的成熟期，工业化的作用开始淡化，城市化成为经济发展的重心，城市化率与按照工业就业计算的工业化率差距拉大。也就是说，在城市化和工业化的初期阶段，工业化率会高于城市化率，城市人口的增加主要是由于工业的发展带动，但在工业化和城市化的后期，城市化率会高于工业化率，工业发展对城市化水平的提高贡献有限，第三产业成为城市化的主要动力，第三产业对城市化水平提高的贡献将大于第二产业。

上述关于城市化和工业化的动态演进规律表明，城市化和工业化存在密切联系，二者相互影响、相互促进、共同发展，在不同经济阶段表现出不同的发展态势。同时我们应该注意到二者的协调关系是一种动态变化的关系，在工业化初期工业化率高于城市化率，在工业化后期城市化率高于工业化率都是正常的。城市化和工业化是否协调的标准不在于城市化率和工业化率两者存在差别，而在于两者之差是否在与其发展阶段相对应的标准范围内。

第三节　河南省城镇化水平综合测度

这里首先对河南省城市化现状进行简单描述，其次根据上述衡量区域城市化水平的指标体系，选取河南省 18 个地级城市为研究对象，收集整理得到各地市 2013 年的各项指标值（原始数据来源于《河南省统计年鉴》），并以此为基础来研究河南省 18 个地市的城镇化水平。

一、河南省城镇化发展现状

近年来，河南省积极推进城市化，加快城市发展的步伐，城市社会、经济发展取得了明显成效。城市经济保持良好的发展势头，经济总量迈上了新的台阶，产业结构更加合理，城市化水平明显提高。但从总体来看，与全国平均水平相比差距很大，存在的问题较为突出。

河南城市化水平一直处于较低的水平，自改革开放以来就一直在全国平均水平以下运行，虽然自 1990 年以来，特别是从 1996 年开始，河南城市化进程的速度明显加快，城市化水平的年均增幅达到了 1.20%，但与全国平均水平的绝对差距却有不断扩大的趋势，与沿海发达省份的差距则更大。1978 年河南的城市化水平是 13.63%，全国是 17.92%，二者相差 4.29 个百分点；2013 年河南为 43.8%，全国为 53.73%，二者差距扩大到 13 个百分点，与浙江和广东的差距更为悬殊，相差近 30 个百分点。河南城市化进程的另一个突出特点是城市化明显滞后于工业化。2013 年，河南城市化率与工业化率的比值为 0.553，远远低于该值 1.4~2.5 的合理范围；根据钱纳里—赛奎因标准模式，河南城市化低于正常水平约 25 个百分点。

2013 年年底河南总人口为 9413 万，其中城市人口 4123 万，乡村人口 5290 万，城市化水平为 43.86%。这一水平远低于同期全国平均水平 53.73%，只相当于全国 2005~2006 年的水平，同全国平均相比，河南城市化水平落后七八年。同周边省区比，河南城市化水平也是最低的（表 5-5）。这些都表明河南城市化水平严重滞后，不利于将来的发展。

除了城市化进程缓慢，城市化水平低下外，河南城市总体规模偏小，规模等级结构不协调。同时中心城市的集聚辐射功能较弱，竞争力不强。尤其是和周边省会城市相比，差距还是十分明显的。郑州作为河南省的区域性中心城市，是河南城市发展的龙头，对于提高全省的总体经济水平和综合竞争力，实现中原崛起，具有省内其他城市不可替代的作用，但因城区人口规模小，综合经济实力弱，城市集聚力和辐射力不强，缺乏带动区域经济发展的强大动力，难以承载伴随城市化的发展而带来的各种压力。

表 5-5 2013 年河南及周边地区城市化水平比较

地区	总人口（万）	城市人口（万）	乡村人口（万）	城市化水平（%）
全国	136072	73111	62961	53.73
湖北	5799	3161	2638	54.51
山东	9733	5231	4502	53.75
山西	3630	1908	1722	52.56
陕西	3764	1931	1833	51.31
安徽	6030	2886	3144	47.86
河北	6844	2580	4264	37.69
河南	9413	4123	5290	43.8

资料来源：《中国人口统计年鉴》（2014）。

二、河南省城镇化水平核算

（一）数据处理和权重选择

城镇化水平综合指标体系建立之后，一般有两种方法对指标体系进行处理：一是主成分分析法确定指标权重和计算城镇化水平综合得分；二是用德尔菲法确定指标的权重，取发达国家在某一经济发展阶段上的相应数据作为目标值，在计算出本地区的城市化水平后，再与目标值进行比较，以判断该地区的城市化水平。

主成分分析法是把一些有错综复杂关系的指标归结为几个主成分的一种统计分析方法。在综合评价中，主成分分析方法为消除各指标不同量纲的影响，对原始数据进行标准化处理。但从标准化数据中提取的主成分，丢失了各指标间变异程度上的差异信息，从而会使主成分包含的原始数据的信息产生更大的误差。另外，当指标之间的相关性不强时，每一个主成分所提取的原始指标信息常常是很少的。这时，为了满足累计方差贡献率不低于某一值（比如 85%），就有可能选取较多的主成分，使主成分分析的作用不甚明显。

在综合评价中，主成分分析法利用方差贡献确定权数，客观性强，但也存在着一个不可避免的缺陷，就是确定的权系数有时与实际相悖。在多指标多方案决策过程中，最重要的指标不一定使所有决策方案具有较大的差异，而最不重要的指标却有可能使所有决策方案的属性值具有最大的差异。这样依照方差贡献确定的权系数，最不重要的指标可能具有最大的权系数，而最重要的指标却不一定具有最大的权系数。

为了解决上述问题，因此，本指标体系采取改进的主成分分析法和德尔菲法相结合进行数据处理和一级指标权重的确定。具体如下：①对原始数据进行均值化处理；②对各二级指标进行主成分分析；③计算综合得分时用德尔菲法确定各一级指标的权重。

（二）主成分分析过程及结果

（1）数据均值化处理。由指标体系从《河南省统计年鉴》（2014）上得到对应各地市的原始数据，利用 SPSS 软件对其进行均值化处理，即原始数据分别除以各自的平均数，得到均值化数据。

（2）借助 SPSS 软件分别对一级指标下均值化后的数据进行主成分分析，得到人本发展、产业指标和基础建设各一级指标的特征值的贡献率（见表 5-6、表 5-7、表 5-8）。从表中看到，分别选取各一级指标的第一主成分（分别命名 x1，x2，x3），方差贡献分别已达到了 76.953%、85.18%和 78.135%，所包含的原始信息较多，从而可减少综合评价的工作量。

表 5-6 人本发展指标主成分（x1）特征值和方差贡献率

	初始特征值			提取载荷总和		
成分	特征根	方差贡献率	累计贡献率	特征根	方差贡献率	累计贡献率
1	2.851	76.953	76.953	2.851	76.953	76.953
2	0.577	15.579	92.532			
3	0.126	3.392	95.924			
4	0.102	2.748	98.672			
5	2.822E-02	0.762	99.434			
6	1.067E-02	0.288	99.722			
7	5.610E-03	0.151	99.873			
8	4.697E-03	0.127	100.000			

表 5-7 产业指标主成分（x2）特征值和方差贡献率

	初始特征值			提取载荷总和		
成分	特征根	方差贡献率	特征根	方差贡献率	特征根	累计贡献率
1	0.258	85.180	85.180	0.258	85.180	85.180
2	4.030E-02	13.293	98.474			
3	4.356E-03	1.437	99.911			
4	2.712E-04	8.945E-02	100.000			

表 5-8　基础建设主成分（x3）特征值和方差贡献率

	初始特征值			提取载荷总和		
成分	特征根	方差贡献率	累计贡献率	特征根	方差贡献率	累计贡献率
1	1.598	78.135	78.135	1.598	78.135	78.135
2	0.237	11.569	89.705			
3	0.125	6.117	95.822			
4	4.780E-02	2.338	98.159			
5	1.746E-02	0.854	99.013			
6	1.048E-02	0.513	99.526			
7	5.801E-03	0.284	99.809			
8	3.897E-03	0.191	100.000			

（3）德尔菲法赋权。在计算综合得分时，采用德尔菲法赋权，经过 10 名专家推荐分别赋予人本发展指标（x1）、产业指标（x2）和基础建设（x3）权重 0.5、0.25、0.25，分别乘以各自的第一主成分然后相加，即

$$F=0.5\times x1+0.25\times x2+0.25\times x3$$

可得到 18 个地市城镇化水平的综合得分（F）及排名，见表 5-9。

表 5-9　河南省各地市城镇化水平指数

城市名称	人本发展得分 x1	人本发展排名	产业指标得分 x2	产业指标排名	基础建设得分 x3	基础建设排名 F	综合得分	综合排名
郑　州	3.73992	1	1.88359	1	3.45138	1	3.2037	1
洛　阳	0.24909	4	0.82998	4	0.89932	2	0.55687	2
济　源	0.42244	2	1.85848	2	-1.02415	18	0.4198	3
焦　作	0.35466	3	0.92813	3	-0.05064	8	0.3967	4
新　乡	0.23753	5	-0.46325	12	0.65445	3	0.16657	5
平顶山	0.04008	6	0.06298	9	0.05502	6	0.04954	6
安　阳	-0.20242	8	-0.24206	11	0.50123	4	-0.0364	7
许　昌	-0.23029	9	0.36497	6	-0.29864	9	-0.0986	8
三门峡	-0.4777	14	0.69751	5	-0.68216	17	-0.235	9
鹤　壁	-0.28007	10	0.24545	8	-0.63953	16	-0.2386	10
开　封	-0.03373	7	-0.86549	14	-0.04802	7	-0.2452	11
漯　河	-0.37098	11	0.28558	7	-0.62271	14	-0.2698	12
南　阳	-0.46358	13	-0.51574	13	0.17377	5	-0.3173	13

续表

城市名称	人本发展得分 x1	人本发展排名	产业指标得分 x2	产业指标排名	基础建设得分 x3	基础建设排名 F	综合得分	综合排名
濮　阳	-0.43161	12	-0.01874	10	-0.62454	15	-0.3766	14
商　丘	-0.55178	15	-1.16502	15	-0.36834	10	-0.6592	15
信　阳	-0.59355	16	-1.27062	16	-0.48138	12	-0.7348	16
周　口	-0.69727	17	-1.32889	18	-0.40641	11	-0.7825	17
驻马店	-0.71075	18	-1.28687	17	-0.48863	13	-0.7993	18

为了使主成分分析结果进一步明晰化，可以采用分层聚类法对河南省城镇化水平进行聚类分析。选取城镇化水平综合得分作为聚类指标，利用欧氏距离测度 18 个地市间的样本距离。同时，采用最小距离法进行聚类分析，得到聚类图（略）。河南省城镇化水平分为以下四类：

第一类城镇化水平高的地区，只包括郑州 1 个城市。郑州市综合得分为 3.2037，远高于排名第二的洛阳市。作为省会城市，郑州市城镇化水平整体和各项发展水平相对突出，郑州在人力发展、产业指标和基础建设三个方面的单项排名均为第一。

第二类城镇化水平较高的地区，包括洛阳、济源、焦作。这几个城市均处于郑州市西北部，区位条件优越，交通较为发达，为城市的发展提供了良好的外部条件。城镇化综合水平较高，但各项得分与郑州相比，还是有很大的差距。在本类中，洛阳的人力发展、产业结构和基础建设发展水平较高，城镇化水平各方面较为均衡。济源和焦作在基础建设方面发展水平不是很高，尤其是济源排在最后一名，其基础建设急需改善。

第三类是城镇化水平中等地区，包括新乡、平顶山、安阳、许昌、三门峡、鹤壁、开封、漯河、南阳、濮阳。这类城市具有一定的优势，但限制性因素也比较明显。例如安阳和鹤壁是资源型城市，矿产资源丰富，以钢铁和煤矿作为其主要产业，产业结构比较单一，城市发展不能呈现多元发展的态势。濮阳、漯河、鹤壁、三门峡 4 市的基础建设得分较低，排在最后 4 位，说明若要提高这 4 个城市的城镇化水平需在基础建设方面下一定的功夫。

第四类是城镇化水平较低的地区，包括商丘、信阳、周口、驻马店。这类城市发展受到人文环境、自然环境等制约，城市化水平多项指标均处于全省下游。商丘、信阳、周口、驻马店这 4 个城市属于典型的传统农业区，人口基数大，有地方资源，工业也不发达，致使发展速度不易提升。这说明要提高此类地区的城市化水平，应从推进工业化进程和转移农村劳动力着手。

（三）简要结论

结论 1：全面建设小康社会背景下的城镇化水平是一个多维概念，是各种不同因素、现象共同作用的结果。单一的城镇化水平指标不能从多层面、多因素角度揭示一个地区真正城镇化发展水平，也体现不出整体小康社会的全面性。因此，本书从人本发展、产业结构、基础建设三个方面来寻找描述指标。

结论 2：在对城镇化水平指标体系进行统计分析时，采用改进的主成分分析法与德尔菲法相结合进行分析。该方法的优点：①原始数据均值化处理使协方差矩阵消除了指标量纲和数量级的影响；②均值化处理能更全面地反映原始数据所包含的各指标变异程度上的差异信息和各指标间的相互影响程度上的信息，从而有效地避免了信息的丢失，更能准确地反映原始数据所包含的信息；③经过均值化处理可使第一主成分包含的信息比传统的方法第一主成分承载的信息更高，可用较少的主成分提取更多的原始信息；④德尔菲法计算综合得分更符合客观实际。

结论 3：通过对河南省 18 地市的城镇化水平分析，表明：①河南省 18 地市的城镇化水平发展的不平衡性和层次性。由于历史基础、资源条件等差异，河南省城市化水平总的趋势是西北部高，东南部较低，以郑州为中心向四周呈下降趋势。②近 10 年来，河南省 18 地市的城镇化水平在空间上趋于中心—外围结构，且中心有向豫中地区偏移的趋势。城市化水平具有很强的历史依赖特征，也造成强者日强、弱者日弱的发展局面，落后地区很难跳出原有发展因素的制约。③由于内部结构等因素的差异，城市化水平相近的地市应根据各自特点，实行差异化的城市化促进政策。

第四节　城市化水平和城市经济的协调分析

一、城市化水平和城市经济的横向协调分析

从前面的理论分析中我们知道，一个国家或地区的城市化水平和经济发展之间存在密切的联系，二者相互影响、相互促进。这里我们主要是探讨河南省城市化水平和城市经济的相互关系，以期发现它们的一般规律。一个地区的城市化水平我们可以用一个指标加以描述，但一个地区的经济发展则是包括了很多方面，这里我们只选择和城市化水平密切关联的指标来进行分析。

（一）省际比较

以全国 31 个省份的统计资料进行相关分析，相关系数如表 5-10 所示。我们发

现城市化水平和人均 GDP 的相关系数高达 0.937，相关关系十分显著，这说明了经济发展对城市化发展有明显的推动作用，大力发展地区经济有助于城市化水平的提高。第一产业产值比重与城市化水平的相关系数为-0.721，且相关关系也很显著，并且和经济理论符合得很好。说明一个地区的第一产业产值比重的高低对其城市化水平有直接影响，第一产业产值的比重越高，该地区城市化水平就越低。有意思的是城市化水平和第二产业产值比重的相关关系并不显著（0.176），和工业产值比重（工业增加值占 GDP 的比重）的相关系数也只有 0.296，且相关关系也不突出。这似乎和钱纳里曾概括的工业化与城市化关系的一般模式不一致。

表 5-10　省际城市化水平和产业产值结构相关关系

	GDP 产值构成				人均 GDP	工业化率
	第一产业	第二产业	工业	第三产业		
城市化水平	-0.721**	0.176	0.296	0.477**	0.937**	0.911**
第一产业		-0.566**	-0.588	-0.292	-0.761**	-0.820**
第二产业			0.969**	-0.623**	0.185	0.304
工业				-0.564**	0.286	0.394*
第三产业					0.503**	0.422*
人均 GDP						0.933**

资料来源：《中国统计年鉴》（2014）. ** 表示相关系数在 1%水平下显著，* 表示 相关系数在 5%水平下显著（双尾），下同。

究其原因在于以下两点：一是我国城市的发展和工业的发展从一开始就和西方国家不同，西方国家城市的发展是在工业革命之后才迅猛发展的，其工业有较好的基础。而我国在新中国成立初期，工业的发展基本上是空白的，城市遭到极大破坏，河南地处中原尤为如此。初始条件的差异决定了我国乃至河南产业政策和城市规划不可能和西方一样，我国在大力发展工业的同时也注重城市的建设。但毋庸置疑的是，对城市发展理论研究的相对滞后制约了我国城市的发展。而改革后我国经济的发展很大程度上是由农村特别是乡镇企业的蓬勃发展所推动的，这进一步导致我国工业化的发展和城市化的发展相分离。二是在影响城市化水平的因素中，各产业的就业结构更为直接。因为城市化进程直接表现为农村人口向城市集中，这种集中主要是由就业的变动引起的，因而产业的就业结构与城市化进程的相关关系更为密切，这从按非农业就业计算的工业化率和城市化水平之间的相关系数高达 0.911 也可以看出端倪。同时各地起始条件不同，发展情况有别，不能一概而论。我们注意到第三产业与第二产业产值之间呈现显著的负相关性，这和理论也不一致，原因可能和我国一直重视第二产业发展的产业政策有关，过分地强调第二产业的发展，导致忽视了第三产业的发展。另外，城市化水平和第三产业产值显著相关，这也为河南城市化发展指出一条思路，即大力发展第三产业有助于城市化水平的提高。

由于城市化水平和第三产业的相关关系密切，我们来探讨第三产业内部各行业与城市化水平的关系。从表5-11看，只有房地产与城市化水平的相关关系显著，其他行业与城市化水平相关关系很弱。而河南房地产的发展在全国处于明显劣势。住宿餐饮业、信息行业和金融保险等行业均低于全国平均水平。这些也从一个侧面解释了河南的城市化水平低下的原因。这说明未来加快河南城市发展，必须大力加强房地产业、住宿餐饮、信息和金融业的发展。

表5-11 各省第三产业各行业产值与城市化水平相关系数

	交通运输	信息行业	批发零售	住宿餐饮	金融业	房地产	科教文卫①	公共管理
城市化水平	0.093	0.045	-0.126	0.314	0.123	0.582**	-0.054	-0.086

资料来源：《中国统计年鉴》(2014)。

从各地区就业结构和城市化水平的原始资料看，几乎所有地区第三产业就业比重都比第二产业就业比重高，河南第二、第三产业就业比重分别为31.9%、28.0%，工业化率（按第二、第三产业就业比重之和）比工业化率最高的浙江省低30.7个百分点（同京、津、沪相差更多）。如果把非农产业就业比重和城市化水平联系起来看，二者的地区差异则很明显。

从城市化水平与三次产业的就业结构来看，相关关系则要显著得多（见表5-12）。相关系数绝对值均在0.6以上（这也说明探讨城市化水平与产业结构关系时用就业结构比产值结构更为合理）。但是各产业就业构成和城市化水平之间的相对相关关系不变，第一产业就业构成同城市化水平的相关系数为-0.911，而河南第一产业就业构成高达40.1%，仅比西藏、甘肃、海南、云南和贵州几省略低，这在很大程度上解释了河南城市化水平偏低的原因。当然反过来则表明非农产业就业比重与城市化水平相关关系最为显著，这和理论吻合得很好。因为城市化水平的提高直接表现为非农人口比重的上升，相应地非农产业就业比重也会上升。在三次产业就业构成中，第二产业就业构成与城市化水平的相关系数最小，这说明各省第二产业就业比重对城市化水平的推动作用不如第三产业就业比重大。

① 科教文卫包括教育、卫生、社会保障和社会福利业、文化、体育和娱乐业，房地产包括房产业和租赁业，公共管理包括科学研究、技术服务和地质勘查业、水利、环境和公共设施管理业、居民服务和其他服务业、公共管理和社会组织。

表 5-12　省际城市化水平和产业就业结构相关关系

	就业结构		
	第一产业	第二产业	第三产业
城市化水平	-0.911**	0.667**	0.822**
第一产业		-0.826**	-0.803**
第二产业			0.328

同时我们也看到，产业就业结构之间的相关关系也很突出，如第一产业同第二、第三产业的相关系数都十分显著，绝对值都在0.8以上。但第二产业和第三产业就业结构之间相关关系不明显，这似乎和人们的一般看法有差异。一般说来，当第三产业发展到一定程度时，它的就业应该和第二产业就业存在着明显的正相关关系，尤其是为生产服务的领域。之所以出现这一结果应该是同我国长期以来重视第二产业发展的政策有关，当前全国各地第二产业发展几乎都占了50%左右（除了少数西部地区），导致各省市之间产业同构现象较为普遍。而第三产业比重各地区之间差异较大，这说明在加快城市化发展时，应该注意第三产业的发展。

（二）省内比较

在上面的省际比较中，我们发现城市化水平和城市经济发展具有密切的联系，那么，这一关系在河南省各地之间是否还表现出相同的规律？为了进一步探讨二者之间的相互关系，我们来研究河南18个地区之间城市化进程与产业结构的关系。

从河南18个地区的资料可以看出，各地城市化水平及经济发展及差异很大。人均GDP的标准差系数为36.22%，是所有标准差系数中最大的，说明河南各地经济发展水平很大，城市化水平标准差系数为27.52%紧随其后。在河南18个地区中，郑州人均GDP最高，为全省平均水平的2倍多；其次是济源、三门峡、焦作、洛阳，它们比全省平均水平高出1万元以上；人均GDP最低的还是信阳、商丘、周口和驻马店等地。郑州城市化水平最高，为67.1%，比平均水平高出24个百分点；其次为济源54.8%、鹤壁52.8%、焦作52.0%和洛阳49.4%，它们也都高于全省平均水平；最后为信阳36.7%、商丘35.0%、周口34.8%和驻马店34.9%，它们均低于全省平均水平。全省差异最小的产值结构中第二产业比重的标准差系数最小，这说明河南各地的第二产业差距不大，同构现象较严重。如果对这18个地区进行聚类分析，可以把它们分为三类：第一类为郑州、洛阳、焦作和济源，第三类为信阳、商丘、周口和驻马店，其他归于第二类。这种分类还是符合实际的：郑州作为河南省会，是河南政治、经济、交通和文化中心，也是河南经济的龙头城市，受地理环境、历史基础和社会经济发展水平的影响，它在各个方面都处于绝对优势，理所当然占据排头兵位置，而洛阳、焦作工业比较发达，济源作为新兴的小城市，具有明显的后发优势；而位于豫东南的信阳、商丘、周口和驻马店等农业城市则因为该地区社会经济发展相对落后而处于第三集团也不足为奇，而开封沦为第三集团也不意外，这与它近年来自身社会经济发展缓慢分不开；其他城市可以归于第二类，它们尽管与第一类有较大差距，但相对第三类城市还是具有一定优势的，在今后的发展中起着举足轻重的作用。

与省际比较一样，我们从 GDP 结构和就业结构两方面来探讨城市化水平和产业结构之间的关系，并利用相关资料我们求得相关系数如表 5-13 所示。

表 5-13 各地城市化水平和产业结构之间的相关关系

	产值结构			人均 GDP	就业结构	
	第二产业	工业	第三产业		第二产业	第三产业
城市化水平	0.519*	0.49*	0.537**	0.89**	0.765*	0.647**

从中可以看出，各地城市化水平和产业结构之间的相关关系显著。在 GDP 结构中，第二产业及工业和城市化水平之间存在较为显著的正相关关系，说明河南各地城市化进程和工业化进程是基本相适应的，二者相互促进，但这种相互促进的作用力不大（相关系数只有 0.519），或者说并没有形成共同发展的良性循环。而就业结构中各地城市化水平和第二产业之间的关系则密切得多，说明各地第二产业的就业对城市化水平影响比产值对城市化水平影响大。比较散点图也可看出这一点，第二产业就业比重和城市化水平变动一致，而第二产业产值比重与城市化水平则疏远得多（同样可分析各地第三产业与城市化水平的关系）。同时从各地第二产业就业比重或第二产业产值比重与城市化水平的差距也可看出其城市化水平的滞后。

如果把人均 GDP 与城市化水平联系起来看，就会发现经济发展水平对城市化进程的制约作用很明显。从相关关系看，二者相关系数高达 0.89，相关关系显著，也进一步验证了这一点。从组合图上看，很容易看出河南城市化水平和经济发展的短板主要集中在信阳、周口、驻马店等地。经济发展水平越高的地方其城市化水平往往也越高（如郑州、洛阳），反之则反是（如周口、驻马店）。实际上，经济发展乃是一个国家或地区发展之根本，它会从各个方面影响一个国家或地区的发展，城市化水平自然会受制于地区经济发展水平，当然反过来它也会对地区经济发展起促进作用。

（三）基本结论

（1）河南城市化水平和城市经济相对落后。改革开放以来，河南城市化进程得到较快的发展，特别是从 1996 年开始，河南城市化进程的速度明显加快，城市化水平的年均增幅达到了 1.20%，但与全国平均水平的绝对差距却有不断扩大的趋势，与沿海发达省份的差距则更大。1978 年河南的城市化水平是 13.63%，全国是 17.92%，二者相差 4.29 个百分点，2013 年河南为 43.80%，全国为 53.7%，二者差距扩大到 13 个百分点，与浙江和广东的差距更为悬殊，相差近 30 个百分点。河南城市化进程的另一突出特点是城市化明显滞后于工业化。除了城市化进程缓慢，城市化水平低下外，河南城市总体规模偏小，规模等级结构不协调。城市基础设施落后，环境质量不高，同时中心城市的集聚辐射功能较弱，竞争力不强。

同时，河南省城市经济有了长足的发展，但是其发展水平仍然偏低。从总量上看河南城市经济大大落后于发达省份，并且增长速度慢，与全国平均水平及发达省份的差距有逐步扩大的趋势。从结构上看，经济结构层次不高。与全国同期平均水平相比，第一产业比重明显偏高，第二、第三产业比重略为偏低。同周边省区同期比，河南产业结构也处于劣势，第一产业比重只比安徽略低；第二产业比重略低于山西、山东；第三产业比重是最低的，这种经济结构制约了河南经济的进一步发展。从就业结构看，和周边地区相比第一产业就业比重明显偏高，而第二、第三产业就业比重过低，说明河南农业生产率太低，也意味着在今后的发展中，随着农业生产率的提高，大量的农村剩余劳动力将向第二、第三产业转移，河南将会面临沉重的就业压力。

（2）城市化水平和城市经济具有密切联系，而且这一联系具有不同表现。无论是从省际还是省内角度来分析，城市化水平和城市经济都具有显著的相关关系。具体来说，就是城市经济对城市化水平具有正向的协同关系，一个国家或地区经济越发达，相应地城市化水平也就越高。从省际看城市化水平和人均 GDP 的相关系数高达 0.937，相关关系十分显著，这说明了经济发展对城市化发展具有明显的推动作用，大力发展地区经济有助于城市化水平的提高。第一产业产值比重与城市化水平显著负相关，说明一个地区的第一产业产值比重的高低对其城市化水平有直接影响，第一产业产值的比重越高，则该地区城市化水平就越低。而城市化水平和第二产业产值比重的相关关系并不突出。其原因我们在文中已经作了探讨，这里不再赘述。从省内分析看，同样的相关关系依然存在，只是相关程度有所不同。其主要原因就是河南省各地市的第二产业差距不大，同构现象较严重。

同时，产业就业结构之间的相关关系也很突出，如第一产业同第二、第三产业的相关系数都十分显著，绝对值都在 0.8 以上。但第二产业和第三产业就业结构之间相关关系不明显。之所以出现这一结果应该是同我国长期以来的重视第二产业发展的政策有关，当前全国各地第二产业发展几乎都占了 50% 左右（除了少数西部地区），导致各省份之间、省内各地市之间产业同构现象较为普遍。而第三产业比重在各地区之间的差异较大，这也可能是引起各地区城市化水平差异较大的一个影响因素，这说明在加快城市化发展的同时，应该重视第三产业的发展。

二、城市化水平和城市经济的纵向协调分析

无论是城市化还是经济发展，都是一个动态的变化过程，已有理论和上面横向分析都说明了二者之间的密切联系。下面我们将从纵向来进一步探讨二者之间的变化规律。

城市化和经济增长的协整分析

通常，人们认为城市化和经济发展之间存在下述关系：①经济发展引致城市化水平提高。经济发展需要大量劳动力和其他投入从乡村部门转向城市部门，城市化是经济发展自然而不可避免的结果。人口和经济要素向城市集中是集聚经济和规模经济作用的结果，工业化进程的纵深发展必然引起人口、产业和要素聚集于城市，所以经济增长导致城市化水平的提高。②城市化促进经济增长。随着城市数量的增加、规模的扩大，交易成本降低及交易效率提高，聚集经济促进生产效率的提高，进而加速经济增长。城市作为产业和人口高度聚集的地方，历来是知识外溢和技术创新的中心，随着对知识外溢和技术创新的重视，城市自然成为研究知识外溢、技术创新的“天然实验室”。城市化有利于创新，而创新促进经济的持续增长。同时城市化导致分工进一步深化，形成专业化经济，提高生产效率和降低交易成本，促进经济增长。

综合人们对大量统计数据的分析研究，城市化水平和经济增长两个变量之间关系的数学模型可表示为：$y = \alpha + \beta \ln(x) + \varepsilon$，其中 y 表示城市化水平，x 表示人均 GDP，α、β 为常数，ε 为误差项。已有文献显示，不仅是经济增长引起城市聚集、城市规模扩大和城市化水平的提高，城市化反过来对经济增长也具有明显的促进作用。两者之间更可能是一种互相促进的关系，在前期主要表现为经济增长要求并促进人口向城市集聚，后期则主要表现为较高的城市化水平直接带来生产生活集约化、管理科学化和文教科技进步等，进而促进经济发展。但城市化与经济增长之间这种相互促进的关系，在不同国家、地区是否显著地存在，还有待实证检验。

通过前面的分析，我们用以非农人口占总人口的比重来反映城市化水平（记为 city），用人均 GDP（PGDP）反映经济增长，这一指标剔除了人口规模的影响，包含内容最为全面，用来衡量经济增长较为合理。由于改革开放以前受政治等因素影响，以及我国城市建制的变动造成数据的不可比，因此这里只对 1978 年后河南城市化水

平与经济增长的关系进行实证分析。根据《河南省统计年鉴》（2014），得到 1978~2013 年河南省城市化水平和人均 GDP 的具体数据。为剔除物价水平变动的影响，利用 GDP 平减指数对人均 GDP 绝对值进行变换，全部转换为 1978 年不变价的人均 GDP；同时，为消除可能存在的异方差，对指标进行自然对数处理。

协整理论主要用于寻找两个或多个非平稳变量之间的均衡关系，如果某两个或多个同阶时间序列向量的某种线性组合可以得到一个平稳的误差序列，则这些非平稳的时间序列之间存在长期均衡关系，即具有协整性。

（1）单整检验。由于只有相同单整阶数的两个变量才可能存在协整关系，因此，协整分析之前要检验变量的单整阶数。进行城市化水平（city）与人均 GDP 的协整分析，首先要检验这两个变量的时间序列是否平稳。对序列 Lcity 和 LPGDP 的平稳性进行 ADF 检验，表 5-14 的结果显示 ADF 检验值都大于 5 %的临界值，说明 Lcity 和 LPGDP 均为非平稳系列；其次，对两个序列做一阶差分，再进行 ADF 检验，ΔLcity 和 ΔLPGDP 两系列均平稳。可知，Lcity 和 LPGDP 都具有一阶单整性，即 Lcity ~I（1）、LPGDP ~I（1）。

表 5-14　城市化水平与人均 GDP 系列 ADF 检验结果

变量	ADF 检验值	临界值（5%）	结论
Lcity	-3. 126	-3. 587	不平稳
ΔLcity	-4. 665	3. 711	平稳
LPGDP	-1. 784	-3. 587	不平稳
ΔLPGDP	-4. 774	-2. 981	平稳

注：单位根检验的方程中含有常数项和时间趋势项，解释变量的滞后项根据 SC 准则确定。

（2）格兰杰因果关系模型及检验。协整检验可以揭示变量序列之间是否存在长期均衡关系，但无法揭示变量之间是否具有因果关系，格兰杰因果检验为解决这类问题提供了一种很好的思路和方法。

表 5-15　河南城市化与人均 GDP 之间的因果检验

因果关系假定	滞后期数	F 统计值	P 值
LPGDP 不是 Lcity 的格兰杰原因	1	7. 0225	0. 0140
Lcity 不是 LPGDP 的格兰杰原因	1	0. 9985	0. 3276
LPGDP 不是 Lcity 的格兰杰原因	2	2. 2118	0. 1343
Lcity 不是 LPGDP 的格兰杰原因	2	0. 7557	0. 4820
LPGDP 不是 Lcity 的格兰杰原因	3	2. 1841	0. 1252
Lcity 不是 LPGDP 的格兰杰原因	3	0. 48477	0. 69705

表 5-15 中检验结果表明：滞后 1 期时 LPGDP 不是 Lcity 的格兰杰原因的概率为 1.4 %，说明河南经济增长对城市化水平提高的效应在滞后 1 年时最为明显，可以说人均 GDP 是城市化水平的格兰杰原因；而不论是滞后 1 期，还是滞后 2~3 期，Lcity 不是 LPGDP 的格兰杰原因的概率都在 32%以上，说明河南城市化水平提高对经济增长有一定的推动作用，但效应还不十分明显。可见，自 1978 年以来河南经济增长对城市化的作用要明显强于城市化对经济增长的影响。主要原因是：经济发展引起了农业生产率提高、农民收入增加，使农民产生了强烈的进入城市愿望；经济增长引起了产业结构变动，规模经济、聚集经济效应促使企业向城市聚集。这些必然在经济增长过程中导致大量农村人口向城市转移，引起城市化水平提高。还有一个原因就是改革开放前河南城市化水平极为低下且明显滞后，1978 年后的快速上升带有一定的自身恢复性特征。由于河南服务业发展不快，第三产业所占比重偏低，导致城市的扩散效应和辐射能力不强，创新溢出效应不能很好地发挥，同时市场分割也使城市化在降低交易费用方面的作用不明显，从而导致了城市化对经济增长的反向推动效应还不够强劲。

（3）协整模型及检验。检验两变量间的协整关系，通常采用 Engle-Granger 检验。利用该方法进行城市化水平与人均 GDP 的协整检验，用 OLS 方法估计变量 Lcity 对 LPGDP 的回归方程：

$$Lcity = \alpha + \beta LPGDP + \varepsilon_t$$

估计结果为：

$$Lcity = 0.0229 + 0.3868LPGDP$$
$$(1.239)\quad(60.828)$$
$$R^2 = 0.993,\ DW = 0.88,\ F = 3700.02$$

令 $\hat{\varepsilon}_t$ = Lcity - 0.0229 - 0.3868LPGDP，进一步检验残差是否是 I（0）序列。ADF 检验表明，模型残差 $\varepsilon_t \sim$ I（0）。表明存在协整关系，即城市化和经济发展之间存在长期的动态均衡关系。当然我们可以进一步探讨二者之间的短期动态关系，如进一步建立误差修正模型（VEC）等。这里限于篇幅就不再列出结果。这一模型很好地表明了经济增长与城市化之间的动态关系，即经济每增长 1 个百分点时平均会引起城市化水平增加 0.386 个百分点。因此为了提高河南城市化水平，关键在于加快河南经济的发展，通过经济的发展来为城市发展提供动力，促进产业结构的优化升级，尤其是为第三产业的发展提供大量的就业机会，吸引人们向城市集中，从而提高城市化水平。

三、城市化水平和产业结构的 Panel Data 分析

对于河南省各地之间城市化水平和经济发展的动态研究显然传统的方法是无法

进行的，主要是因为这里的数据是面板数据(Panel Data)，既有截面的资料，也有时间序列数据，单纯的截面资料或时间序列资料都无法完成城市化水平和产业结构的动态分析，因此这里采用Panel Data分析来进行处理。数据主要来自历年《河南省统计年鉴》，同时为了便于可比性，这里我们选择2001~2012年的数据，对河南18个地市情况进行分析。

我们用非农业人口比重来衡量城市化水平，根据有关理论和河南实际情况选择如下的解释变量：

（1）人均国内生产总值的对数。我们用该变量来衡量地区经济发展水平。

（2）第二产业国内生产总值的比重和第三产业国内生产总值的比重。随着农业的发展，农业剩余劳动力趋于流向二、三产业。而二、三产业为追求聚集经济效应集中于一定的地理区位，就会促使经济要素和活动集中，导致人口围绕产业而集聚，甚至能吸引那些与最初活动无关的人口和经济活动的进一步聚集，从而形成新的城市或发展已有的城市。因此从根本上讲，人口转移的规模取决于二、三产业的吸纳能力。

最终的计量模型为：

$$city_{it} = \alpha_{it} + \beta_0 LPGDP_t + \beta_1 PGDP_{2t} + \beta_2 PGDP_{3t} + \varepsilon_{it}$$

利用该模型，采用GLS方法进行估计，结果如表5-16所示。

表5-16　估计结果

解释变量	固定效应模型	随机效应模型
LPGDP	1.178**	2.257**
$PGDP_2$	不显著	不显著
$PGDP_3$	不显著	0.435*
常数	-43.65**	-30.47**
R^2	0.915**	0.923**

分析结果表明，代表地区经济发展水平的人均国内生产总值，总体而言对城市化水平发挥着显著的正向作用。换言之，城市化水平的高低取决于当地经济发展水平，这是和前面的分析是一致的。第二产业国内生产总值的比重在总体上对城市化发展起正向作用，但是两种模型结果都不显著。从前面的分析中我们也可以看出，第二产业产值比重和城市化水平之间存在相关关系，但是这一相关关系在不同时期、不同地区有不同表现。第三产业的发展对城市化水平的提高在总体上起着正向作用，但固定效应模型中表现得不是很明显。主要原因还是河南各地第三产业的发展不足，导致其吸收劳动力的能力和促进经济发展的作用都相应较弱，无疑对城市化的推动

作用也就相当有限。实际上各地第二产业产值比重相差不大，主要差距就是在第三产业上。当工业化发展到一定程度时，它对劳动力的吸纳是有限的，而一些相关产业，如交通、通信、金融、房地产等行业就会迅速繁荣，并对城市化发展起拉动作用。此外，消费的多样化和城市生活质量的提高，也都推动着服务业的发展。作为收入弹性较大的劳动密集型产业，第三产业涵盖的行业和部门比较多，为农村向城市的流动人口提供了大量就业机会。所以我们在今后制定经济发展政策时，尽可能地重视第三产业的发展，以促进城市化水平的不断提高。

四、城镇化与产业结构的灰色关联分析

灰色关联分析是对系统动态发展过程的量化分析，其基本思想是根据序列曲线几何性状的相似程度来判断因素之间联系是否紧密。几何性状越接近，相应序列之间关联就越大；反之就越小。因此，灰色关联分析方法是根据因素之间发展趋势的相似或相异程度，亦即“灰色关联度”作为衡量因素间关联程度的一种方法。灰色系统理论提出了对各子系统进行灰色关联度分析的概念，意图通过一定的方法去寻求系统中各子系统（或因素）之间的数值关系。由于灰色关联分析是从各因素发展态势上对系统进行分析的，因而对样本容量和样本分布规律上并无严格要求；同时该分析方法不会出现量化结果与定性分析结果不符的情况。这在一定程度上弥补了采用数理统计方法作系统分析所导致的缺陷，所以具有广泛的实用性。

我们将运用灰色关联分析法对河南省城镇化和工业化综合发展水平以及城镇化与工业化内部各子系统之间的关联性进行分析。灰关联度的计算步骤如下：

第一步：确定反映系统行为特征的参考数列和影响系统行为的比较数列。在分析城镇化与工业化综合发展水平关联性时（下文以“路径 1”表示），本书以城镇化综合发展水平序列作为参考数列：$X_0=\{x_0(k)\mid k=1,2,\cdots,7\}$，以工业化综合发展水平为比较数列：$X_1=\{x_1(k)\mid k=1,2,\cdots,7\}$；在分析城镇化与工业化各子系统关联性时（下文以“路径 2”表示），以城镇化综合发展水平序列作为参考数列：$Y_0=\{y_0(k)\mid k=1,2,\cdots,7\}$，以工业化各子系统发展水平为比较数列：$Y_j=\{y_j(k)\mid k=1,2,\cdots,7\}$，$j=1,2,\cdots,6$。

第二步：求各序列的初值像。路径 1：令 $X_i'=X_i/x_i(1)=(x_i'(1),x_i'(2),\cdots,x_i'(7))$，$i=0,1,2,\cdots,6$；路径 2：令 $Y_i'=Y_i/y_i(1)=(y_i'(1),y_i'(2),\cdots,y_i'(7))$，$i=0,1,2,\cdots,6$。

第三步：求序列差 $\Delta(k)$。路径 1：$\Delta(k)=|x_0'(k)-x_1'(k)|$；

路径 2：$\Delta_j(k)=|y_0'(k)-y_j'(k)|$，$j=1,2,\cdots,6$。

第四步：求两极最小差（m）和最大差（M）。路径 1：$m=\min\Delta(k)$，$M=$

$\max\Delta(k)$；路径 2：$m=\min_j\min_k\Delta_j(k)$，$M=\max_j\max_k\Delta_j(k)$。

$$\gamma_{0j}(k)=\frac{m+\theta M}{\Delta_j(k)+\theta M}$$

第五步：求灰色关联系数 $\gamma(k)$。路径 1：$\gamma(k)=\frac{m+\theta M}{\Delta(k)+\theta M}$，$\theta\in(0,1)$；路径 2：$\theta\in(0,1)$，j=1，2，…，6。其中 θ 为分辨系数，作用是提高关联系数之间的差异显著性，$0<\theta<1$，通常取 0.5。

第六步：计算灰色关联度 γ。路径 1：$\gamma=\frac{1}{7}\sum_{k=1}^{7}\gamma(k)$；路径 2：$\gamma_{0j}=\frac{1}{7}\sum_{k=1}^{7}\gamma_{0j}(k)$

表 5－17　灰色关联度

γ	γ_{01}	γ_{02}	γ_{03}	γ_{04}	γ_{05}	γ_{06}
0.72146	0.91103	0.76971	0.65816	0.68544	0.57088	0.81639

从表 5-17 可以看出，河南省城镇化与工业化综合发展水平有着较大的正向关联性，关联度为 0.721，即工业化的提高能够有效地拉动河南省城市化的发展。因此提高工业化的程度是加快河南省城镇化进程的重要手段和有力保障。而城镇化与工业化各个子系统的灰色关联度并不相同，但都大于 50%，这说明信息化体系中的各个子系统对城镇化的发展都有一定的正向关联性，另外，由 $\gamma_{01}>\gamma_{06}>\gamma_{02}>\gamma_{04}>\gamma_{03}>\gamma_{05}$ 可知，在 2008~2013 年，河南省工业化发展基础水平对城镇化综合发展水平的影响最大，灰色关联度高达 0.91，其次是信息化水平，灰色关联度为 0.82，而节能减排水平对城镇化综合发展水平的影响最小，灰色关联度只有 0.57。从具体因素看，适当提高科研、R&D 和教育支出，加强工业产业的发展不但是提高区域工业化的途径，也是促进城市化水平提高的有效途径。

五、河南省城镇化与工业化综合发展水平的协调度分析

城镇化的快速推进对工业化程度的提高发挥了重要作用，同时工业化的发展程度影响着城市产业结构的调整和升级以及城市化的进程。两者的协调发展有助于促进区域经济的良性发展。

协调度是度量系统之间或系统内部要素之间协调状态良好与否的定量指标。为了定量地反映经济发展过程城镇化和工业化之间的协调程度，我们通过对离差系数公式以适当的变形，来定义城镇化与工业化系统协调度：

$$C=2\sqrt{\frac{F_1(t,x)\times F_2(t,y)}{(F_1(t,x)+F_2(t,y))^2}}$$

其中，C 为城镇化系统与工业化系统协调度，$F_1(t, x)$ 为城镇化综合发展水平，$F_2(t, y)$ 为工业化综合发展水平。协调度值 C 介于 0 到 1，C 越大，说明两个子系统之间的配合越好，协调性越好；反之则越差。本文规定：①$0.8 < C \leqslant 1$，系统之间非常协调；②$0.6 < C < 0.8$，比较协调；③$0.5 < C \leqslant 0.6$，系统之间协调；④$0.4 < C \leqslant 0.5$，不太协调；⑤$C \leqslant 0.4$，系统之间不协调。

表 5-18 河南省城镇化和工业化系统的协调性

年份	2008	2009	2010	2011	2012	2013
协调度 （协调度类型）	0.4354 不太协调	0.4631 不太协调	0.4518 不太协调	0.5053 基本协调	0.5108 基本协调	0.5212 基本协调

根据上述定义，对河南省 2008～2013 年的城镇化和工业化发展的协调度进行计算、评价。计算结果表明，河南省城镇化进程和工业化程度之间的协调度不高，主要原因在于工业化发展并没有带来对应的城镇化发展，另外，随着政府对城镇化发展的重视，城镇化与信息化之间的协调性也在不断增加，系统处于良性发展中。

六、基本结论

（1）城市经济和城市化水平间存在长期均衡关系。城市经济和城市化水平之间存在长期的均衡关系，不仅是经济增长引起城市聚集、城市规模扩大和城市化水平的单方面的提高，城市化反过来对经济增长也具有明显的促进作用。协整分析结果表明河南经济增长对城市化水平提高的效应在滞后 1 年时最为明显，可以说人均 GDP 是城市化水平的格兰杰原因；而反过来我们无法说城市化水平是城市经济的格兰杰原因。只能说河南城市化水平提高对经济增长有一定的推动作用，但效应还不十分明显。

（2）动态看来，城市经济和城市化水平间存在着类似横向比较的关系。从纵向来看，我们发现城市化水平和产业结构之间的相关关系尤为显著，并且不同时期有不同表现。自改革开放以来，河南城市化水平与产业产值结构及就业结构均高度相关，并且在产业产值结构中，第二产业对城市化水平的影响均小于第三产业，而产业就业结构则刚好相反，第三产业对城市化水平的影响要小些。自改革开放至 20 世纪 90 年代中期，随着“八五”、“九五”规划的顺利执行，河南产业结构进一步完善，逐渐从农业大省向工业大省过渡，第二产业继续快速发展，城市化水平也有了较快提高。但这一时期由于我国经济正处于结构调整的重要时期，经济发展速度减缓，国有企业在市场经济条件下困难重重，其发展举步维艰。在减员增效的背景下，许多下岗职工纷纷转向第三产业，他们和农村剩余劳动力一起推动了第三产业的发展。这表现在就业结构上第三产业与城市化水平的相关系数（0.94）高于第二产业与城市化水平的相关系数（0.81）。

（3）城市经济和城市化水平相互影响，但城市经济发展是城市化水平提高的主要原因，城市化水平的提高反过来对经济有促进作用。Panel Data 分析结果表明，地区经济发展水平对城市化水平发挥着显著的正向作用。换言之，城市化水平的高低取决于当地经济发展水平，这和前面的分析是基本一致的。第二产业国内生产总值的比重在总体上对城市化发展起正向作用，但是两种模型结果都不显著。第三产业的发展对城市化水平的提高在总体上也起正向作用，但固定效应模型中表现得不是很明显。主要原因还是河南各地第三产业的发展不足，导致其吸收劳动力的能力和促进经济发展的作用都相应较弱，无疑对城市化的推动作用也就相当有限。实际上各地第二产业产值比重相差不大，主要差距就是在第三产业上。当工业化发展到一定程度时，它对劳动力的吸纳是有限的，而一些相关产业，如交通、通信、金融、房地产等行业就会迅速繁荣，并对城市化发展起拉动作用。此外，消费的多样化和城市生活质量的提高，也都推动着服务业的发展。作为收入弹性较大的劳动密集型产业，第三产业涵盖的行业和部门比较多，为农村向城市的流动人口提供了大量就业机会。所以我们在今后制定经济发展政策时，尽可能地重视第三产业的发展，以促进城市化水平的不断提高。

第五节　对策和建议

由于在上述实证分析中我们已经得到相关结论，因此这里不再赘述。根据分析结果我们看出河南新型工业化水平发展迅速，产业结构得到进一步优化升级，产业融合程度提高，同时地区差异明显，区域发展不均衡。为了更好地促进河南工业化发展，推动以信息化带动工业化，以工业化促进信息化，形成科技含量高、经济效益好、资源消耗低、环境污染少、人力资源优势得到充分发挥的新型工业化，任重道远，必须通过多方面的长期努力才能得到。因此，我们提出如下对策建议：

一、加强顶层设计，从制度、法制、市场化建设等方面推动新型工业化发展

工业化是经济发展的必然阶段，新型工业化更是当前发展的必然选择。而新型工业化本身是一项系统工程，涉及面广，影响巨大。因此必须要求在发展战略上进行顶层设计，充分考虑到产业发展的一般规律，又必须考虑到当前国际、国内经济和市场现实，深入调研，合理安排，推进制度、法制和市场等方面的配套改革，真

正形成有利于新型工业化发展的外围环境。在土地流转、财政税收、投资收益方法建立利益协调和补偿机制；消除体制机制障碍，拓宽投资融资渠道，优化投资环境，加强对外开放力度，提升对外开放水平，搭建信息网络平台，推进信息化建设，促进新型工业化的有序开展。

二、产业协调发展，提高产业竞争力

产业结构既包括各产业间在量的方面所表现出的关系和比例，也包括不同产业间在质的方面的相互作用和联系方式。产业协同发展既要数量上的平衡，还要结构上的优化。在经济总量方面，河南具有较大优势，在结构上需要进一步优化，使得三次产业之间比例更为合理，同时还要注意不同产业发展的轻重缓急，科学、有序地发展先导产业、传统支柱产业、基础产业和资本技术密集产业，形成具有区域优势的产业体系，提高产业综合竞争力。河南省各地资源禀赋不同、基础条件不同，各类产业都有发展空间。必须尊重市场规律，发挥比较优势，既加快对外开放、承接产业转移，又着力改造提升已有产业，建设以高加工度产业和高技术产业为主体、技术装备水平先进、集群化特征明显、人力资源得到充分利用的先进制造业大省，形成竞争力强、带动力强、吸纳就业能力强的工业体系。具体来说就是要大力发展汽车及零部件行业、电子信息产业、装备制造业、食品工业、轻工业和建材工业 6 大高成长性产业；培育壮大生物医药、节能环保、新能源、新材料、新能源汽车等战略性新兴产业，优化资源配置，加大政策支持，带动相关产业发展；采用新技术、新工艺、新设备、新材料改造提升化学工业、有色金属工业、钢铁工业、纺织工业四大传统产业，淘汰落后产能，消化过剩产能，使其向高端化、终端化发展，精深加工和终端产品比重稳步提高。打造产业基地和特色产业聚群；以中原经济区和郑州航空港经济综合实验区建设为载体，推进产业转移，促进工业转型升级；加快高速信息基础设施建设，提升社会信息化水平，促进“两化”深度融合。

三、进行区域统筹，实现地区协同发展，优化产业空间布局

地区发展差距不仅表现在地区经济总量上，也体现在地区经济结构上。各地区为实现本地区利益，在工业化过程中展开恶性竞争，使得重复建设严重，产业结构雷同，地区间矛盾和冲突加剧。这不仅浪费资源，更不利于工业化的总体布局。河南总体经济发展水平不高，而且各地区之间的经济发展也极不平衡，因此在推进新型工业化时必须注意到这一实际情况，实行区域协调发展。统筹协调区域间发展格局，兼顾地区利益，进行顶层设计，形成区域优势互补、全省协调推进的新局面。需要注意的是协调发展是在不同区域经济发挥各自优势、提高效率的过程中实现的，

不是不同地区经济同时同等程度的“平衡”发展，更不是“拆东墙，补西墙”式的发展，而是有轻重缓急的发展，各地区要充分利用现有有利条件加快发展优势产业，以点带面，形成各区域协同发展的立体产业体系，促进整个经济持续快速健康地发展。这就要求河南省在工业化进程中，必须把区域工业化纳入省（国家）工化整体进程中进行统筹，既实现各地区互补互动和协同发展，又实现省工业化整体推进。

四、加快城乡互动，促进二元经济向一元经济转化，城乡协同发展

广义上的工业化不仅包括工业自身的发展，也包括农业生产方式的转变，因此工业化本身就蕴含着农业的发展。河南省二元经济结构特征不利于经济的进一步发展，必须以工促农，以城带乡，实现城乡经济的良性互动与协同发展。世界工业化进程表明，在工业化初期，农业为工业提供大量的资金、劳动力和原材料等要素，甚至为工业化提供资本的原始积累。在工业化中后期，如果工业依然从农业中大量汲取资源，会导致农业发展的停滞，进而工业品市场萎缩，导致工业无法持续发展。工业反哺农业、城市支持农村需要“充分发挥城市对农村的辐射带动作用，发挥工业对农业的支持和反哺作用，促进城乡良性互动、共同发展”。这里的关键是大力发展乡镇企业，乡镇企业是统筹城乡工业化的重要载体。

五、充分利用人力资源优势，加大人力资本的培育，以人为本，和谐发展

河南省具有得天独厚的人力资源优势，在新形势下，必须加大人力资本的投资和培育，加大高级人才引进力度，科学配置人力资源，充分调动劳动者积极性和创造性，形成一支结构合理、基础厚实的技术生力军，加快科技成果转化为现实生产力的步伐，实现人力资源优势的充分发挥和可持续发展。具体来说，就是要开展工业领域人力资源培训，以企业管理人员、专业技术人员为主，分层次、有侧重地开展针对性培训，深入开展校企合作，多渠道、多形式开展培训工作，不断提升培训的覆盖面、效率和质量。加强技术进步，改善劳动条件，积极改善创业、就业环境。通过加强政策引导措施，大力培育和支持创业基地建设，建立健全评价和考核体系，通过典型引领和示范作用，推进创业基地的建设，加强舆论宣传，促进社会对新型工业化所需人才的充分了解，及时发布企业用人信息，拓宽就业渠道，优化就业环境。

六、发展绿色经济，实现可持续发展

新型工业化发展是集约式、可持续发展模式。在日益紧张的资源环境约束下，

必须大力发展绿色经济、循环经济，促进清洁生产，构建绿色安全的现代工业体系。大力推进节能降耗工程，从工业生产设计、生产过程、产品销售和使用各环节，推动节能降耗，规范能耗的准入门槛，加强对新投资项目的能耗评估审查，淘汰一批落后产能。对已有项目加大污染治理力度，把节能减排和污染治理紧密结合。同时加强各种排放物的废物回收与综合利用，变废为宝，发展循环经济，如实现钢铁、石化、化工、建材、能源等相关行业上下游产业联合，以汽车零部件、工程机械、机床、大型工业设备、机电产品及其关键零部件为重点，积极推进机电产品再制造，制定相关鼓励政策，推进规模化、规范化发展，推动区域产业园区的横向优化整合，以点带面，构建全面立体的绿色经济体系，实现可持续发展。

第六章　河南省加快服务业发展的对策研究

第一节　理论综述

一、研究背景

近年来，河南省服务业得到了较快的发展，成绩显著，但是当前河南省服务业的发展还存在诸多问题。主要表现为总量偏小且行业结构不够合理，发展水平滞后，从内部结构看，商业餐饮等传统服务业比重较大，信息咨询、科研开发等新兴服务业发展虽快但比重不高；另外，服务业自主创新不足，服务品质和技术水平低下，这些不足制约着河南省经济进一步发展。我们希望通过本章的研究，从整体上把握河南省服务业发展现状和不足，并利用投入产出表分析各行业的投入产出效益、产业结构的关联以及对河南经济发展的贡献。

加快服务业发展，是落实科学发展观，促进经济快速协调发展、构建和谐社会的客观要求；是推动和服务于河南省工业化、城镇化和农业现代化，缓解日益加大的资源环境约束、劳动力转移压力的重要举措；是河南省全面建成小康社会、奋力实现中原崛起的战略选择。因此，我们认为研究河南省服务业发展具有明确的现实意义和理论意义。

二、文献综述

这里我们只对服务业发展直接关联的文献以时间为纵轴、方法为横轴做一简单综述。

（1）服务业分析的探索阶段。国外学者对产业结构的研究始于20世纪三四十年代，代表人物有费希尔（Fisher）、克拉克（Clark）、库兹涅茨（Kuznets）等人，英国经济学家费希尔首次阐述三次产业理论，提出了三次产业的划分，随后，英国经济学家克拉克进一步完善他的观点，并提出了配第—克拉克定律；库兹涅茨利用统计方法研究了经济增长与结构转变关系，促进了产业结构理论的形成。随后在一批学者的共同努力下，产业结构理论得到快速的发展。代表人物有列昂惕夫

(Leontief)、钱纳里（Chenery)、霍夫曼（Hoffmann）等。列昂惕夫阐述了国民收入与产业结构之间的关系，并在瓦尔拉斯（Walras）的一般均衡理论基础上提出了投入产出分析方法，成为当今世界上应用最为广泛的分析方法之一。钱纳里和赛尔奎因(Syrquin）通过对不同国家结构变动与经济增长进行比较，提出了标准产业模型，并把经济发展分为不同阶段，对后来学者的研究产生极大的影响。霍夫曼则研究了工业化进程中产业结构的演进，他提出的“霍夫曼比例”具有很强的应用价值。早期分析更多的是对经济结构相关概念的探索，由于没有效用最大化和产出最大化的条件，无法建立结构分析的微观基础，无法与主流新古典经济学的增长理论相融合，但是很好地解释了发展中国家二元经济结构对经济增长的影响。

（2）服务业分析的发展阶段。这一时期的努力主要是把结构分析与新古典经济学融合起来，形成更为坚实的理论基础。如鲍默尔从生产技术角度解释服务业增长，提出的两部门非均衡增长模型，后又扩展到三部门模型，强调不同部门生产技术增长率的差异导致经济结构的变动；而福克斯则从效用函数和消费者决策角度考察了美国经济中服务业的发展情况，认为服务需求的收入弹性大于1，因此随着经济增长服务业占国民经济的比重也越来越大。两人的研究形成了服务经济学中最有影响的“鲍默尔—福克斯假设”，成为学者分析服务业的经典框架。代表人物有Kongsamut、Pugno、Rogerson、Durate、江小娟等。我国学者许宪春探讨了我国服务业滞后的原因，程大中在系列文章中讨论了服务业的增长问题，检验扩展了Baumol模型，验证中国服务业是否存在“成本病”问题，但是忽略了传统服务业的特征，以及传统服务业对劳动生产率的负面作用。

（3）服务业分析的成熟阶段。这一阶段服务业经济学主要关注以下几个方面：一是从新的视角不断完善服务业分析。如斯蒂格定义新的部门，他假设经济中存在消费品生产部门、投资品生产部门和资源重新分配部门（如政府管理部门、教育行业等)，认为资源重新分配部门在经济中的比重越来越高，对生产率的推动作用也越来越大。而巴拉萨、王泽填等学者则分析了开发经济条件下结构变动对经济增长的影响。二是产业融合尤其是生产性服务业与制造业的融合问题。代表学者有Greenstein、Klodt、Ouerrieri、顾乃华、江静等。如邱灵等利用空间统计技术分析了我国服务业的发展和空间结构问题，王雪瑞则探讨了我国生产性服务业发展与聚集效应问题。三是对东亚经济奇迹和拉丁美洲经济困境的结构分析。主要讨论了中等收入陷阱问题，代表人物有Ledezma、Frankema、Astorga、Hayashi等，我国学者樊纲讨论了民粹主义在拉丁美洲的中等收入陷阱问题。

综述以上文献，我们发现：①现有文献研究的假设存在一定局限性，基本都是把服务业当成一个整体，忽略了不同行业间的异质性，且过于强调工业和服务业的差异而忽略了服务业的内部差异。②目前对服务业的分类存在局限。如传统服务业和现代服务业、消费者服务业和生产者服务业等。无论是按照出现时间先后还是按照服务对象分类，实际上都存在边界模糊而难以区分等问题。③分析方法更加复杂，实证分析越来越严谨。从最初的回归模型到面板数据模型、投入产出模型乃至空间计量模型，尽管多数模型在描述发展中国家时并不能取得理想效果，但是这样的努力无疑值得期待。

显然，通过本章的研究不能解决所有问题，因此我们把一些基本问题（如服务业的分类问题）搁置一边，在现有服务业分类框架下，重点分析服务业内部结构及其关联关系，通过运用投入产出方法和复杂社会网络技术，揭示服务业内部结构特征，探索服务业发展缓慢的原因，并提出相应的政策建议，以期更好地发展河南省的服务业，促进产业结构更加合理，推动河南省经济更快更好地增长。

三、数据来源和研究方法

本章主要数据来自河南省统计局提供的历年统计年鉴的和投入产出表，以及相关网站资料，从静态和动态两个方面探讨产业结构现状和不足，以期促进河南省产业结构的优化，有利于“十三五”期间河南省经济又快又好地发展。具体来说，第二节“服务业发展现状”及问题主要采用历年的统计年鉴数据，第三节“服务业内部结构分析”则主要是利用 2012 年投入产出表来进行计算，同时也利用其他年份的投入产出表进行动态比较。第四节“生产性服务业与制造业的互动关系”则采用统计年鉴数据。

本章的研究方法包括多元统计分析和投入产出分析等，通过多种定性、定量分析方法，力图从不同角度全面描绘河南省产业结构的现状和走势，尤其是在当前国际金融危机的背景下，探讨河南产业结构如何进一步调整以适应新时期的需要，使得经济平稳快速发展，具有积极的现实意义。

第二节　河南省服务业发展现状及问题

一、河南省服务业发展现状[①]

改革开放以来，河南省国民经济保持快速增长态势，经济实力不断增强。2013 年河南省生产总值（GDP）首次突破 3 万亿元大关，达到 3.22 万亿元，成为全国第五个超过 3 万亿元的省份。按不变价格计算，2013 年全省 GDP 同比增长 9.0%，高

① 本节当中增加值都按当年价计算，而增长率和贡献率则都按不变价计算。

出全国平均水平1.3个百分点。同时，河南省资源配置得到进一步优化，产业结构经过不断优化调整，构建了较为合理的现代产业体系，为河南经济保持又快又好发展提供了有力支撑。分产业看，第一产业增加值4059.0亿元，增长4.3%；第二产业增加值17806.4亿元，增长10.0%；第三产业增加值10290.5亿元，增长8.8%。三次产业结构为12.6：55.4：32.0（本部分增加值按现价计算，增长率按不变价计算）。从各产业的不同增速看出河南省加快转变经济发展方式，促进工业结构优化和服务业发展，全面推进经济结构优化升级的战略意图。

（一）河南省服务业整体发展情况

2013年河南省服务业增加值突破1万亿元（见表6-1），增长8.8%，占生产总值的比重提高到32%，比2012年增加了1个百分点，对河南省经济增长的贡献率由2012年的29.1%回落到28.5%，下降了0.6个百分点。近年来，河南省服务业的产值不断提高，但是服务业增加值占GDP比重与全国差距仍较大，即使与中部省份相比，服务业比重也是最低的。服务业的发展滞后，尤其是生产性服务业（下面专门有一部分内容讨论生产性服务业问题，因此这里先不进行具体解释）的发展严重不足，影响工业，尤其是制造业的发展。

表6-1　2009~2013年河南省与全国三次产业增加值和贡献率的比较

单位：亿元、%

分类＼年份			2009	2010	2011	2012	2013
河南	第一产业	增加值	2769.1	3258.1	3512.2	3769.5	4059.0
		贡献率	5.1	4.5	4.3	5.8	5.9
	第二产业	增加值	11010.5	13226.4	15427.1	16672.2	17806.4
		贡献率	64.8	68.5	63.6	65.1	65.6
	第三产业	增加值	5700.9	6607.9	7991.7	9157.6	10290.5
		贡献率	30.0	27.0	32.1	29.1	28.5
全国	第一产业	增加值	35226.0	40533.6	47486.2	52373.6	56957.0
		贡献率	4.5	3.8	4.6	5.7	4.9
	第二产业	增加值	157638.8	187383.2	220412.8	235162.0	249684.4
		贡献率	51.9	56.8	51.6	48.7	48.3
	第三产业	增加值	148038.0	173596.0	205205.0	231934.5	262203.8
		贡献率	43.6	39.3	43.8	45.6	46.8

资料来源：根据《2014年河南省统计年鉴》、《2014年中国统计年鉴》的相关数据整理计算得来。

（二）服务业内部结构

服务业发展相对滞后，内部结构失衡。由表6-2可以看出河南省服务业内部结构的变化：传统性服务业比重仍很高，但相对下降；现代服务业比重相对上升，地位有所提高。2013年，服务业内部各行业的产值占第三产业总产值的比重前两位的是批发和零售业（占20.14%）和交通运输、仓储和邮政业（占12.72%）；金融业和房地产业基本持平，分别占11.48%与11.32%，而住宿和餐饮业排在第五，比重下降到9.70%，和房地产业、金融业拉开了差距。交通运输、仓储和邮政业，信息传输、计算机服务和软件业，批发和零售业，金融业，租赁和商务服务业和科学研究等生产性服务业发展迅速，比重总体上呈上升态势，已成为河南省目前服务业发展的核心内容。

表6-2 2009~2013年河南省第三产业内部各行业对比

单位：亿元、%

分类 \ 年份	2009		2010		2011		2012		2013	
	产值	比重	产值	比重	产值	比重	产值	比重	产值	比重
第三产业	5700.91	—	6607.89	—	7991.72	—	9157.57	—	10290.5	—
交通运输、仓储和邮政业	823.57	14.45	873.3	13.21	961.5	12.03	1151.91	12.58	1309.3	12.72
批发和零售业	1057.81	18.56	1293.5	19.58	1586.09	19.84	1877.82	20.51	2072.6	20.14
住宿和餐饮业	526.51	9.24	605.23	9.16	797.99	9.99	898.36	9.81	998.5	9.70
金融业	499.92	8.77	697.68	10.56	868.2	10.86	1013.6	11.07	1181.8	11.48
房地产业	622.98	10.93	773.23	11.7	987	12.35	1040.7	11.36	1165.1	11.32
其他	1639.01	28.75	2364.95	26.6	2790.9	25.45	3175.2	25.3	3563.3	34.63

资料来源：根据《2014年河南省统计年鉴》相关数据整理。

二、河南省服务业发展存在的问题

虽然河南省服务业发展取得了较大成就，但在发展中依然存在很多问题，尤其是和东部沿海等发达地区相比，仍然有较大差距。主要问题表现在以下方面：

（一）河南省服务业得到快速发展，但是各行业发展并不均衡

2013年全国服务业增加值占国民经济比重首次超过50%，河南省2013年第三产业增加值仅占生产总值的32%，不仅大幅度地低于全国平均水平，更无法与发达国家第三产业比重的72.2%相比，甚至仅达到发展中国家第三产业比重的52.3%的一

半多一点。同时，2013 年全国第三产业贡献率为 46.8%，而河南省 2013 年第三产业贡献率为 28.5%，这与河南作为经济大省的地位极不相称。这些都清楚显示河南省第三产业发展远远滞后于河南省整体经济的发展。

河南省 2013 年全社会固定资产投资 26087.45 亿元，比 2012 年增长 21.6%，第一产业投资 962.02 亿元，增长 16.48%；第二产业投资 13154.87 亿元，增长 19.13%；第三产业投资 11970.56 亿元，增长 24.93%。由此可见，尽管河南省的第三产业投资规模在三个产业中略少于第二产业，但是增速是三个产业中最快的。不过，在第三产业内部投资很不均衡，其中租赁和商务服务业增长最快，增长率达 111.5%，但是固定投资总额只有 179.08 亿元，只占服务业总投资的 1.50%；其次为信息传输、计算机服务和软件业，投资增加 59.73%，占服务业总投资的 0.62%；增速依次递减的是科学研究及技术服务业（增长率为 45.35%）、文化、体育和娱乐业（增长率为 43.82%）、金融业（增长率为 43.26%）、批发零售（增长率为 37.52%）等。公共管理业固定资产投资 2013 年是负增长。其中，固定资产投资主要集中于房地产行业（占比为 56.13%）、交通运输、仓储和邮政业（占比为 10.04%）、水利、环境和公共管理业（占比为 14.11%），三者合计投资 9609.64 亿元，占总投资的 80.27%。金融业固定资产投资尽管增速高达 43.26%，但是总额只有 21.36 亿元，只占服务业总投资的 0.18%，这些都说明了第三产业中固定资产投资的不均衡，从而也导致了内部结构的不合理。

（二）服务业内部结构不合理，新兴服务业发展不足

河南省服务业中技术、知识密集型行业发展缓慢，金融保险、信息、咨询、广告业虽已兴起，但是与传统行业相比依然薄弱，这与日益发展的社会化大生产和城市现代化的要求极不适应。如金融业发展最快，增速为 15%，增加值为 1181.77 亿元，占服务业增加值的比重为 11.48%；传统服务业如批发零售业、住宿餐饮业和交通运输业尽管发展相对缓慢，但是其占增加值比重依然很高，达到 42.57%。同时，市场体系不健全，对市场经济起关键作用的资本市场、人才市场还没有真正形成。市场交易方式落后，交易成本较高，资金周转较慢，市场效率较低，人流、物流、资金流、信息流不畅，大大影响了产品从生产领域向消费领域的快速转移。这些都反映了河南省第三产业内部结构不合理，较大地依赖于传统产业，因此，加快河南省服务业的产业结构的优化升级势在必行。

（三）河南省服务业地区发展不平衡

服务业发展水平与河南省各地经济发展水平相适应，服务业发展不平衡，既有

地域间的不平衡，也有城市间的不平衡，还有城乡之间的不平衡，这些发展的不平衡导致了第三产业发展较快的地区主要集中在河南中心城市和工业化程度较高地区，如省会郑州在服务业发展方面明显高出其他地区一大截，服务业比重达到41.67%，服务业比重最低的是鹤壁市，只有18.46%，其工业占比高达70%，这说明工业化并未给当地带来相应的服务化，类似情况也出现在济源市、漯河市、许昌市和濮阳市，而南阳市、周口市等城市发展则相对缓慢得多。城乡之间的发展不平衡则是更为明显，河南省乡村普遍发展比城市落后，特别是新型服务业如金融保险业、信息传输、计算机服务和软件业、科技咨询业以及旅游业等大多集中在城市，乡镇发展很缓慢，医疗难、教育难在一些农村地区普遍存在。

（四）产业化、市场化、社会化程度低

河南省第三产业中除批发和零售贸易、餐饮、中介以及其他个人生活服务行业相对开放、非公有制成分比重较大外，大多数行业开放程度低，主要还是国有经济，市场竞争不充分，管理体制和运营机制不合理。一些机关、部门具有一定的独立自我服务功能，造成社会服务供求脱节，从客观上缩小了生产生活服务市场，直接损害了企业、社会生产、服务业这三个方面的国民经济，妨碍了专业化协作的实现程度，也降低了整个社会生产的规模效益。此外，文化、科技等行业的公益性、福利性的事业和经营性的产业长期混合在一起，没有形成一定规模的产业；同时，农村社会化服务十分零散，没有形成有效的网络体系，导致信息流通不畅，这些都极大地影响了农村第三产业的进一步发展。

三、河南省服务业结构分析

优化产业结构除了人们常说的三次产业的相互比例，还包括各产业结构的内部合理化和高度化，产业结构的合理化主要是解决各产业之间的有机联系和耦合问题，产业结构的高度化则是解决如何促进整个结构从低水准向高水准发展的问题。而服务业结构优化主要表现为传统产业比重下降，新兴产业比重上升；相应地，劳动密集型产业比重下降，资本技术和知识密集型产业比重上升；同时，也包括服务项目的细化，服务质量的提高，服务的附加值率上升等。下面我们就服务业结构进行分析。

（一）产业关联指标

分析产业之间的技术经济联系的统计指标很多，最基本、最常用的主要有直接消耗系数、完全消耗系数、列昂惕夫逆系数、影响力系数和感应度系数等，这里我

们主要用中间投入系数、影响力系数和感应度系数。

（1）中间投入系数（率）：各产业部门的中间投入占总投入的比重（也为直接后向关联系数），即各产业在自己的生产活动中，为生产单位产值的产品需从其他产业购进的原料和服务在其中所占的比重，它从各产业部门生产活动的技术特性角度反映了它们对整个经济发展的诱导作用。

（2）影响力系数。影响力系数是反映国民经济某一部门增加一个单位最终使用时，对国民经济各部门所产生的生产需求波及程度。影响力系数 F_j 的计算公式为：

$$F_j = \frac{\sum_{i=1}^{n} \overline{b_{ij}}}{\frac{1}{n}\sum_{i=1}^{n}\sum_{j=1}^{n} \overline{b_{ij}}}$$

其中，$\overline{b_{ij}}$ 为列昂惕夫逆系数。影响力系数大于 1，则表示该部门生产对其他部门所产生的波及影响程度超过社会平均影响力水平。影响力系数越大，该部门对其他部门的需求拉动作用越大。

（3）感应度系数。感应度系数是反映国民经济各部门均增加一个单位最终使用时，某一部门由此而受到的需求感应程度。感应度系数 E_i 的计算公式为：

$$E_i = \frac{\sum_{j=1}^{n} \overline{b_{ij}}}{\frac{1}{n}\sum_{i=1}^{n}\sum_{j=1}^{n} \overline{b_{ij}}}$$

感应度系数大于 1，表示该部门所受到的需求感应程度高于社会平均感应水平。

（二）河南省 42×42 部门投入产出分析

一般来说，一个国家（地区）在工业化过程中，中间投入率的上升是普遍规律。在工业化过程中，产业结构逐步由劳动密集型产业向资本密集型产业和技术密集型产业转变，同时，随着生产的再加工程度加深，技术进步使得资本技术对劳动力的替代程度大大增强，各产业部门之间的经济联系也越发紧密，由此导致中间投入增加，使得中间投入率也不断上升。

中间投入率（系数）是各产业部门的中间投入占总投入的比重（也为直接后向关联系数），反映各部门对整个经济发展的诱导作用。我们利用 2007~2012 年的 42 部门投入产出表进行分析，各部门的中间投入率如表 6-3 所示。自 2007 年以来，河南省各部门的中间投入率呈逐渐上升的趋势，这符合一个国家（地区）在工业化过程中中间投入率上升的普遍规律。从产业看，第一产业中间投入率持平略增；第二产业各部门中间投入率大多在 70%左右，第二产业对经济的关联最强；第三产业中间投入率都在30%以上，传统行业如批发和零售业等服务业中间投入率保持了稳定的增长，新兴产业如金融业则从9.35%迅速增长到33%~42%（变化幅度最大），说明在河南的第三产业中，传统行业对经济的关联作用还是占重要地位，同时新兴服务业发展迅猛，并且其对经济的影响作用正逐渐发挥出来。从各部门看，在2007~2012年，多数部门的中间投入率都有所提高，尤其以金融业表现最为显著，变化率高达257%以上，即在3年期间，金融业增加了两倍多，其次为废品废料回收加工业，房地产业，水利、环境和公共设施管理业，变化幅度均高于20%。这和同期经济发展政策是一致的，随着社会经济的发展，以金融业、房地产业为代表的现代服务业的兴起使得河南省产业结构发生了明显变化，通过积极发展现代服务业，进而对整个社会经济产生明显的诱导作用。金融业和房地产业的兴起与同期积极的财政政策和城镇化进程相吻合，水利、环境和公共设施管理业对经济的影响渗透作用加快，说明河南省对水利、环境和公共设施管理业的投入起到了作用，在今后一段时期内，河南省仍需要进一步加大对这方面的投入。

从中间投入率下降的部门看，主要是教育，通信设备、计算机及其他电子设备制造业，石油加工、炼焦及核燃料加工业等部门，但这些部门的中间投入率下降均不大，对经济的影响有限。

表6-3 2007~2012年河南分行业中间投入率变化表 单位:%

产业部门	中间投入率		变化率	产业部门	中间投入率		变化率
	2007	2012			2007	2012	
农林牧渔业	42.58	42.58	0.01	废品废料回收加工业	35.78	60.36	68.70
煤炭开采和洗选业	62.86	63.01	0.24	电力、热力的生产和供应业	69.45	73.48	5.80
石油和天然气开采业	50.27	50.47	0.40	燃气生产和供应业	77.88	80.80	3.75
金属矿采选业	61.93	62.12	0.31	水的生产和供应业	60.42	65.63	8.62
非金属矿及其他矿采选业	66.97	67.10	0.20	建筑业	64.79	65.90	1.72
食品制造及烟草加工业	72.46	72.78	0.44	交通运输及仓储业	47.99	51.14	6.55
纺织业	71.28	71.58	0.42	邮政业	47.40	48.70	2.74
纺织服装、鞋帽、皮革羽绒及其制品业	72.68	73.00	0.44	信息传输、计算机服务和软件业	37.07	38.88	4.87
木材加工及家具制造业	67.19	67.51	0.48	批发和零售业	30.73	35.40	15.20

续表

产业部门	中间投入率		变化率	产业部门	中间投入率		变化率
	2007	2012			2007	2012	
造纸印刷及文教体育用品制造业	68.39	68.73	0.50	住宿和餐饮业	52.29	58.73	12.32
石油加工、炼焦及核燃料加工业	72.68	72.59	-0.13	金融业	9.35	33.42	257.43
化学工业	74.27	74.64	0.49	房地产业	20.71	32.40	56.42
非金属矿物制品业	71.93	72.21	0.39	租赁和商务服务业	49.63	58.61	18.09
金属冶炼及压延加工业	75.41	76.01	0.80	研究与试验发展业	45.19	49.90	10.42
金属制品业	74.74	75.00	0.34	综合技术服务业	58.52	58.63	0.18
通用、专用设备制造业	72.67	73.00	0.46	水利、环境和公共设施管理业	38.16	47.01	23.20
交通运输设备制造业	74.61	74.60	-0.02	居民服务和其他服务业	51.22	57.67	12.60
电气机械及器材制造业	76.03	76.28	0.33	教育	42.99	40.79	-5.12
通信设备、计算机及其他电子设备制造业	67.50	67.37	-0.19	卫生、社会保障和社会福利业	56.25	57.65	2.50
仪器仪表及文化办公用机械制造业	70.27	70.94	0.95	文化、体育和娱乐业	41.19	44.57	8.22
工业品、其他制造业	71.20	73.53	3.28	公共管理和社会组织	44.47	48.39	8.82

注：根据河南省2007年、2012年投入产出表计算，下同。

从感应度系数和影响力系数看，两个不同时期系数整体上有所变化，反映了这一段时期河南省产业结构的调整结果。从不同时期各系数的排名看，基本上具有一致性。如果以1作为分界线，我们可以看到它把感应度系数和影响力系数分成四个区域：两个系数均大于1的区域，两个系数均小于1的区域，感应度系数小于1、影响力系数大于1的区域，感应度系数大于1、影响力系数小于1的区域。2007年两个系数均大于1的行业有8个，2012年减少到7个，大多集中在第二产业的各个行业部门里，这和商勇（2009）的分析是一致的，即河南省大力发展工业的政策效果明显，产业结构的优化升级对河南省经济的拉动和推动作用进一步增强，但是需要注意工业的发展对其他产业（尤其是服务业）发展的“挤出”效应。

分行业看，其中制造业感应度系数升幅明显，而影响力系数变化相对较小，两个时期具有一致性。两个时期两个系数排名均有上升的有7个行业，分别是农林牧渔业，煤炭开采和洗选业，金属矿采选业，电力、热力的生产和供应业，交通运输及仓储业，批发和零售业，住宿和餐饮业。这些行业大多集中在能源等工业和服务业部门，反映了河南省充分利用自身的资源优势发展经济，带动了相关产业的发展，取得良好效果。从排位变化看，感应度系数排名增加幅度最大的是制造业，降低幅度最大的是水的生产和供应业，研究与试验发展业，邮政业，水利、环境和公共设施管理业，综合技术服务业。从影响力系数看，变化相对平稳很多。其中，上升最快的是电力、热力的生产和供应业，住宿和餐饮业，下降最快的是制造业，这些变化反映了河南省产业结构的调整和变动方向，一些传统产业逐渐淡出市场，无论是其所占的产值份额还是对社会经济的前向、后向关联作用都有明显下降，而能源产业、服务业等对社会经济的影响日趋增强，一方面我们要进一步保持优势和主导产业；另一方面也要注意有关产业的转移，充分发挥河南省自身优势，继续优化调整产业结构，促进社会经济的协调发展。

表6-4　2007~2012年河南分行业感应度系数和影响力系数变化表

产业部门	感应度系数			影响力系数		
	2007年	2012年	变化率（%）	2007年	2012年	变化率（%）
农林牧渔业	2.45	1.32	-46.20	0.78	0.85	8.96
煤炭开采和洗选业	1.68	1.74	3.83	1.03	1.12	8.21
石油和天然气开采业	0.90	0.68	-24.45	0.92	0.99	7.16
金属矿采选业	1.15	0.80	-30.38	1.01	1.09	7.81
非金属矿及其他矿采选业	0.86	0.73	-15.96	1.09	1.20	10.18
制造业	6.85	6.92	1.07	1.26	1.23	-2.30
电力、热力的生产和供应业	1.99	1.52	-23.65	1.16	1.37	17.61
燃气生产和供应业	0.54	0.61	11.52	1.24	1.36	9.18
水的生产和供应业	0.39	0.40	4.17	1.03	1.12	8.63
建筑业	0.60	0.66	9.75	1.10	1.18	7.25
交通运输及仓储业	2.11	1.33	-37.10	0.86	0.94	9.17
邮政业	0.43	0.45	4.41	0.76	0.83	8.56
信息传输、计算机服务和软件业	0.51	0.49	-4.68	0.68	0.73	7.64
批发和零售业	1.69	1.19	-29.44	0.71	0.77	8.87
住宿和餐饮业	1.52	1.32	-13.17	0.95	1.07	12.23
金融业	0.85	0.77	-9.55	0.67	0.72	7.50

续表

产业部门	感应度系数			影响度系数		
	2007年	2012年	变化率（%）	2007年	2012年	变化率（%）
房地产业	0.52	0.48	-7.88	0.71	0.76	6.76
租赁和商务服务业	0.52	0.51	-1.02	0.97	1.05	7.77
研究与试验发展业	0.41	0.42	2.84	0.88	0.94	7.39
综合技术服务业	0.47	0.47	-1.35	0.96	1.04	7.55
水利、环境和公共设施管理业	0.44	0.47	8.46	0.84	0.91	8.46
居民服务和其他服务业	0.67	0.59	-11.50	0.97	1.06	8.56
教育	0.52	0.49	-4.38	0.76	0.83	8.87
卫生、社会保障和社会福利业	0.52	0.54	3.85	1.03	1.09	5.65
文化、体育和娱乐业	0.44	0.46	3.49	0.80	0.87	7.72
公共管理和社会组织	0.49	0.64	30.38	0.84	0.91	8.83

四、河南省生产性服务业与制造业互动关系研究

（一）研究背景

自20世纪六七十年代以来，“生产性服务业”（Producer Services）一词就出现在经济学文献中。1966年美国经济学家H. Greenfield在研究服务业及其分类时，最早提出了“生产性服务业”的概念。生产性服务业是指直接或间接为生产过程提供中间服务的服务性产业，是现代服务经济的核心部分。伴随着制造业的“服务化”，生产性服务呈现出快速发展态势，引起了学者的广泛关注。

随着学者对生产性服务业的研究不断加深，生产性服务与制造业的关系也成为关注重点。国内外一些学者从理论层面对两者关系进行探讨，并且归纳出“需求论”、“供给论”、“互动论”和“融合论”四种模式（顾乃华等，2006a）。不同的模式实际上归结于研究视角的差异，如“互动论”基于分工视角或者竞争力视角来探索其互动发展机制。总体来说，“需求论”和“供给论”只考虑了供求的一个方面，相对片面，“互动论”比较符合实际情况，而“融合论”将是未来产业的发展趋势。

在实证研究方面，基于数据的来源不同，大致可分为两种：一是基于统计年鉴数据，一般采用计量分析方法。如顾乃华等（2006b）利用省级面板数据，通过理论分析和经验研究指出发展生产性服务业有利于提升中国制造业的竞争力。江静等（2007）的理论和实证分析也表明，生产性服务业的发展促进了制造业效率的提升。吉亚辉等（2014）利用空间计量方法对生产性服务业与制造业协同集聚现象进行了

探讨，认为两者具有协同聚集现象和空间关联效应。二是基于投入产出表数据，多利用产业关联分析方法。如刘书翰采用投入产出表数据，从产业关联角度分析生产性服务业与制造业之间的关系。黄莉芳（2011）用中国1992年、1997年、2002年和2007年投入产出表分析了中国生产性服务业的发展程度，但是没有考察装备制造业与生产性服务业的关系。类似研究还有张亚军等（2014）利用投入产出模型的结构分解技术探讨两者关系和内生性等。

综述现有文献，对于两者关系的理论研究较多，实证研究相对较少，大多数研究把生产性服务业和制造业当成一个整体，探讨生产性服务业对制造业效率和竞争力的影响及对两者之间长期均衡关系的检验等，而忽视行业异质性，得到的也只是综合的结论。另外，现有成果大多集中在国家宏观层面上，由于分析方法和数据的不同，所得结论也各不相同。而实际上，各省资源禀赋不同，产业政策有异，产业发展也大相径庭，研究各省实际情况具有很强的现实意义。因此，我们尝试利用典型相关分析方法，结合河南省实际，探索河南省生产性服务业与制造业的互动关系，为相关政策部门提供理论和实际支持。

（二）生产性服务业与制造业互动关系分析框架

已有研究表明生产性服务业与制造业之间存在密切联系，因此我们首先分析两者的相关性，但是由于生产性服务业和制造业本身都包含了许多行业，一般的相关分析是很难避免行业之间的相互影响的。基于此，我们考虑典型相关分析方法，它将处于同等地位的生产性服务业和制造业两组变量分别作为一个整体进行研究。

典型相关分析借助主成分分析的思想，首先对生产性服务业变量和制造业变量分别寻找线性组合，使其具有最大相关性，称为典型变量，它们的相关系数称为典型相关系数；其次找出第二对线性组合，使其分别与第一对线性组合不相关，但其本身具有最大的相关性，如此继续下去，直到生产性服务业变量与制造业变量的相关性被提取完为止。讨论两组变量间的相关，就转化为研究它们的线性组合的相关，从而进一步减少了研究变量的个数。

在所要研究的问题中，用变量 $x=(X_1,\cdots,X_4)'$ 测度生产性服务业，用变量 $y=(Y_1,\cdots,Y_6)'$ 测度制造业。x，y 的协方差矩阵为：

$$\mathrm{cov}\begin{bmatrix} x \\ y \end{bmatrix} = \Sigma = \begin{bmatrix} \Sigma_{11} & \Sigma_{12} \\ \Sigma_{21} & \Sigma_{22} \end{bmatrix} \tag{6-1}$$

其中，$\mathrm{Cov}(x)=\Sigma_{11}$，$\mathrm{Cov}(y)=\Sigma_{22}$，$\mathrm{Cov}(x,y)=\Sigma_{12}=\Sigma_{21}'$

研究生产性服务业与制造业两组变量之间的相关关系，需要提取若干对典型变量才能完全反映它们的相关性，假设求得的第一对典型变量为：

$$\begin{cases} U_1 = a_1'x = a_{11}X_1 + a_{12}X_2 + \cdots + a_{14}X_4 \\ V_1 = b_1'x = b_{11}Y_1 + b_{12}Y_2 + \cdots + b_{16}Y_6 \end{cases} \tag{6-2}$$

其中，$a_1 = (a_{11}, a_{12}, \cdots, a_{14})'$，$b_1 = (b_{11}, b_{12}, \cdots, b_{16})'$是任意非零常数向量，在 x，y 和 Σ 给定的条件下，a_1，b_1使 U_1，V_1的相关系数最大。

$$\rho_1 = \rho(U_1, V_1) = \frac{\mathrm{cov}(U_1, V_1)}{\sqrt{\mathrm{var}(U_1)\ \mathrm{var}(V_1)}} = \frac{\mathrm{cov}(a_1'x, b_1'y)}{\sqrt{\mathrm{var}(a_1'x)\ \mathrm{var}(b_1'y)}} \tag{6-3}$$

再在两组变量所有与 U_1，V_1 不相关的线性组合中，找出相关系数最大的一对，即第二对典型变量。第二对典型变量解释了第一对典型变量没有解释的两组变量间的最大相关关系，依此类推。典型相关可提取的典型变量最大数目为两组变量最小数据组中的变量个数。

（三）生产性服务业与制造业关系的实证研究

本书所使用的数据来自《河南省统计年鉴》（2014）、《中国统计年鉴》（2014）以及河南省政府工作报告和河南省统计公报①，数据来源真实可靠，具有很好的权威性。

由于生产性服务业和制造业所包含的行业众多，相应指标在统计年鉴上也存在着口径不一致的问题，给我们的分析带来较大困难，因此我们在分析时采用了不同的指标来进行分析。比如进行产业关联分析时，我们采用的是投入产出表上的分类，在分析产业之间的相关性时，我们把制造业合并为三类：轻工业、化工业和机械制造业，把生产性服务业中的交通运输、仓储和邮政业、批发和零售业、租赁商务服务业合并为传统服务业（这里的现代化物流业等其实应该归于现代服务业中，但是限于数据我们只能这样近似处理），把信息传输、计算机服务和软件业、金融业合并为现代服务业，把科学研究、技术服务和地质勘探业单独列为一类。在分析生产性服务业和制造业的动态关系时，我们又采用了第二、第三产业增加值，GDP，第二、第三产业增加值比重等指标，所有指标均用1978年的不变价格进行缩减，便于比较。

对原始数据进行标准化处理，运用SPSS统计分析软件进行典型相关分析，结果如表6-5所示。

表6-5　典型相关系数及检验结果

序号	典型相关系数	Wilk's	Chi-SQ	自由度	Pr. >P
1	0.998	0.06877072	7.61	9	0.022
2	0.355	0.50336132	2.40	4	0.947
3	0.270	0.82978310	1.15	1	0.607

① 在做课题时，2014年数据无法得到，因此采用的是2013年的统计数据。

由表 6-5 可以看出，第一对典型相关系数较大，检验结果得知具有显著性，且来自制造业的第一对典型变量的贡献率高达 99.1%，来自服务业的第一对典型变量的贡献率也高达 99.6%，可见我们只需提取第一对典型变量来分析制造业和服务业的关系。通常认为一个有统计显著性的相关系数可接受的显著水平为 0.05，由表 6-5 可知，在该显著性水平上，第一对典型相关系数小于 0.05，是显著的。第二对、第三对典型相关系数的显著性相对不高。图 6-1 显示了第一对、第二对典型相关变量散点图，也表明提取一对典型变量就可以满足分析需要。

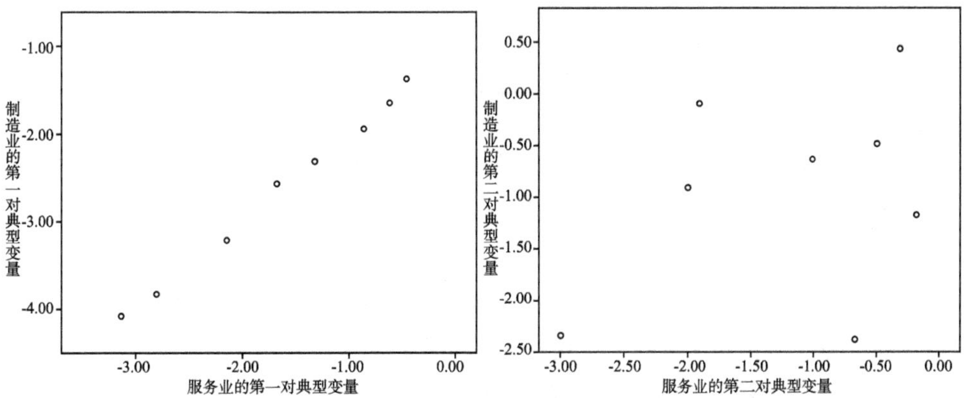

图 6-1　第一对、第二对典型相关变量散点图

采用标准化的典型相关系数，给出典型相关系数模型，如表 6-6 所示。

表 6-6　典型相关系数模型

第一典型相关变量	$U_1=-0.400X_1-0.081X_2-0.523X_3$ $V_1=0.168Y_1+0.283Y_2-1.442Y_3$

由第一对典型相关变量可知，制造业的主要影响行业是机械制造业和轻工业，说明制造业在影响服务业时起主导作用的是机械制造业和轻工业，轻工业和机械制造业往往需要大量的人力投入，轻工业产品与人们生活息息相关，因此出现这一结果是合理的。服务业在影响制造业的主导行业是现代服务业，这也是符合实际的，现代服务业以技术密集型、资金密集型为主，为制造业生产带来极大的便利。与此同时，河南省现代服务业尽管近几年发展较快，但是总规模偏低，因此在一定程度上抑制了制造业的发展，比如金融业的滞后给制造业的融投资带来的不利后果。因此在今后我们需要大力发展现代服务业。

典型结构分析依据原始变量与典型变量间的相关系数分析变量与典型变量的交

互效应，如表 6-7 所示。

表 6-7　典型结构

	U_1	V_1
X_1	-0. 995	-9. 993
X_2	-0. 995	-0. 992
X_3	-0. 997	-0. 994
	V_1	U_1
Y_1	-9. 984	-0. 984
Y_2	-9. 963	-0. 963
Y_3	-0. 995	-0. 995

从表 6-7 可以看出，三类制造业与制造业的第一对典型变量的相关系数均较高，与服务业的第一对典型变量的相关系数也较高，说明三类制造业在影响服务业时均是重要的因素，且最重要的是机械制造业。同样，三类服务业与其自身第一对典型变量的相关系数和与制造业的第一对典型变量的相关系数都较高，说明三类服务业在影响制造业时均是重要的因素，且最重要的因素是现代服务业。

来自制造业的第一对典型变量可以解释制造业的 99. 1%，可以解释服务业的 96. 2%；同理，通过服务业的第一对典型变量可以解释服务业的 96. 6%，可以解释制造业的 98. 6%，由此可见，服务业和制造业之间的解释能力均较大，且服务业对制造业的解释能力要略大于制造业对服务业的解释能力，两组变量之间存在较高的相关性。

前面我们的分析主要是从静态或者比较静态角度来分析产业关系的，这里我们考虑从动态角度分析，结合已有分析和数据，我们建立如下回归模型：

$$Y=\beta_0+\beta_1X_1+\beta_2X_2+\beta_3X_3+\varepsilon$$

其中，Y 为第三产业产值比重，近似反映生产性服务业；X_1 为取对数后的 GDP，反映经济发展对生产性服务业的影响；X_2 为第二产业产值比重，近似反映制造业；X_3 为人口城镇化率。我们希望通过这一模型来近似模拟生产性服务业与经济规模、制造业和空间布局（城镇化率）的关系。数据是 1978~2013 年的数据，均按不变价格计算。分析结果如下：

$$Y=\quad -9.106+9.697X_1-0.507X_2-0.415X_3$$

$$(14.959)\quad(-5.612)\quad(-4.550)$$

其中，括号里的是检验的 t 值，在 α=0. 05 时，均统计显著，F=112. 034，$A\text{-}R^2=$

0.907。我们看到模型拟合效果很好，能够反映变量间的动态关系。虽然第二产业产值比重和城镇化水平系数均为负值，似乎不合实际，但是我们看到在前面的分析中制造业对服务业的拉动作用不及服务业对制造业的推动作用，同时河南省长期以来形成的优先发展第二产业的产业政策也一定程度上抑制了服务业的发展（这一点和我国整体情况类似），人为导致产业之间的割裂和“挤占”效应。同时，长期以来的不允许人口自由流动政策也导致了城镇化水平的低下，这些恰好反映了推进城镇化、提高生产性服务业水平的政策的必要性。

五、结论和建议

（一）研究结论

通过上面的分析，我们得到的结论如下：

（1）河南省经济实力不断加强，产业结构和就业结构变化明显。改革开放以来，河南省社会经济持续发展，取得了显著的成效，表现为经济总量的持续增加和快速平稳增长。经济总量（GDP）按当年价格算，由1978年的162.92亿元增加到2013年的32155.86亿元，稳居全国第五位，已经成为全国的经济大省之一。与此同时，河南省产业结构发生了很大变化，第一产业占GDP的比重保持持续下降趋势，由1978年的39.8%下降到2013年的12.6%。而第二、第三产业占GDP的比重除个别年份稍有反弹外，基本保持上涨的趋势。第二产业占GDP的比重由1978年的42.6%上涨到2013年的55.4%，第三产业占GDP的比重由1978年的17.6%上涨到2013年的32%。伴随着产业结构的变迁，就业结构同时发生变化。1978~2013年，河南省农业人口占总就业人口的比重从80.51%下降到40.1%，但仍吸收了一半以上的人口，第二、第三产业就业人口从19.49%上升到59.90%。河南产业结构的变化符合产业结构变迁的一般规律。

（2）服务业取得显著成绩，同时结构性矛盾突出。近年来，随着中部崛起发展战略的实施，加快产业结构优化升级，积极构建现代产业体系。河南省加大了对服务业的投入，服务业增幅加快并取得了显著成绩。同时，伴随着服务产业的不断发展，结构性问题尤为突出，主要表现在：

第一，河南省服务产业得到快速发展，但是发展并不均衡。河南省2013年全社会固定资产投资26087.45亿元，比2012年增长21.6%，第一产业投资962.02亿元，增长16.48%；第二产业投资13154.87亿元，增长19.13%；第三产业投资11970.56亿元，增长24.93%，增速是三次产业中最快的，反映了政府“调结构、增效益”的决心和力度。同时，在第三产业内部，固定资产投资主要集中于房地产行业（占比为56.13%)，交通运输、仓储和邮政业（占比为10.04%)，水利、环境和公共管理业（占比为14.11%)，三者合计9609.64亿元，占总投资的80.28%。

第二，服务业内部结构不合理，新兴服务业发展不足。河南省服务业中技术、知识密集型行业发展缓慢，金融保险、信息、咨询、广告业虽已兴起，但是与传统行业相比依然薄弱，这与日益发展的社会化大生产和城市现代化的要求极不适应。如金融业发展最快，增速为15%，增加值为1181.77亿元，占服务业增加值比重为11.48%；传统服务业如批发和零售业、住宿和餐饮业、交通运输业尽快发展相对缓慢，但是其占服务业增加值比重依然很高，达到42.57%。

第三，河南省服务业地区发展不平衡，这种不平衡既有地域间的不平衡，也有城市间的不平衡，还有城乡之间的不平衡，这些发展的不平衡导致了服务业发展较快的地区主要集中在河南中心城市和工业化程度较高地区，非中原城市群和中原城市群差距明显，河南东部、南部发展严重滞后于全省发展。

第四，产业化、市场化、社会化程度低。河南省服务业中大多数行业开放程度低，同时一些机关、部门具有一定的独立自我服务功能，造成社会服务供求脱节，从客观上缩小了生产生活服务市场，降低了整个社会生产的规模效益。同时，农村社会化服务十分零散，没有形成有效的网络体系，导致信息流通不畅，这些都极大地影响了农村第三产业的进一步发展。

（3）生产性服务业水平依然偏低，内部结构失衡，与制造业关系密切，但是两者的相互影响力并不均衡。河南省生产性服务业总量虽然在逐年增长，但其基础薄弱，发展规模仍然偏小，并且同质化现象严重，缺乏核心服务能力，对国民经济推动作用较弱，已成为制约全省经济持续快速健康发展的“短板”。同时，生产性服务业传统产业多，新型产业少。运输、仓储、批发等传统生产性服务业在服务业中占比较大，而现代物流、金融业、信息技术业等科技含量高、附加产值高、带动辐射能力强的现代服务行业，虽然发展迅速，但是占比仍然较小，内部结构明显不平衡，这进一步影响到河南省社会经济又快又好发展。从典型相关分析结果看，服务业和制造业之间的解释能力均较大，且服务业对制造业的解释能力要略大于制造业对服务业的解释能力，说明河南省生产性服务业有力推动了制造业的发展，但是反过来，制造业的快速发展并没有带来相应服务业的提升。同时，从中间投入率看，中间投入率高的大多是制造业。第一产业中间投入率较低而且变化小，第三产业各行业的中间投入率差异较大。河南省各产业中间投入率上升趋势明显，各经济部门之间的联系进一步加深，符合产业发展的一般规律。河南省第二产业对各部门的关联最强，第三产业中间投入率水平差异最大。传统行业对经济的关联作用还是占主导地位，新兴服务业发展迅猛，但是其对经济的影响作用远远没有得到充分发挥。感应度系数和影响力系数在两个不同时期的排名，基本上具有一致性。产业结构的优化升级对河南经济的拉动和推动作用进一步增强。同时各系数的变化也体现了产业结构调整的方向和强度。从长期看，产业政策对产业发展战略影响深远，正是我们长期以来优先发展工业的政策，一定程度上抑制了服务业的发展，人为导致产业之间的割裂和“挤占”效应。

（4）不同产业之间联系不够密切，具有一定的独立性，河南省主导产业依然是以工业为主，但更多是由于政策造成的。尽管河南省产业结构不断优化，但是产业之间的联系不够密切，不同产业的发展具有独立性，尤其是第三产业的发展明显与其他产业之间的经济技术联系不够密切，河南省近年来积极推行工业化，对河南省产业结构起到了积极的作用，同时在客观上也造成了不同产业之间的不均衡。具体来说，河南省 42 个产品部门中有 12 个产品部门的感应度系数和影响力系数均大于 1，都属于第二产业，这些部门是我们这些年来制定产业政策时重点发展的部门，它们的发展能带来河南省经济的较快增长，是河南省的支柱产业部门。但是如果按照这一结论进行决策，势必进一步加强河南省现有的“二三一”型经济，这会导致河南省产业结构与国内、国际的产业结构的偏差进一步加大，这和当前河南省促进经济和谐稳定发展的大方针是不相符合的。因此，我们应该更多地关注第一产业和第三产业的发展。

（二）政策建议

基于上面的结论和河南省产业结构发展现状，我们提出如下建议：

（1）大力发展服务业，实现产业结构的全面优化升级，积极推进河南省社会经济的全面发展。加快发展服务业，促进第三产业规模扩大和结构优化。坚持市场化、产业化、社会化方向，加强传统服务业，大力发展基础性服务业和新兴服务业，提高生产性服务业的比重和水平。具体来说：一是构建大数据平台，发展“互联网+”行业，紧跟全球数字化、网络化、信息化、国际化的大趋势，以信息基础设施、网络技术和软件为载体，促进信息网络技术向社会各个领域的辐射和渗透，推进信息网络化、网络大众化。对提升现代物流、电子商务、文化传媒、数字教育、协同医疗和社会保障等服务业领域创新能力的重点项目予以大力支持。二是大力发展交通运输和现代物流业，在完善和提高河南省现有交通网络条件下，加快现代物流业的发展，建立起区域性物流和商业中心。三是大力发展金融业、咨询业等新型服务业。健全地区尤其是农村金融体系，完善服务功能，创新服务品种，提高服务质量。四是丰富消费性服务业，满足人们的物质文化需求。河南省大型超市、连锁商业、快餐、休闲娱乐、公共交通等行业有了较好的基础，但是同其他地区相比仍然落后，需要进一步发展。五是促进科、教、文、卫等社会公共事业的发展，尤其要鼓励民间资本办学，大力发展义务教育和高等教育，促进教育公平，提高培养人才的水平，建立产、学、研服务网络和平台，服务地方经济。

（2）加快生产性服务业发展，进一步促进产业融合。具体来说：①优化环境，政策支持生产性服务业发展。政府要对生产性服务业的发展科学布局，营造良好的市场环境，推动现代生产性服务业的快速发展。同时加大政策扶持力度，逐步放宽行政管制，为生产性服务业建立宽松的发展环境。根据河南省经济发展现阶段实际情况，通过分析河南省生产性服务业与制造业的现状及相互关联性，积极加快服务业支柱产业发展，建议现代物流业、金融业、信息服务业、科研及综合技术服务业为河南省现阶段重点扶持的行业。②加强区域规划，促进生产性服务业集聚区综合发展。河南省各地市应该因地制宜，结合本地实际情况，重点发展优势生产性服务产业，优化生产性服务业内部结构。无论是发展现代物流业、现代商务服务业，还是发展现代金融服务业、科技信息服务业等，各地都要结合自己的优势资源，发展优势产业。利用现有的产业集聚园区，优化布局，培育若干特色鲜明的生产性服务业集聚区，促进现代生产性服务业的集聚发展。③完善生产性服务业和制造业良性互动机制。在产业结构战略上必须突出生产性服务业与制造业的“协同发展”，在战略地位上要“双轮驱动”。把发展生产性服务业和制造业放在同等重要的位置；在战略措施上要强化生产性服务业和制造业的融合互动发展。丰富制造业产业链，扩大带动生产性服务业。从河南省制造业的产前、产后两个方面进行延长。先由产业链的上游开始，力争创造比较优势，在研发设计上加大投入，改造原材料生产，节约生产成本；然后到产业链的下游，加强市场运作，在市场营销、现代物流等方面积极拓展。通过对制造业产业链的延长，丰富制造业生产环节，引导生产性服务环节从制造业内部独立出来，推动生产性服务业的繁衍，达到制造业内部生产服务环节市场化，使生产性服务业加强集聚，集中技术研发、品牌建立及市场开拓等，提高其竞争力，实现配套服务，增强生产性服务业与制造业间的互动。

（3）产业发展与区域发展相联系，实现各区域产业结构协调发展和优化升级。产业发展和区域发展紧密相连，在区域发展战略上，统筹城乡区域发展，发挥比较优势，加强薄弱环节，形成城乡区域协调发展的格局。河南省整体经济发展强劲，但是区域发展差距巨大，中原城市群社会经济发展在全省中优势明显，一方面我们要对非城市群地区进行积极扶持，从政策、资金、技术上给予更多的帮助以促进这些地方社会经济的发展；另一方面我们要注意中心城市的发展对周边的“挤出”效应，不能牺牲外围城市利益来发展中心城市，应该加强中心城市的辐射作用，发挥其在地域、资金、技术上的优势，帮助和带动周边城市的发展。同时要健全区域协调互动机制，形成合理的区域发展格局，要做好地区间、城乡间的利益协调工作，合理进行产业分布，促进地区产业分工的合理化；加强城乡之间、地区之间的经济合作，促进地区之间利益转移机制的形成，形成以中心带外围、中心外围共同发展的格局。

（4）夯实人才队伍，促进现代服务业的可持续发展。只有广泛应用现代信息技术，加快信息服务业的发展，进一步完善通信、计算机、广播电视等基础网络，深度开发利用信息资源，不断拓展服务领域，推进信息服务业的产业化、集约化和现代化，建立良好的市场规范和有序的竞争机制，逐步建立门类齐全、完整高效的信息服务产业体系。首当其冲的就是人才的培育和培养，为适应信息化、专业化的需要，必须加快改善人才培养和招募机制，大力引进高科技人才，完善继续教育体系和人才流动机制，强化人才激励机制。加强专业人员培训，特别是信息、法律、会计、审计、统计和咨询等新兴行业的人才培养。重视引进技术人才，提高第三产业人才的整体素质，大力培育和完善劳务市场，发展职业介绍、职工技术培训等社会服务，引导劳动力向第三产业转移。

（5）进行制度创新，推进河南省产业结构调整。河南省第三产业行业开放程度低，市场竞争不充分，管理体制和运营机制不合理。公益性、福利性的事业和经营性的产业长期混合在一起，没有形成一定规模的产业。因而，河南省在今后的发展中应转变政府职能，深化改革，加快完善社会主义市场经济体制，营造有利于产业结构调整优化的制度环境。加快制定和完善规范第三产业市场主体和市场行为、维护市场秩序等方面的法律法规，对第三产业的行业标准、服务范围、价格收费、产权管理、监督管理、奖惩办法、职业道德以及纠纷仲裁等，做出明确和合理的法律规定，依法规范企业行为和市场行为，营造良好的发展环境和消费环境，为第三产业的发展提供良好的法律环境。坚持严格执法，监督企业依法经营，政府依法行政，监督部门依法监督，保护消费者的合法权益。一是加快政府自身改革和职能转变，加强市场经济法规及制度的建设，进行行政管理体制改革，加快建设服务政府、责任政府和法治政府。二是完善现代市场体系，营造公平竞争的体制环境。大力发展个体、私营等非公有制经济，打破行业、部门的行政性垄断和地区封锁，形成统一开放的市场体系。

第七章　河南省制造服务业与制造业协同发展研究

第一节　论述

一、研究目的与意义

随着经济全球化趋势的不断深化，制造业企业面临着日益个性化的客户需求和环境、资源、技术等仅有有限承载能力的压力，为降低自身生产成本，部分制造业企业开始将生产制造过程中一些非核心的业务环节外包出去，并通过在产品上附加服务来提高产品的附加值，制造业开始慢慢呈现出服务化的趋势；在制造业企业服务化的同时，服务企业也开始为制造业企业产品的设计、制造、流通和使用等过程提供一些专业化、个性化的服务，在制造和服务领域来提升产品的专业化程度，服务企业逐步向制造领域渗透，制造业和服务业呈现出一种逐步融合的趋势。在这样的背景下，制造业企业不断变革转型，与生存环境进行动态融合，制造服务业得以萌芽、发展和壮大。

作为我国重要的能源原材料生产基地的河南省，是传统的制造业大省。经过新中国成立后60多年的发展，尤其是改革开放30多年来的发展和建设，食品、建材、冶金、机械、烟草、化工、纺织等制造业增长迅速，效益不断提高，竞争力明显增强，又涌现出中国神马集团有限责任公司、河南安彩集团有限责任公司、河南新飞电器集团股份有限公司、郑州宇通客车股份有限公司、双汇集团、河南莲花味精股份有限公司等一批具有较高知名度和市场占有率的大型企业，为河南省经济的持续快速健康发展做出了重要贡献。在新时期，制造业是河南省国民经济高速增长的发动机，是以信息化带动和加速工业化的主导产业，也是发挥后发优势、实施跨越战略的中坚力量，直接决定着河南省走新型工业化道路、加速实现工业化和现代化的战略目标能否顺利实施。自改革开放以来，河南省服务业迅速发展，服务业占生产总值的比重从1978年的17.6%增加到2014年的36.61%，服务业就业比重从1978年的8.9%已增加到2010年的28.7%，服务业必将成为河南省经济发展的重要支柱，承载起河南省的就业大军，尤其是现代制造服务业，聚集在制造业基地，为制造业提供服务。近年来，现代服务业迅速发展，尤其是金融业、信息传输和软件业以及科学研究和技术服务业迅速发展，为制造业的改造和升级提供了大量的中间服务。

面对河南省服务业与制造业的发展现状，推进制造和服务的协同，并以服务为中心将价值链的各个环节串连起来就成为关键任务。本章的研究意义在于证明制造服务业和制造业的空间分布协同效应存在的同时，具体研究在特定的城市或区域制造服务业的空间布局是否是制造业集聚的主要影响因素？制造业集聚是否会同样带动服务业的集聚？明确两大产业的关系对城市产业规划政策的研究和制定具有举足轻重的意义。

二、研究综述

（一）相关概念界定

（1）制造服务业的界定。综述现有文献，与制造、服务相关的研究基本上都集中在生产性服务、制造业服务化、服务增强、服务型制造等方面，且本质都是制造业与服务业的不断融合。不管是生产性服务、服务型制造、制造业服务化，还是制造服务，这些都是在制造业和服务业不断渗透、融合、互动、共生中逐渐演变而来的概念，其实质也只是服务在制造业企业生产制造过程中所扮演的角色不同而已。随着这些概念的不断演进，服务因素在制造业企业的生产制造过程中所占比重越来越大。同时，从服务在生产制造过程最初的阶段性存在，一直到贯穿于整个产业链，顾客参与程度也越来越深，如图 7-1 所示。因此，制造服务业可概述成：是以顾客的最大潜在需求为终极目标，将服务因素贯穿于整个制造业的产业链中，从而使得整个制造业网络不断增值的一种先进制造方式，它是制造业和服务业高度融合的产物。可见，发展制造服务业是为了满足从生产型制造向服务型制造发展的战略需求，是加快制造业升级的催化剂，而制造业的提升为制造服务业提供技术保障和更大的市场需求。

制造服务业范围非常广泛，诸如围绕制造业企业生产制造和加工装配过程中所开展的设备成套服务、工程总承包、产品解决方案、设计研发、机器设备改造、物流运输、产品检测维修、报废产品回收、管理咨询、法律咨询、会计服务、融资担保、员工培训等一系列的内容，均属于制造服务业的范畴。2008 年 11 月，国家科技部在上海举行了“制造业信息化科技工程——现代制造服务业专题工作研讨会”，研讨会将制造服务业按行业领域界定为五大类：交通运输、仓储和邮政业，信息传输、计算机服务和软件业，金融业，租赁和商务服务业，科学研究、技术服务和地质勘

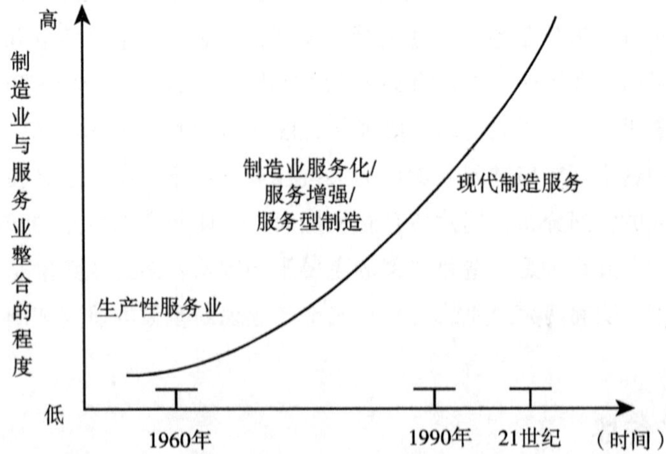

图 7－1　制造服务业概念演变趋势图

探业，其中各行业又包含许多细分领域。

（2）制造业的界定。制造业又称为制造工业，是指对制造资源（包含采掘的自然物质资源和工农业生产的原材料）进行加工和再加工，从而为全社会提供工业产品和消费品的行业，它是整个第二产业的重要构成部分。现阶段，制造业仍是我国经济增长的主导部门和经济转型的基础，也是就业的重要市场和出口的主力军。在本章中，我们将制造业分为劳动密集型、资本密集型与技术密集型三大类。劳动密集型制造业包括食品加工业、烟草加工业、纺织业、服装及其他纤维制品制造业、皮革毛皮羽绒及其制品业、木材加工及竹藤棕草制品业、家具制造业、造纸及纸制品业、橡胶塑料制品业、印刷业记录媒介的复制、文教体育用品制造业、其他制造业；资本密集型制造业包括石油加工及炼焦业，化学原料及化学制品制造业、黑色金属冶炼及压延加工业、非金属矿物制品业、有色金属冶炼及压延加工业、金属制品业、普通机械制造业；技术密集型制造业包括医药制造业，化学纤维制造业，专用设备制造业，交通运输设备制造业，电气机械及器材制造，电子及通信设备制造业，仪器仪表、金属制品、机械和设备修理业等。

（二）制造业与服务业协同理论研究综述

中共十七大报告和不少文献中都提出了“协调发展”或“协同发展”概念但对于“协调发展”的度量却并无统一标准，各类文献的观点也存在诸多分歧。本文提出的生产性服务业与制造业的协同定位，说到底就是两者在空间范围的区位协调问题。是制造服务业与制造业产业之间空间分布在一定程度上存在互相影响的作用，表现在集聚的趋同分布。本文认为，制造服务业与制造业的区位决定是相互影响的，二者在空间定位或空间布局上的联系，更多的应该是一种协同定位的关系。本文基于新经济地理学、产业集群理论等学科的最新研究成果，从集聚经济研究的视角，从产业层面和空间层面对生产性服务业与制造业协调发展的相关文献进行综述。

（1）产业视角的生产性服务业与制造业协调发展理论。这一理论以社会分工为理论基础，通过生产性服务外部化途径，对生产成本和交易成本对比作为企业外部化的机制。在实证方法上主要有两种：一是利用投入产出模型来评价两者之间的关联度，二是利用经济计量技术来验证两者之间的分工对生产率的提高。方法日趋丰富和复杂，反映了当前研究技术的深化和演进。

由于研究重点的不同，这一理论存在着不同的解释。第一种解释是基于古典经济学分工理论。Ethier（1982）研究表明新产品的引进能够提高厂商的生产率，因而通过增加中间投入品的种类，可以使原来既没有技术优势也没有资源禀赋优势的国家或地区，内生出新的比较优势，从而改变其在分工中的地位，促进制造业发展和经济增长。但他没有明确中间产品是实物产品还是无形服务，因此 Markusen（1989）在其基础上，将生产性服务业作为中间产品引入模型，他认为分工可以扩大生产性服务部门的市场范围，促进服务差异化，推动其内部专业化或内部集聚效应。第二种解释是基于 Williamson 的交易成本理论。Daniels（1985）、Bhagwati（1984）、Goe（1990）、刘志彪（2006）的研究得出了类似的结论，即生产性服务外包可以降低成本，独立和专业化经营生产性服务可以提高服务能力利用率，由于规模效应，外部交易成本会远远低于内部组织成本。顾乃华等（2006，2010）、江静等（2007）分别用中国省际面板数据和城市面板数据进行验证，二者的结果都表明生产性服务外包会提高生产率。第三种则是基于产业集群理论。该理论认为企业由于地理邻近性和产业相关性，集群内的企业在技术创新、信息、管理、资金等方面更容易交流合作，减少了信息不对称程度，从而降低了交易成本。与生产性服务外包不同，产业集群理论强调已经存在的生产性服务企业集聚在一个地区，通过外部规模经济提高效率；而服务外包强调的是外部化后各个企业可以达到自己的最佳生产量从而实现成本最小。二者解释实际上是从企业内外两个角度来比较成本问题。

（2）空间视角的生产性服务业与制造业协调发展理论。这一理论主要是结合新地理经济学，主要研究思路是从产业内协同聚集和产业间协同聚集两条路径来聚集经济问题。产业内协同集聚，是指单一产业内部的协同集聚，如制造业协同集聚、生产性服务业协同集聚等，强调同类关联的行业之间、行业内部不同小行业间的协同集聚；产业间协同聚集则是强调关联产业间，如生产性服务与制造业之间的协同集聚。

在产业内聚集的实证方面，Ellison&Glaeser（1997）开创性地对空间基尼系数进行了改进，创建了E-G指数和C（r）指数（扩展的E-G指数）用于产业集聚测度，目前对于协同集聚的度量以C（r）指数为主。范剑勇和石灵云（2009）研究表明，现阶段中国制造业的产业外部性均表现为产业内集聚与关联产业集聚，而且产业内集聚效应高于关联产业集聚效应。

关联产业间的协同集聚问题更具实际意义，然而目前对于生产性服务业和制造业协同集聚的研究相对较少，更多是从生产性服务业与制造业的互动联系切入，考察二者间的协同集聚现象。这一视野下的理论研究首推Andersson M（2006）的工作，他基于生产性服务业与制造业之间“供应商—需求者”的关系，采用联立方程模型的方法，将两大产业区位作为彼此集聚函数的自变量，借以考察两者间的“协同集聚”效应。Andersson的研究为产业间协同集聚研究提供了一个新的思路。国内大部分研究者主要是以Venables（1996）的垂直关联模型为理论基础，把生产性服务业与制造业看作上下游关系，建立生产服务业的需求关联模型和制造业的成本关联模型。陈国亮（2010）研究认为，生产性服务业与制造业形成双重集聚，是由于生产性服务业与制造业之间的上下游产业关系，而不是共享的劳动力市场和知识外溢。江静和刘志彪（2009）从商务成本的角度分析了生产性服务业和制造业的协同定位效应，他们将商务成本分为交易成本和要素成本两类，认为生产性服务业和制造业分布在一个城市不同地区是由于它们对两类商务成本的敏感程度不一样。张益丰（2010）基于中国省级数据的实证研究表明，先进制造业、专业技术人才集聚与生产性服务业集聚相辅相成。陈建军等（2011）从空间分布角度研究两者间协同效应的差异性，提出制造业与生产性服务业之间的空间依赖性并不存在对称性；吉亚辉、段荣荣（2014）从基于新经济地理学视角利用空间计量分析了生产性服务业与制造业协同聚集现象，表明制造业集聚与生产性服务业集聚能互相促进，并且生产性服务业集聚具有空间关联效应。

我们看到，制造业和服务业的协同关系引起了学者的广泛关注，无论是产业视角还是空间视角，都在探索二者协同的原因和机理。虽然目前对这一问题的研究依然存在着种种争论，但是至少表明学界对两者协同关系的肯定和支持。

三、内容安排

本章的结构如下：

第一节，主要介绍了研究背景、意义，研究评述，相关概念和内容安排。

第二节，主要研究了河南省制造服务业与制造业的空间分布状况。首先从产出规模、增长、信息化、投资等方面描述了河南省制造业与制造服务业，以及其内部结构的发展现状；然后用特征性事实阐述了河南省制造服务业与制造业就业的空间分布情况及演化，探讨了制造业与制造服务业的空间演变趋势；最后讨论了河南省制造服务业与制造业集聚度的空间分布，对制造服务业各子行业集聚度空间变动分布。

第三节，主要内容是对河南省产业协同发展的现实考察以及产业与空间的二维分析。这一部分主要从产业和空间层面对产业协同集聚状况进行分类描述。主要涵盖两个方面的工作：第一，基于2002~2012年的投入产出表的数据对河南省制造服务业与制造业的产业关联程度进行测算，主要将区域投入产出模型的结构分解技术应用于制造服务业与制造业的关系研究中，在深入探讨两者之间关联性的基础上可以考察产业的内生增长情况。此部分的分解模型将制造服务业和制造业的内生性与关联效应分解为乘数效应、溢出效应和反馈效应，它们分别代表了产业对于自身生长机制、与其他部门的关联影响以及通过关联影响回馈自身的三种不同机制。第二，在选择修正的E-G协同集聚指数对5个制造服务业和28个制造业的子行业两两配对作为研究对象，对不同产业组合配对的协同集聚程度进行测算与比较，并对相关指标进行标准化处理，分别以协同集聚度和产业关联度为横纵坐标，尝试构建产业—空间四象限分布图，对河南省地区产业协同集聚进行二维综合评判。

第四节，主要利用地理空间计量对河南省制造服务业与制造业协同发展进行了验证。首先利用全局和局域Moran指数及此衍生出来的双变量Moran's I，结合Moran散点图和LISA图，对河南省的制造业和制造服务业企业空间关联格局进行定量分析；然后以Venables（1996）的垂直关联模型为基础，在空间经济学框架下，选取2007~2014年河南省18个市统计数据，运用Matlab软件建立空间面板模型，研究河南省制造服务业与制造业协同集聚的空间效应。此部分为河南省合理规划制造服务业和制造业协同定位发展提供政策依据，为不同类型的区域定制出合理的发展方向。

第五节，结论与政策建议。

第二节　河南省制造业与制造服务业的空间分布研究

一、河南省制造业发展现状

（一）工业内部结构调整绩效

由统计年鉴的数据可以知道，河南省工业增加值持续增长，从2003年的2876.93亿元增长到2014年的15809.09亿元，且几乎每年以16%的速度递增，从上表可以看出规模以上的工业企业增加值比2003年增长了7倍，且占工业增加值比重由2003年的60.97%增长到2014年的92.38%，占GDP比重达到44.52%。

表7-1 2003~2014年规模以上工业指标情况 单位：亿元；%

年份	工业		制造业		先进产业	
	增加值	增长率	增加值	增长率	增加值	工业占比
2003	1754.08	22.60			239.5	13.65
2004	2332.68	32.99			309.8	13.28
2005	3200.23	37.19			417.3	13.04
2006	4150.60	29.70	3111.80		541.97	13.06
2007	5438.06	31.02	4210.10	35.29	715.54	13.16
2008	7305.39	34.34	5652.69	34.27	966.92	13.24
2009	7764.45	6.28	6114.79	8.17	1153.5	14.86
2010	9901.52	27.52	8008.56	30.97	1612.78	16.29
2011	11882.55	20.01	9533.17	19.04	2150	18.09
2012	12654.83	6.50	10292.26	7.96	2201.86	17.40
2013	13986.51	10.52	11727.37	13.94	2696.49	19.28
2014	15553.12	11.20	13201.04	12.57	3168.16	17.49

资料来源：根据《河南省统计年鉴》整理，下同。

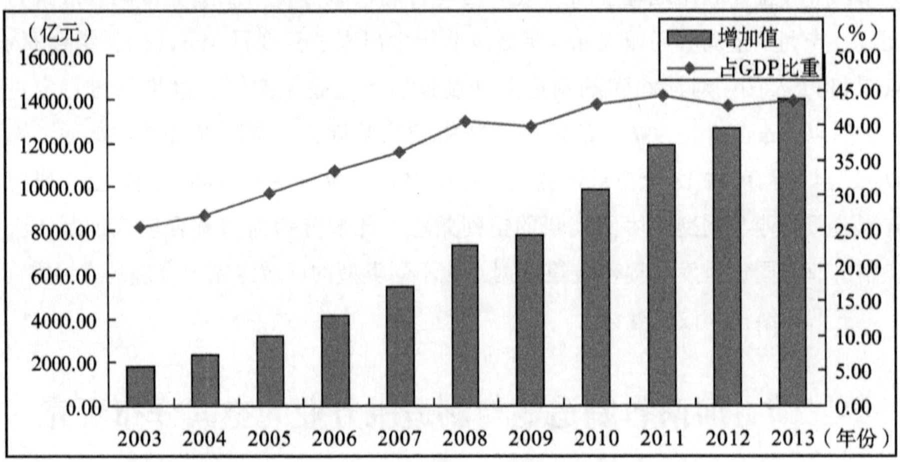

图7-2 2003~2013年规模以上工业增加值及占GDP比重

（1）制造业增速最快，且占工业比重持续增加。从规模以上工业行业门类来看，2006~2014年制造业增速最快，增长了近3.24倍，2014年河南省制造业实现工业增加值13201.04亿元，占工业增加值比重为84.88%，比2006年增长了10个百分点；2014年河南省采矿业和电力、燃气及水的生产和供应业实现增加值分别为1792.26亿元和552.57亿元，比2006年增长了100.86%和43.57%，而占工业比重分别为11.52%和3.55%，比2006年下降了3.27和2.83个百分点（见图7-3）。

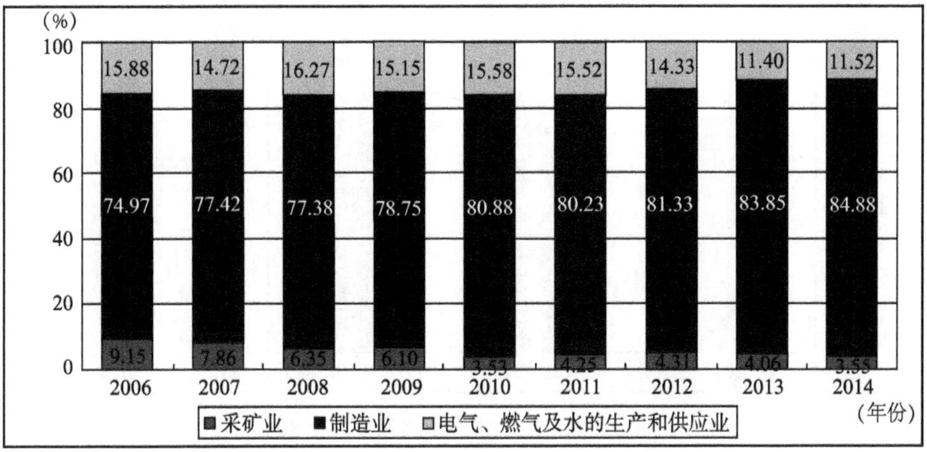

图 7-3　2006~2014 年河南省工业行业门类增加值比重情况

（2）工业增长动力结构逐步优化，高成长产业、先进制造业地位显著提高。从近三年的数据来看，河南省汽车及零部件、电子信息、装备制造、食品、现代家居和服装服饰六大高成长性制造业高速发展，占规模以上工业增加值比重大。2014 年到达 6730.22 亿元，年均增长在 14.37%，其中电子信息产业增长最快，年均增长 33.22%。六大高成长产业占规模以上工业增加值比重也在持续增加，到 2014 年高达 45%，比 2012 年增加了近 5 个百分点，占全省经济中的比重也在逐步提高，从 2012 年的 17.38%增加到 2014 年的 19.26%，增加了 1.88 个百分点。四大传统支柱产业和六大高载能产业占工业比重有所下降，且增长放缓，其中，冶金、化学、建材、能源、纺织四大传统支柱产业增加值 2014 年为 7658.26 亿元，年均增长 9.63%，占工业增加值比重下降到 47.6%；六大高载能产业 2014 年增加值为 5736.66 亿元，占比下降到 35.3%，比 2012 年下降了 2.4 个百分点。

2003~2014 年，河南省规模以上的通用、专用、交通运输、通信、计算机及其他电子设备制造业、仪器仪表及文化办公用机械制造业、电气机械及器材制造业六大先进制造业增加值到 2014 年增长到 3168.16 亿元，是 2003 年的 13.23 倍，年均增长了 26.46%，占规模以上工业增加值和全省 GDP 的比重一直处于上升的通道，占工业增加值的 17.49%，比 2003 年增加了 3.84 个百分点，占全省 GDP 比重从 2003 年 3.49%上升到 2014 年的 9.07%，增加了 5.58 个百分点。

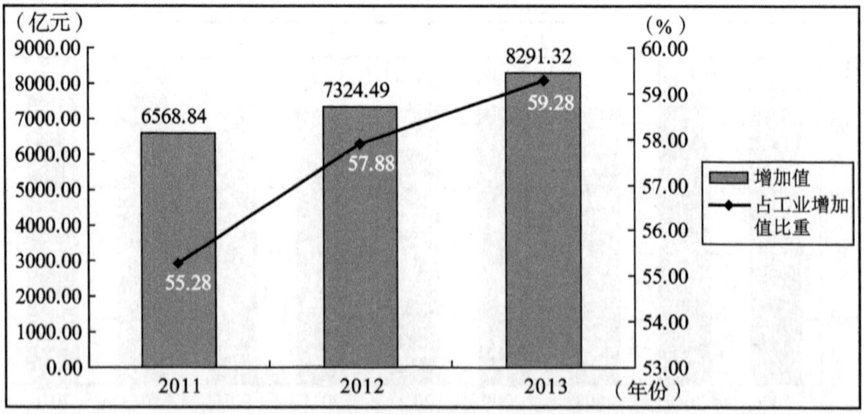

图 7－4　六大高成长产业增加值及其占比情况

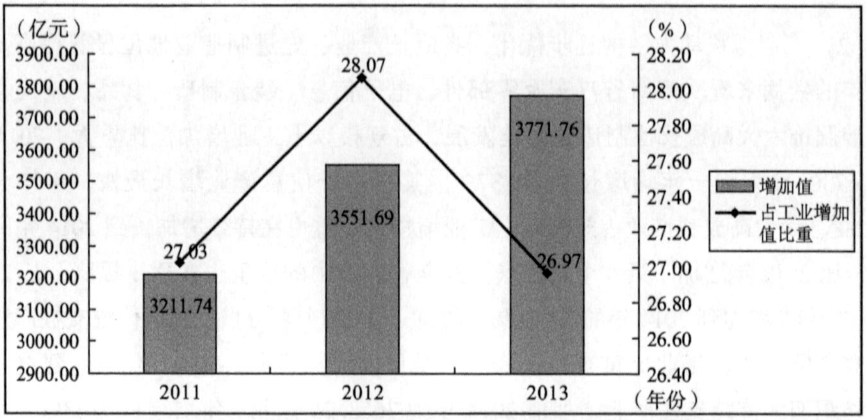

图 7－5　四大传统产业增加值及其占比情况

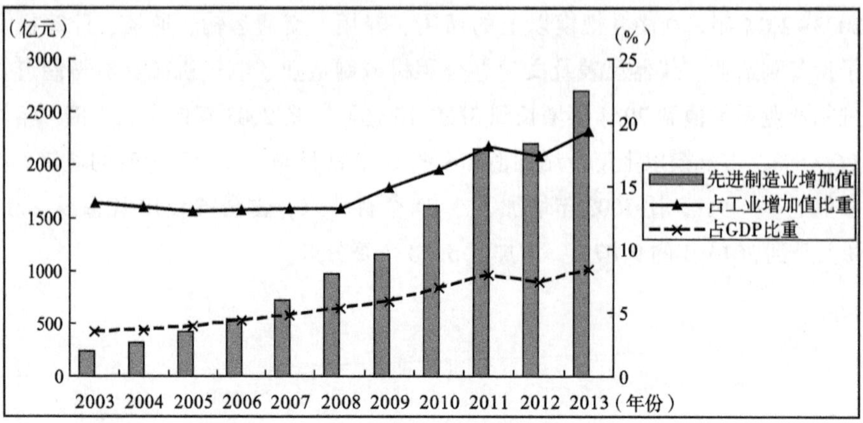

图 7－6　先进制造业增加值及其占比情况

（3）从制造业内部来看，资本密集型制造业占比持续下降，但占比仍较大。从规模以上制造业 30 个行业大类中来看，2010～2014 年，技术密集型制造业增加值增速最快，平均每年以 19.6%的速度递增；其次是劳动密集型制造业，为 13.98%，增速最小的是资本密集型制造业，为 10.02%。从图 7-7 可以看出，资本密集型制造业增加值占制造业增加值比重一直处于下滑趋势，但依然处于制造业的主导地位。劳动密集型制造业增加值占比一直稳定在 35%左右。而技术密集型制造业占比最小，2014 年还不到 23%，但保持着持续的良好发展态势。

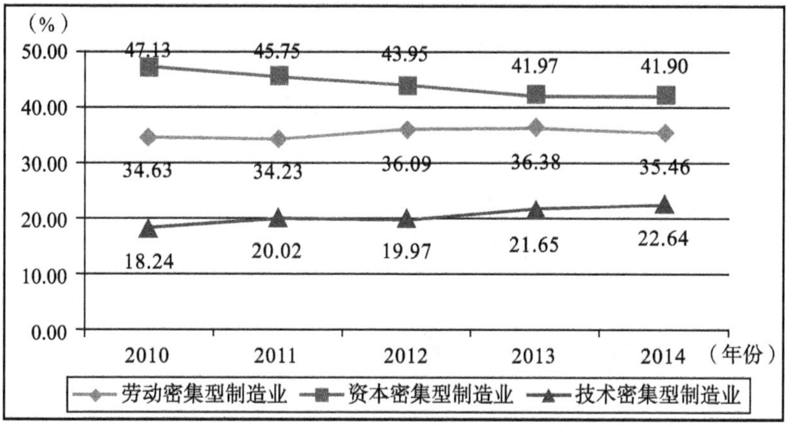

图 7-7　不同类型制造业增加值占制造业增加值的比重

（二）科技信息化水平

2003～2013 年，河南省专利授权量总量大幅增长，增长了 7.89 倍，到 2013 年达到近 3 万项，年均增长率高达 24.42%，尤其是“十一五”期间年均增长了 34.57%，“十二五”前期也以每年 21.25%的速度增长；国际互联网用户数量几乎每年都以两位数的增速增长，近 10 年间平均年增速为 38.84%；河南省大中企业技术改造经费占 GDP 比重较小且处于逐年下降的趋势，从 2006 年的 1.15%下降到 2012 年的 0.46%，7 年间下降了 0.69 个百分点；R&D 经费投入强度保持着良好的发展，一直处于上升趋势，10 年增加了 0.6 个百分点，增幅超过 1 倍；工业企业的新产品产值从 2005 年的 499.64 亿元增长到 2013 年的 4948.10 亿元，增长了近 9 倍，但新产品产值率整体却处于下降趋势，其中 2009 年大幅回升，之后起伏波动，可见河南省新产品对工业总产值的贡献较低，可能是因为河南省自主创新能力不高、新产品开发率低，新产品产值率就不可能有很大提高（见表 7-2）。

表 7-2　2003~2013 年河南省科技信息化水平指标

年份	专利授权量（项）	大中企业技术改造经费占 GDP 比重（%）	R&D 经费投入强度（%）	新产品产值率（%）	国际互联网用户数量（万户）
2003	2961	—	0.50	—	245.81
2004	3318	—	0.50	—	269.17
2005	3748	—	0.53	6.60	274.28
2006	5242	1.15	0.65	6.38	326.87
2007	6998	1.28	0.67	5.84	403.26
2008	9133	0.84	0.69	4.07	494.38
2009	11425	0.81	0.90	5.63	625.49
2010	16539	0.59	0.92	5.31	3043.42
2011	19259	0.61	0.98	5.56	3857.20
2012	26833	0.46	1.05	—	5098.00
2013	29482	—	1.10	—	5657.14

二、河南省制造服务业发展情况分析

（一）产业规模及增长

改革开放以来，服务业已成为国民经济中的重要组成部分。随着社会主义市场经济体制的建立，我国经济焕发出新的生机，特别是国家和各省相继下发了《关于加强第三产业的决定》及有关配套政策文件，极大地推动了服务业的发展，河南省服务业进入稳定发展时期。1990~2014 年，河南省服务业基本保持了两位数的增长速度，从 1990 年的 277.03 亿元增长到 2014 年的 12790.37 亿元，平均每年以 17.31% 的增速发展。

表 7-3　2004~2014 年河南省制造服务业增加值及占 GDP 比重

年份	制造服务业增加值（亿元）	制造服务业占第三产业比重（%）	制造服务业占 GDP 比重（%）	增加值增长率（%）	
				服务业	制造服务业
2004	972.30	36.32	11.37	—	—
2005	1114.87	35.04	10.53	18.83	14.66
2006	1313.48	35.29	10.62	16.98	17.81
2007	1576.17	34.93	10.50	21.24	20.00
2008	1705.83	33.45	9.47	13.03	8.23
2009	1854.61	32.53	9.52	11.79	8.72

续表

年份	制造服务业增加值（亿元）	制造服务业占第三产业比重（%）	制造服务业占GDP比重（%）	增加值增长率（%）	
				服务业	制造服务业
2010	2178.50	32.97	9.43	15.91	17.46
2011	2586.68	32.37	9.60	20.94	18.74
2012	3023.04	33.01	10.21	14.59	16.87
2013	3757.93	33.22	11.67	23.54	24.31
2014	4408.98	34.47	12.62	13.06	17.32

2004 年以来，制造服务业在服务业中的比重和占 GDP 比重均呈现倒“U”型走势。2004~2014 年，制造服务业增加值持续增加，2014 年是 2004 年的 4.5 倍之多。但第三产业比重在“十一五”期间持续下滑，下降了 2.08 个百分点，在随后的“十二五”期间又持续上升，增加到 2014 年的 34.47%，在第三产业中的地位近年来出现向好的趋势，也使服务业内部结构得以优化。目前，河南省服务业已基本迈向了领域广泛、功能齐全、内部结构基本合理、服务质量明显提高的良性发展轨道。2004~2014 年河南省制造服务业增加值占其 GDP 的比重也呈现先降后升的趋势，从 2005 年的 10.53%下降到 2010 年的 9.43%，下降了 1.1 个百分点，随后“十二五”期间出现持续快速回升，上升到 2014 年的 12.62%，这期间上升了 3.19 个百分点（见表 7-3）。服务业对经济增长的贡献率是反映服务业发展水平的一个标志，河南省制造服务业对 GDP 的贡献率近年来处于持续快速回升阶段，而且制造服务业产业的发展速度超过第三产业。

（二）制造服务业对外开放情况

制造服务业的发展离不开发达地区的产业转移，离不开外商投资（FDI）。进一步发展制造服务业需要扩大对外开放程度，为制造服务业的发展创造良好的融资渠道。

从外商直接投资结构看，2006~2014 年，河南省服务业 FDI 主要集中在房地产业、租赁和商务服务业、批发和零售业领域，其次是交通运输、仓储和邮政业，水利、环境和公共设施管理业，科学研究、技术服务和地质勘探业，住宿和餐饮业，信息传输计算机服务和软件业等领域，卫生、社会保障和社会福利业，居民服务和其他服务业，文化、体育和娱乐业占比重相对较小，金融业在近 3 年才开始有外商的投资（见表 7-4）。从总量上看，河南省制造服务业引进外资明显增加。2014 年河南省制造服务业实际使用外资为107147万美元，比2006年增加了99294万美元，是2006年的近14倍，占全省实际利用外资比重呈现上升趋势，从2006年的17.74%上升到2014年的37.71%（见图7-8），可见河南省加大了制造服务业的开放程度，逐步营造出制造服务业外商投资的良好环境。

表7-4　2006~2014年河南省现代服务业FDI部门分布状况①

单位：万美元

行业＼年份	2006	2010	2011	2012	2013	2014
交通运输、仓储和邮政业	1328	9355	17330	58535	39792	42160
信息传输、计算机服务和软件业	9	2811	6235	7852	7040	11293
批发和零售业	3692	18729	54887	49750	39187	56035
住宿和餐饮业	932	4741	4973	11814	666	2810
金融业				8727	7122	5918
房地产业	30590	55763	102534	99831	158944	105787
租赁和商务服务业	6511	21625	35403	41649	42473	37683
科学研究、技术服务和地质勘探业	5	17005	10559	23588	29959	10093
水利、环境和公共设施管理业	926	13030	9743	10349	10637	8528
居民服务和其他服务业	278	22	3811	4002	11	
卫生、社会保障和社会福利业			700	1150	1160	
文化、体育和娱乐业			2000	5351	5	3798
制造服务业	7853	50796	69527	140351	126386	107147

资料来源：根据《河南省统计年鉴》（2007~2012年）整理，下同。

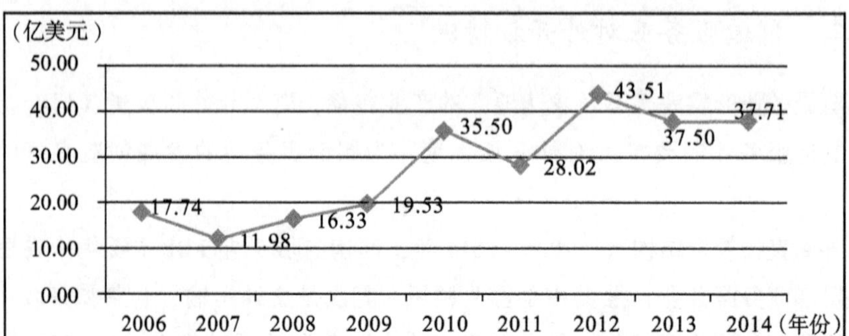

图7-8　2006~2014年制造服务业FDI占全省实际利用外资比重

① 部分资料因为指标口径问题存在缺失。

分行业来看，具有高增长潜力的科学研究、技术服务和地质勘探业，信息传输、计算机服务和软件业投资迅速增长。2014年房地产业实际利用外资金额占全部服务业外商投资金额的比重为37.24%，与2006年相比，下降了31.86个百分点，与此同时，2006~2014年，科学研究、技术服务和地质勘探业，信息传输、计算机服务和软件业的合同外资金额分别平均增长了159%和144%，占全部服务业外商投资金额的比重增加了3.54%和3.95%；同期交通运输、仓储和邮政业，批发和零售业分别平均增长了54.07%和40.49%，占全部服务业外商投资金额的比重增加了11.84%和11.38%；而金融业直到2012年才开始引进外资，且占比还不到3%；相对于制造服务业的各行业，租赁和商务服务业实际利用外资占比较大，且近年来一直稳定在13%左右。以上分析表明，服务业投资主要集中于房地产业，制造业服务业投资主要集中于租赁和商务服务业，交通运输、仓储和邮政业。由于金融业，信息传输、计算机服务和软件业进入门槛高，市场化偏弱，吸收技术含量高的外商投资的数额较少。

（三）行业结构

随着河南省经济水平的不断发展，河南省服务业的规模和内部结构也发生着同步的变化。

增加值结构变动。服务业内部增加值占比来看，批发和零售业，交通运输、仓储和邮政业等传统服务行业仍然占据主要地位；河南省现代服务业发展不充分，结构优化任务艰巨；现代服务业主要以金融业、房地产业和教育业为主导，其中以金融业的增加值占服务业增加值比重增长最快。

从表7-5可以看出，2005年各行业增加值占第三产业比重排名前五位的行业是：交通运输、仓储和邮政业（19.67%），批发和零售业（19.37%），住宿和餐饮业（9.5%），房地产业（9.37%）和公共管理和社会组织（9.17%）；到2014年各行业增加值占第三产业比重排名前五位的行业变为：批发和零售业（17.81%），交通运输、仓储和邮政业（13.11%），房地产业（12.05%），金融业（11.80%）和教育业（9.48%）。可见服务业的批发和零售业，交通运输、仓储和邮政业增加值占服务业比重有所下降，但依然是服务业的主导行业。从服务业内部结构看，新中国成立以来尤其是改革开放以来，伴随着经济社会的快速发展，河南省的金融保险业、现代物流、电子商务、网络信息和科学技术产业等现代服务业有了较快发展，服务业内部结构有了较大改善，但由于基础差、规模小、比重低，服务业在总体结构上仍处于较低水平。

表 7-5　河南省服务业各行业增加值占服务业增加值比重　　单位：%

行业	2005	2010	2011	2012	2013	2014
交通运输、仓储和邮政业	19.67	13.22	12.03	12.58	13.03	13.11
信息传输、计算机服务和软件业	4.51	3.98	4.08	3.80	3.34	3.55
批发和零售业	19.37	19.58	19.85	20.51	18.32	17.81
住宿和餐饮业	9.50	9.16	9.99	9.81	8.06	7.81
金融业	5.71	10.56	10.86	11.07	11.32	11.80
房地产业	9.37	11.70	12.35	11.36	12.73	12.05
租赁和商务服务业	2.79	2.97	3.32	3.41	3.11	3.58
科学研究、技术服务和地质勘探业	2.36	2.24	2.08	2.16	2.42	2.44
水利、环境和公共设施管理业	1.01	0.92	0.80	0.92	0.99	1.13
居民服务和其他服务业	4.03	2.45	2.76	2.94	4.15	4.32
教育业	7.22	8.56	9.25	8.89	9.52	9.48
卫生、社会保障和社会福利业	4.24	3.67	3.30	3.49	4.04	4.26
文化、体育和娱乐业	1.04	0.98	0.93	1.10	1.67	1.69
公共管理和社会组织	9.17	10.02	8.41	7.97	7.31	6.97

资料来源：根据《河南省统计年鉴》整理。

河南省制造服务业的优势主要在交通运输、仓储和邮政业等传统服务业中，制造服务业中的现代服务业不突出，2014 年金融业仅占 11.80%。从世界范围看，制造服务业不仅发展速度快，而且结构也在不断升级，附加值高的新兴服务业主导了服务业的发展潮流。制造服务业中的信息传输、计算机服务和软件业，租赁和商务服务业，科学研究、技术服务和地质勘探业这三个行业是制造服务业中现代服务业最具发展潜力的行业，也是与技术密集型制造业关联较强的行业，但河南省这三个行业的增加值之和占服务业总增加值比重较低，稳定在 9%~10%，而且其中信息传输、计算机服务和软件业增加值占服务业增加值比重在缓慢下降，从 2004 年的 4.51%下降到 2014 年的 3.55%，增长仍需要加大动力。2005~2014 年河南省信息传输、计算机服务和软件业，科学研究、技术服务和地质勘探业等知识密集型的行业增加值平均增长速度分别为 11.57%和 17.15%，尤其是信息传输、计算机服务和软件业，其增长速度低于 GDP 的平均增速 14.19%和服务业的平均增速 16.72%。可见河南省制造服务业中的现代服务业发展不充分，内部结构不合理，制约着河南省经济的快速发展。

三、河南省制造业与制造服务业空间分布的现状及演变

（一）河南省制造业和制造服务业空间分布的现状

总体来看，河南省制造业和制造服务业的分布较为相似，重点分布在“京广铁路”线的西边地区。一方面，制造业与制造服务业单位从业人数占比居前五位的地区几乎相同，且前五位地区的制造业（郑州、洛阳、新乡、南阳、周口）比重为48.79%，制造服务业（郑州、洛阳、南阳、焦作、信阳）为54.80%。人口最多的三个地区（南阳、周口、郑州），其制造业单位从业人数比重为34.64%，制造服务业单位从业人数比重为38.41%，可见，制造业和制造服务业均倾向于地区经济相对发达的环境中。其中最为突出的是郑州，无论是从整体规模还是从集中程度来看，都排在河南省第一位，是省内唯一一个就业比重大于20%的城市。

另一方面，我们也看到，2008~2014年有7个地区（郑州、开封、新乡、焦作、周口、驻马店、济源）的制造服务业就业比重是上升的，然而这其中仅有近一半地区（4个）的制造业比重是同步增加的，而另一半地区（3个）则是下降的。因而我们推论，制造服务业的发展需要以制造业规模为基础或者说制造业的发展带动了制造服务业，但是制造服务业的发展对制造业的发展是带动效应还是“挤出”效应却因地区而不同。

（二）河南省制造业和制造服务业空间分布的演变

图7-9和图7-10描述了2008年和2014年河南省制造业和制造服务业的空间分布状况，可以发现其空间演变呈现相似趋势，即从2008年的主要集中地区向郑州周围聚集（图中颜色重的地区在下降）。制造业的比重超过6%的地区从7个减少到5个，制造服务业从6个减少到5个。在制造业中，首先，2008年其分布最集中的是郑州、南阳和洛阳，且比重都超过10%，但到2014年郑州聚集程度增加，比重增加了8.51个百分点，而洛阳和南阳却向周围扩散，聚集程度在下降，两地下降了近6.4个百分点。其次，河南省东面的周口和商丘两地的聚集程度呈现明显的上升趋势。在制造服务业中，2008年其分布也是主要聚集在郑州、南阳和洛阳，而2008~2014年，全省地区几乎都向郑州及其周边的焦作和开封聚集，这三个地区比重增加了近10个百分点，尤其是郑州，呈现出更加明显的集聚趋势。

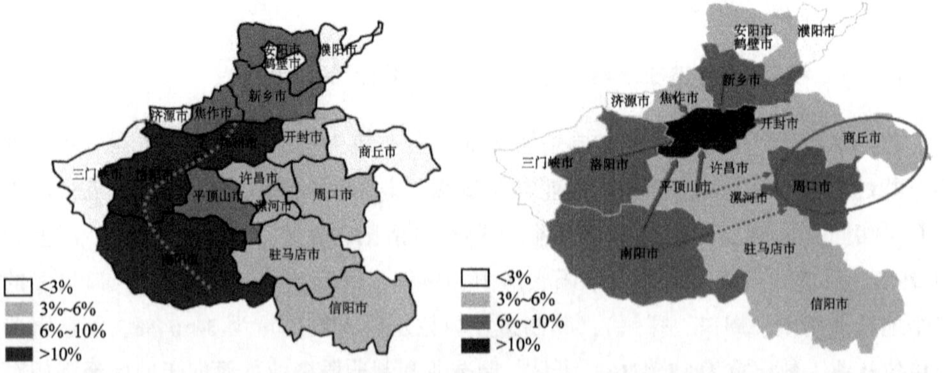

(a) 2008 年　　(b) 2014 年

图 7-9　河南省地区制造业就业空间分布状况的演变

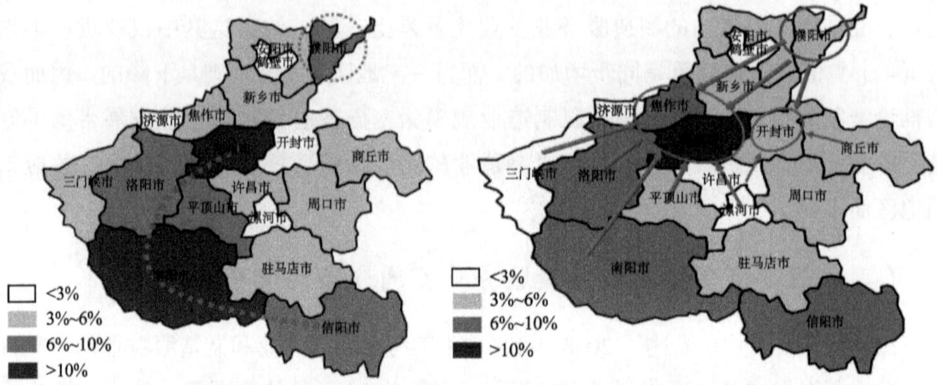

(a) 2008 年　　(b) 2014 年

图 7-10　河南省地区制造服务业就业空间分布状况的演变

从上述对河南省各地市制造业和制造服务业的空间分布现状以及演变的分析中我们可以得出，河南省制造服务业与制造业的聚集地相似，即“京广线”以南地带，其中以郑州制造业和制作服务业规模最大，空间上较为集中。从制造业演变看，聚集趋势呈现从南北面的地区向郑州靠拢，而同时又向东面的商丘、周口两地聚拢。制造服务业的聚集呈现出周围地区向郑州及其周边的焦作和开封聚拢的趋势。

四、河南省制造业与制造服务业集聚度的空间分布

为了直观表现制造服务业与制造业的协同集聚关系，本章选取区位熵指数来测度两者之间集聚的相关性。区位熵用 LQ 来表示，计算公式为：

$$LQ_{im}=\frac{q_{im}\ \Big/\sum_{m}q_{im}}{q_{m}\ \Big/\sum_{m}q_{m}}$$

q_{im} 为 i 地区 m 行业的单位就业人数，$\sum_{m} q_{im}$ 为 i 地区单位就业人数总和，q_m 为整个区域 m 行业的单位就业人数，$\sum_{m} q_m$ 为整个区域单位就业人数总和。LQ_{im} >1 代表 i 地区 m 行业具有较高的专业化水平，产业集聚的程度也较高。

（一）制造服务业行业集聚空间分布

在交通运输、仓储和邮政业领域，共有包括济源、焦作、漯河、周口等 8 个地市的集中度趋于上升，而在 2014 年，LQ>1 的地市共有 7 个，济源、焦作、漯河分别从原先的相对不集中（0.519、0.630 和 0.833）转变为相对集中（1.762、2.324 和 1.021），而洛阳、南阳则表现出相反的态势，其中，集中度最高的三个地市为焦作、济源和郑州。

在信息传输、计算机服务和软件业方面，共有包括信阳、洛阳、新乡等 10 个地市的集中度趋于上升，而在 2014 年，LQ>1 的地市共有 4 个，比 2009 年少了 3 个地市，这表明示信息传输、计算机服务和软件业的区位专业化分工的程度在提高。南阳、驻马店、漯河从相对集中转变为相对不集中，其中，集中度最高的三个地市分别是郑州（1.835）、信阳（1.660）和周口（1.313）。

在金融业方面，共有包括洛阳、三门峡、平顶山等 6 个地市的集中度趋于上升，而在 2014 年，LQ>1 的地市共有 8 个，南阳从原先的相对不集中（0.908）转变为相对集中（1.081），其中，集中度最高的三个地市分别是洛阳（1.350）、焦作（1.427）和三门峡（1.859）。

在租赁和商务服务业方面，共有包括郑州、开封、洛阳、驻马店、信阳等 12 个地市的集中度趋于上升，而在 2014 年，LQ>1 的地市共有 7 个，开封、信阳分别从原先的相对不集中（0.739、0.774）转变为相对集中（1.149、1.062），其中，集中度最高的三个地市分别是郑州（1.519）、濮阳（2.336）和洛阳（1.258）。

在科学研究、技术服务和地质勘探业方面，共有包括郑州、平顶山、周口等 5 个地市的集中度趋于上升，而在 2014 年，LQ>1 的地市共有 4 个，新乡从原先的相对集中（1.014）转变为相对不集中（0.869），其中，集中度最高的三个市分别是郑州（1.914）、洛阳（2.585）和南阳（1.135）。

由上述分析可以看出，制造服务业分布呈现明显的核心—外围的地域特征，目前，河南省制造服务业已经形成以郑州为核心、洛阳为副核心、西部和西南地区为外围的发展格局。

（二）集聚差异分布特征

由图 7-11 可以发现，河南省 2014 年制造服务业集聚度与制造业集聚度在不同城市有着不同的分布态势。从总体上看，制造服务业就业区位熵大于 1 的有 5 个地市，其中主要集聚在郑州、洛阳和焦作三个高点，并且在这三个城市制造服务业的集聚度要高于制造业的集聚度，但制造业的区位熵也大于 1。结合三个城市的地区生产总值来看，在发达的城市中，制造服务业都倾向于集聚，最终可以形成完整的服务业集聚区，并以此促进了制造业的进一步深化分工。制造业就业区位熵大于 1 的有 10 个地市，其中济源、漯河、许昌、鹤壁、焦作等城市的制造业集聚度（除焦作外）要远比制造服务业集聚度高，这些城市在发展之初就依靠制造业，完善的基础设施和政策便利以及较低的要素成本都使得制造业在这些地区发展态势强劲。就具体城市而言，2014 年河南省 18 个地市中，济源、漯河、鹤壁、许昌、三门峡等地市的制造服务业与制造业的集聚度相差较大，这些地区的制造业集聚性较好；驻马店、商丘、安阳、濮阳、焦作、南阳、平顶山等地市的制造服务业与制造业的集聚度相差较小，且这些地区（除焦作外）的制造业与制造服务业均呈现分散性。结合 2014 年河南省各地市的生产总值可以发现，生产总值较高的城市，如郑州、洛阳、南阳，其制造服务业与制造业的集聚度相差不大，而生产总值较小的城市，如济源、鹤壁、漯河，其制造服务业与制造业的集聚度相差较大。由此，我们可以推断，制造服务业集聚与制造业集聚之间的关系（协同度）与地区经济发展水平密切相关。一般而言，经济相对发达城市制造服务业集聚与制造业集聚之间相差较小。

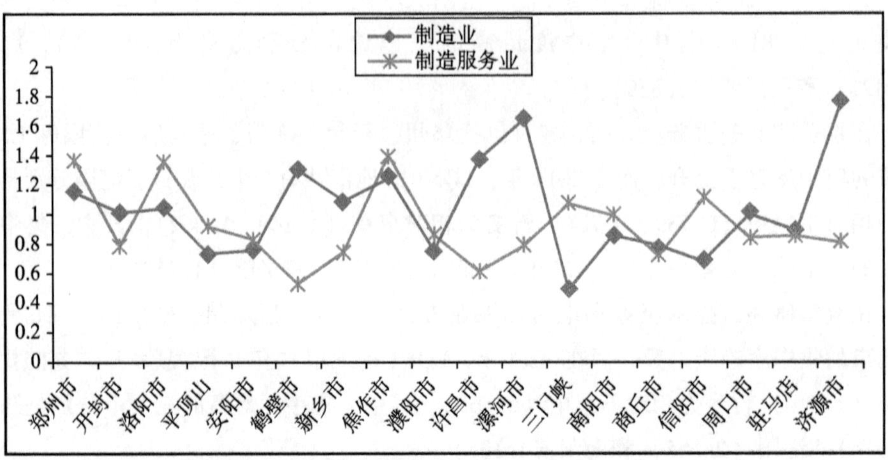

图 7-11　2014 年河南省各地市制造业与制造服务业城镇单位就业区位熵

第三节　河南省制造业与制造服务业的协同性

一、制造业与制造服务业间的产业关联效应

（一）投入产出分解技术模型

投入产出分析方法自里昂惕夫以来一直就是产业结构研究的重要工具，随着世界经济一体化的发展，地区间乃至国际间的投入产出模型也迅速发展起来，但是多地区、多部门的投入产出表的复杂性也为研究带来了较大的困难，特别是研究者的研究对象并不涉及过多地区或国家的时候，Strassert 提出的抽取法则为处理这种问题提供了新的思路，Miller 和 Lahr 对这种思路进行了拓展。此外，地区间或国家间的比较分析也是研究的一个重要方向，但是传统投入产出模型对此也无能为力，为此，Miller 和 Blair 发展了投入产出结构分解技术。

假设经济体有 N 个产业部门，其投入产出系统为 $AX + Y = X$。将 $i = 1, 2, \cdots, n$ 按大类部门进行排序，假定 $k \leqslant i \leqslant 1$ 为制造服务业部门，$m \leqslant i \leqslant n$ 制造业部门。根据 Strassert 的抽取原理，仅考虑制造服务业和制造业部门所在的子系统，其具有如下平衡关系：

$$\begin{bmatrix} A_{11} & A_{12} \\ A_{21} & A_{22} \end{bmatrix}\begin{bmatrix} X_1 \\ X_2 \end{bmatrix}+\begin{bmatrix} Y_1 \\ Y_2 \end{bmatrix}=\begin{bmatrix} X_1 \\ X_2 \end{bmatrix}$$

其中，1 代表制造服务业部门，2 代表制造业部门，A_{ii} 为部门 $i(i = 1, 2)$ 的直接消耗矩阵，A_{ii} 表示部门 j 内各产业对部门 i 内各产业的消耗系数矩阵，X 为部门产出，Y 为最终需求与对其他产业部门的中间需求之和。

子系统的里昂惕夫逆矩阵 $(I - A)^{-1}$ 反映了最终需求增加 1 单位对于各部门产品直接和间接的消耗，多生产 1 单位的 X_1 首先会产生一个乘数作用，导致 X_1 产量上有 $(I - A_{11})^{-1}$ 的增量，这种效应集中于产业部门内部，因此将其定义为部门内乘数效应 $W_{ii} = (I - A_{11})^{-1}$，它刻画了本部门的内生增长状态，是一个产业部门自我调节能力的表现。然而，多生产的 1 单位 X_1 不仅会对自身产生影响，由于部门 2 在生产过程中对 X_1 的消耗，因此部门 2 也会受到影响，这一影响也是循环的，最终会造成该部门 $(I - A_{22})^{-1}A_{21}$ 的产出增量，将 $B_{ij} = (I - A_{ii})^{-1}A_{ij}(j \neq i)$ 定义为部门间溢出效应，表示部门 j 增加 1 单位产出对部门 i 的关联影响。

此外，部门 1 的 1 单位产出增加造成了下一期部门 2 产出的增加，而部门 2 的这一增量又会通过关联作用反馈到部门 1，最终会导致部门 1 的产出增量 $F_{11} = [I - (I -$

$A_{11})^{-1}A_{12}(I-A_{22})A_{21}]^{-1}=(I-B_{12}B_{21})^{-1}$，定义$F_{ii}=(I-B_{ij}B_{ji})^{-1}$为部门间反馈效应，它表示产业部门 i 的 1 单位产出增加导致产业部门 j 产量变化之后的回馈作用。

基于上述定义，可以将 $(I-A)^{-1}$分解为部门内乘数效应、部门间溢出效应与部门间反馈效应的乘积：

$$(I-A)^{-1}=\begin{bmatrix}F_{11} & 0\\ 0 & F_{22}\end{bmatrix}\begin{bmatrix}I & B_{12}\\ B_{21} & I\end{bmatrix}\begin{bmatrix}W_{11} & 0\\ 0 & W_{22}\end{bmatrix}$$

上述部门之间的溢出效应和反馈效应是针对 1 单位总产出的增加所带来的影响，为求一致，将其统一到反映 1 单位最终产出带来的影响上，可以对各种效应的定义进行改进：

部门内乘数效应为：$W_{ii}=(I-A_{ii})^{-1}$

部门间溢出效应为：$B_{ij}W_{jj}=(I-A_{ii})^{-1}A_{ij}W_{jj}$

部门间反馈效应为：$(F_{ii}-I)W_{ii}=[(I-B_{ij}B_{ji})^{-1}-I]W_{ii}$

上式右边三项依次表示乘数效应、溢出效应和反馈效应，具体经济含义在于：对于 1 单位最终产出在两大类部门的经济循环中可以为社会带来的经济增量，其中乘数效应表示 1 单位的最终产出所引起本部门产出水平的变化，是部门内生发展水平的体现；溢出效应表示 1 单位的最终产出所引起另一部门产出水平的变化，是典型的关联作用；反馈效应则表示 1 单位的最终产出在通过对另一部门发生关联影响之后再在经济体系的循环过程中又回馈到部门自身，从而为本部门创造价值。反馈效应实质上也体现了产业间的关联影响。

（二）制造服务业和制造业总体的内生和关联效应

表 7-6 是利用前述模型测算得到的 2002~2012 年制造服务业和制造业的内生和关联效应值。2012 年制造服务业的总效应是 1.728，制造业为 2.105，也就是说，在当年的生产结构状态下，增加 1 单位制造服务业和制造业的最终产出在两大类部门所组成的子系统中对经济形成的总的经济产出增量分别为 1.728 和 2.105。这表明，制造业对经济增长的拉动力量远远大于制造服务业。

对于制造服务业而言，2012 年乘数效应、溢出效应和反馈效应分别为 1.241、0.426 和 0.061。同年制造业部门的乘数效应、溢出效应和反馈效应分别为 1.925、0.094 和 0.085。从两大部门计算的结果来看，乘数效应远远大于溢出效应和反馈效应，这表明在经济发展过程中，产业自身机制建设的重要性要大于产业之间的关联作用。但是这种重要性在两大部门之间也有着明显的不同，对于制造服务业部门，在 1 单位最终产出带来的增长过程中，乘数效应的贡献仅占 71.81%，而溢出效应和反馈效应分别占 24.65% 和 3.54%；而对于制造业部门，基于乘数效应为单位最终产出带来的增长的贡献率高达91.46%，溢出效应和反馈效应则仅占4.48%和4.06%。可见，制造服务业在国民经济发展过程中对于制造业具有较强的溢出效应，其对于制造业发展的支持作用是非常明显的；反之，制造业对于制造服务业的拉动效应并不显著。

表7-6　2002~2012年河南省制造服务业和制造业部门的内生与关联效应

行业	分解	效应			贡献（%）		
		2002年	2007年	2012年	2002年	2007年	2012年
制造服务业	乘数效应	1.115	1.224	1.241	78.51	78.90	71.81
	溢出效应	0.278	0.292	0.426	19.59	18.83	24.65
	反馈效应	0.027	0.035	0.061	1.90	2.27	3.54
	总效应	1.420	1.551	1.728	100	100	100
制造业	乘数效应	1.716	1.768	1.925	93.64	92.13	91.46
	溢出效应	0.077	0.099	0.094	4.18	5.16	4.48
	反馈效应	0.040	0.052	0.085	2.18	2.71	4.06
	总效应	1.832	1.919	2.105	100	100	100

在总效应上，制造服务业和制造业在2002~2012年一直处于上升的过程中。这表明无论是制造服务业还是制造业，1单位最终产出的增量对于经济总产出的拉动能力是在上升的，这意味着总的经济发展机制在不断优化。

对于制造服务业而言，乘数效应在2002~2007年不断上升，但是2007~2012年却有所下降，而且乘数效应在总效应中的比重从2007年之后就处于下滑状态；溢出效应在整个考察期内则不断上升，在总效应中的比重呈现“U”型走势，尤其是2007~2012年上升的幅度较大；反馈效应的数值和效应占比都呈现上升趋势。从制造服务业各种效应的动态数据变化中可以看到，制造服务业整体机制的变好基于其与制造业关联溢出效应整体是不断提升的，其对制造业的支持性作用越来越明显，但是制造服务业的内生性在近年来有所削弱，从而开始阻碍其对于整体经济的贡献。制造业乘数效应在2002~2012年一直处于上升趋势，但占比处于下滑趋势；溢出效应值和其占比呈现倒“U”型变化；反馈效应值和其占比在这期间一直在增长。从数据变化中可以发现，制造业在经济发展过程中与制造服务业很不一样，在整个考察期内，制造业的总体效应在不断上升，整个发展机制处于优化的状态。2002~2007年，分解的三个方面都对制造业机制的改善起到了作用，尤其是对制造服务业的拉动增长最大，在此期间，制造业对制造服务业的溢出效应增加了29.42%，而在2007~2012年，制造业机制主要依靠反馈效应的快速增长，此间制造业对制造服务业的溢出效应有所下降，下降了4.71%，这表明河南省制造业在分工上还未深化，在发展过程中所需要的服务环节并没有得到很好的发展。

（三）制造服务业部门子行业的进一步考察

分部门看，2012年科学研究和技术服务业与交通运输、仓储和邮政业的总效应最高，分别为1.884和1.872，即科学研究和技术服务业与交通运输、仓储和邮政业对经济的拉动力量最强；其次分别为金融业，租赁和商务服务业，信息传输、计算机服务和软件业（见表7-7）。制造服务业5个子行业的乘数效应差距不明显。溢出效应和反馈效应的行业排名基本上与总效应一致。但从效应大小上看，溢出效应的差异较为明显，而且其在总效应中的贡献的差别也非常大。其中，科学研究和技术服务业对制造业的溢出效应已经达到0.642，占总效应的比重为34.09%，而租赁和商务服务业对制造业的溢出效应就小很多，仅为0.240。此外，交通运输、仓储和邮政业，金融业和信息传输、计算机服务和软件业三个子行业的溢出效应在0.3~0.5，其在总效应中的比重大致为20%~25%。

表7－7　2012年制造服务业的内生性及其与制造业的关联效应

行业	效应				贡献（%）		
	乘数效应	溢出效应	反馈效应	总效应	乘数效应	溢出效应	反馈效应
交通运输、仓储和邮政业	1.332	0.465	0.075	1.872	71.15	24.82	4.02
信息传输、计算机服务和软件业	1.098	0.340	0.039	1.477	74.34	23.00	2.67
金融业	1.182	0.398	0.050	1.629	72.51	24.42	3.07
租赁和商务服务业	1.225	0.240	0.037	1.502	81.58	15.99	2.44
科学研究和技术服务业	1.165	0.642	0.077	1.884	61.80	34.09	4.11
制造服务业	1.241	0.426	0.061	1.728	72.81	24.65	3.54

从动态角度看，交通运输、仓储和邮政业内生性的增长能力不断增强，但其对制造业的拉动能力在2002~2007年有所下滑，但其后对制造业发展的重要性则大幅度提升；信息传输、计算机服务和软件业的内生能力和对制造业的拉动效应均出现先降后升走势，且对制造业的拉动能力的波动较大；金融业的内生能力和对制造业的拉动效应都不断上升，尤其是对制造业的拉动能力上升幅度较大；租赁和商业服务业的内生性和对制造业的拉动效应呈现相反走势，内生性先降后升，而该行业对制造业的拉动能力出现倒“U”型，尤其是2007年后出现大幅下滑，在总效应中的比重从5个子行业中的最大到最小；科学研究和技术服务业的内生性整体处于下降趋势，但2007年后有所回升，其对制造业的拉动能力却一直处于大幅上升趋势，逐

步表现出对经济强有力的拉动效应（见图 7-12、图 7-13）。

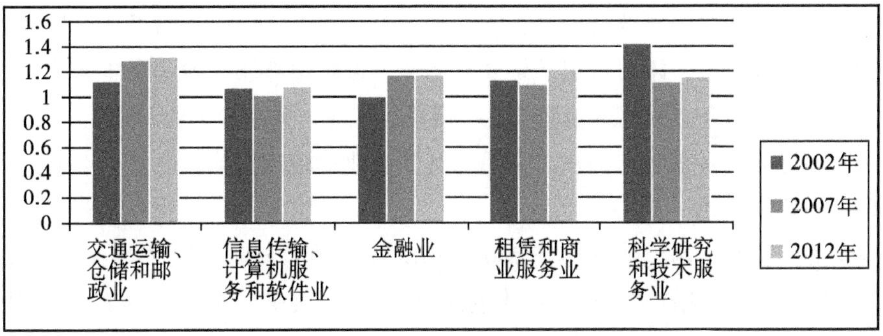

图 7-12　2002~2012 年制造服务业乘数效应变化

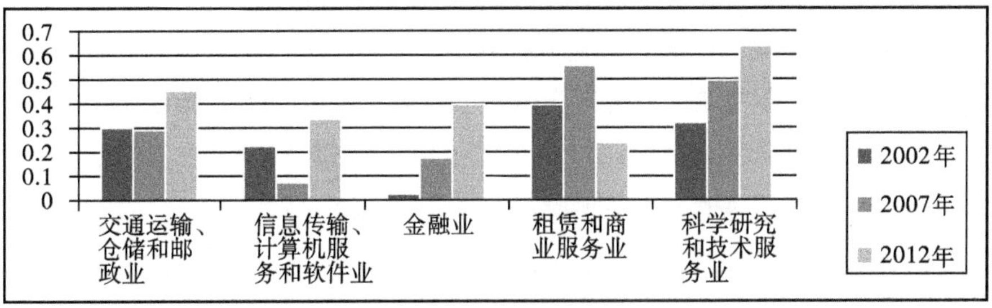

图 7-13　2002~2012 年制造服务业溢出效应变化

（四）制造业部门子行业的进一步考察

2012 年制造业子行业中总效应排在前 10 位的是造纸及纸制品业，印刷业记录媒介复制业，化学纤维制品业，金属制品业，机械和设备修理服务业，通信设备、计算机和其他电子设备制造业，交通运输设备制造业，仪器仪表、专用设备制造业，电气机械及器材制造业等，这些行业几乎均属于技术密集型产业，事实上整个技术密集型产业的总效应最高，为 2.507，而劳动密集型产业和资本密集型产业的总效应均值分别为 1.924 和 2.047。劳动密集型产业与资本密集型产业对经济的拉动能力相差不远，资本密集型产业略高，但是技术密集型产业对经济的拉动效应远高于劳动及资本密集型产业。在制造业部门内，对经济拉动力较小的产业主要有烟草加工业、食品加工业制造业、纺织业、石油加工及炼焦业、黑色金属冶炼及压延加工业。

从内生性看，技术密集型产业整体上也大大高于资本密集型产业和劳动密集型产业，资本密集型产业略高于劳动密集型产业，这与总效应的情况基本一致。大部分制造业行业的乘数效应均在 2 以上，而总效应较小的制造业产业其乘数效应均不高，这表明制造业中对经济拉动效应较小的产业主要是由于产业自身发展机制较差所致。

在制造业对制造服务业的溢出效应上，金属制品、机械和设备修理服务业，化学纤维制品业，交通运输设备制造业，医药制造业，专用设备制造业等技术密集性产业对制造服务业的溢出效应较高，石油加工及炼焦业、化学原料及化学制品制造业等劳动密集型产业，印刷业记录媒介复制业、橡胶塑料制品业等资本密集型产业也表现出对制造服务业较高的溢出效应。烟草加工业，食品加工业制造业，纺织业，纺织服装服饰业以及皮革、毛皮、羽毛及其制品业的溢出效应则很小，与制造服务业之间的关联影响很小。

从动态角度看，制造业部门在2002~2012年乘数效应都出现了增长（见图7-14），其中造纸及纸制品业，化学纤维制品业，皮革、毛皮、羽毛及其制品，印刷业记录媒介复制业，石油加工及炼焦业以及绝大多数技术密集型产业增加幅度较大；在溢出效应上，制造业行业之间的差异则较大，近年来石油加工及炼焦业，化学纤维制品业，有色金属冶炼及压延加工业，医药制造业，黑色金属冶炼及压延加工业，印刷业记录媒介复制业，皮革、毛皮、羽毛及其制品业等行业对于制造服务业的拉动能力在不断增强。但是其他行业对于制造服务业的关联拉动力则在不同程度上出现倒退，尤其是技术密集型制造业，这也导致了技术密集型制造业对制造服务业的溢出效应在2007~2012年出现最大降幅（见图7-15）。

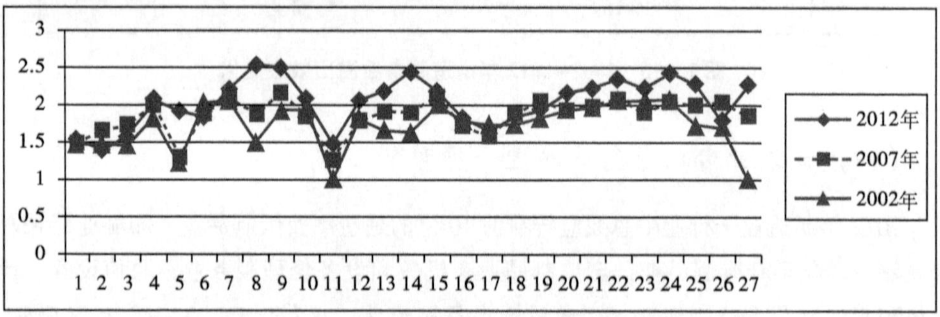

图7-14 2002~2012年制造业乘数效应变化①

二、制造业与制造服务业间的产业协同集聚度

（1）产业维度：制造服务业与制造业的产业关联的测量。本节基于2012年河南

① 图中1-27数字表示制造业的行业代码，分别为食品，烟草制品，纺织品，纺织服装服饰，皮革、皮毛、羽毛及其制品，木材加工品和木、竹、藤、棕、草制品，家具，造纸和纸制品，印刷品和记录媒介复制品，文教、工美、体育和娱乐用品，精炼石油和核燃料加工品炼焦产品，化学原料及化学制品制造业，医药制品，化学纤维制品，橡胶、塑料制品，非金属矿物制品，黑色金属冶炼及压延加工业，有色金属冶炼及压延加工业，金属制品，通用，专用，交通运输设备，电气机械和器材，通信设备、计算机和其他电子设备，仪器仪表，其他制造产品，废弃资源和废旧材料回收加工品。下图同。

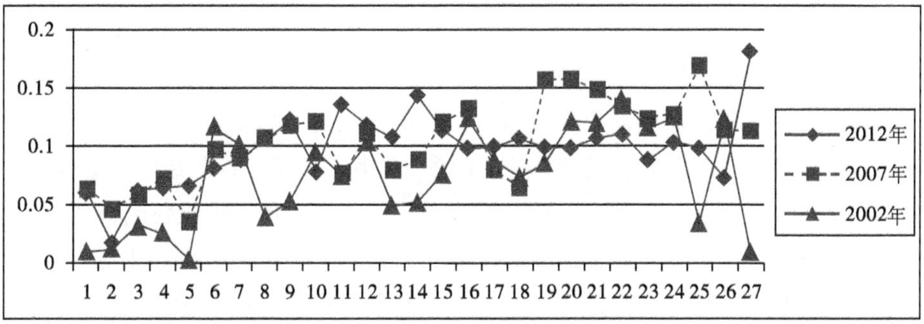

图 7-15　2002~2012 年制造业溢出效应变化

省的投入产出表，利用直接投入系数 A_{ij} 和直接分配系数 B_{ij} 的分析来衡量两个产业之间前向和后向关联。A_{ij} 主要衡量的是产业 i 对产业 j 的前向关联（主要是通过影响另一种产品供给的容易程度而发生的联系，是一种推力）。B_{ij} 主要衡量的是产业 j 对产业 i 的后向关联（即通过影响另一个产业产品的需求而发生的联系，是一种拉力）。这里参照江曼琦和席强敏（2014）的做法，用直接投入系数 A_{ij}、A_{ji} 和直接分配系数 B_{ij}、B_{ji} 的算术平均值来测度产业 i 和产业 j 之间的产业关联度。

（2）空间维度：制造服务业与制造业的协同集聚度的测量。目前，关于产业集聚的度量指标已比较丰富，具体包括空间基尼系数、赫芬达尔指数、区位熵和地理集中指数等，总体来看这些指标只能做一些静态分析，而且区域单元越小数据就越难收集。Ellison 和 Glaeser（1997）构建了 E-G 指数用来测算两位数产业的集聚水平，但这一指标难以刻画多个产业间协同集聚的状况，因此构建了用于考察多个产业间协同集聚的 E-G 修正指数，但由于 E-G 修正指数的计算对数据要求较高，必须要同时具备企业层面和产业层面的数据，目前用此方法进行中国产业间集聚研究的文章比较少。因此，Devereux 等（2004）将 E-G 指数作了一定程度的简化：

$$C(r)=\frac{G_r-\sum_{j=1}^{r}w_j^2G_j}{1-\sum_{j=1}^{r}w_j^2}$$

其中，$w_j=\frac{T_j}{\sum T_j}$ 为权重指标（此处用就业人数表示），T_j 为产业 j 的总就业人数，G 为地理集中度，可用赫芬达尔指数计算。G_r 表示两个产业或多个产业在第 r 地区的就业人数占两个产业或多个产业在全国的就业份额，G_j 表示单个产业在第 r 地区的就业人数占全国就业人数的比重。一般而言，C（r）指数越大，表示产业间协同集聚度越高。若以标准化后的协同集聚度（$R_{ij}\geqslant1$）为中高度协同集聚的衡量标准（江曼琦和席强敏，2014），则河南省制造服务业与制造业高度空间集聚和中度空间集聚

（加总水平）只占 12.14%，这说明，河南省制造服务业与制造业的平均协同集聚水平仍有较大的提升空间。

制造服务业与制造业共同集聚程度较高的组合有食品加工业—信息传输、计算机服务业和软件业（0.085），通信设备、计算机及其他电子设备制造业—信息传输、计算机服务业和软件业（0.085），通信设备、计算机及其他电子设备制造业—科学研究和技术服务业（0.080），食品加工业—科学研究和技术服务业（0.078）以及通信设备，计算机及其他电子设备制造业，科学研究和技术服务业（0.070）等，而这些行业组合的一个特点就是制造业与制造服务业的产业关联度较高，互动性较强，从而在空间布局上趋于一致。

（3）河南省产业协同集聚的产业—空间四象限分布图（见图 7–16）。制造服务业起初是作为制造业的中间投入产品而产生，并贯穿于制造业全产业链的诸多环节，两者间的产业关联是引起产业集聚的重要原因之一。为了进一步确认河南省各类制造服务业与制造业对空间邻近的需求是否是由两者之间较强的投入产出关系引致的，作为制造服务业与制造业协同集聚的双重属性，产业互动和空间联动之间的关系是对立还是可以互相传导的，我们尝试以产业协同集聚度为横坐标，以产业关联作为纵坐标（经过标准化后的 R_{ij}、C_{ij}，以 0 为强弱或高低的分水岭），基于产业关联度和空间协同集聚度建立产业—空间四象限分布图，以验证产业关联的强弱与空间协同集聚的关系，并为该地区的产业发展与空间布局提供一定的现实依据。分析结果如图 7–16 所示。

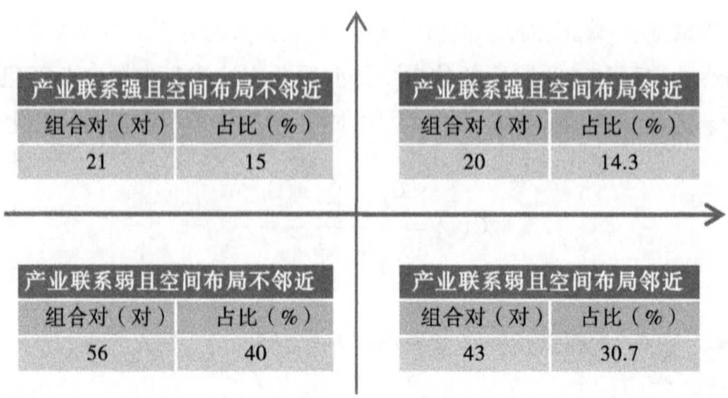

图 7–16　2013 年河南省制造服务业与制造业产业—空间四象限分布图

位于第一象限的产业组合的产业关联度和协同集聚度都比较高，空间分布上具有较强的一致性。在 140 对产业组合中，河南省有 20 对部门组合位于第一象限，占总产业组合数的 14.3%。该象限的产业组合表明，由于两大产业间的内生联系就注定了投入产出关联是推动此象限制造服务业与制造业协同集聚的主要原因。对这20对产业间两两组合进行进一步分析发现，其中的制造服务业部门主要分布在金融业，交通运输、仓储和邮政业，信息传输、计算机服务业和软件业，租赁和商务服务业部门，而制造业部门主要是通信设备、计算机及其他电子设备制造业，食品加工业，非金属矿物制品业，化学原料及化学制品业和专用设备制造业（见表7-8）。该象限中资本密集型制造业组合对最多，为9对，占该象限总组合对的45%，技术和劳动密集型制造业组合对几乎持平。由此可以推断，制造服务业与制造业之间形成协同集聚的最主要原因不是投入产出关系，它的目的不在于通过减少运输成本从而降低交易成本，促使产业空间协同集聚的原因更多的是为了降低制造业服务化过程中大量“面对面”服务需求所形成的各种交易成本等。

表7-8　第一象限内产业组合分布情况

产业组合排前五的制造服务业部门	出现次数	产业组合数排前五的制造业部门	出现次数
金融业	6	食品加工业	3
交通运输、仓储和邮政业	5	化学原料及化学制品制造业	3
租赁和商务服务业	4	非金属矿物制品业	3
信息传输、计算机服务业和软件业	4	通信设备、计算机及其他电子设备制造业	2
科学研究和技术服务业	1	专用设备制造业	2

处于第二象限的产业组合之间的投入产出关系强，但协同集聚程度比较低，制造服务业与制造业在空间分布上趋于分散。这表明产业关联所产生的集聚效应给城市带来了拥挤效应，出现了拥挤成本、公共产品供应不足、环境破坏、资源浪费、过度竞争等现象，而这些现象所带来的不经济利益超过了集聚效应所带来的经济效益。河南省有21对产业部门组合位于该象限，占到总产业组合数的15%。对这21组部门组合情况进行分析发现，其中的制造服务业部门主要以交通运输、仓储和邮政业，金融业，科学研究和技术服务业为主，而制造业主要以石油加工、炼焦及核燃料加工业，造纸印刷及文教体育用品制造业，金属制品业，金属制品、机械和设备修理业为主（见表7-9）。该象限中资本和劳动密集型制造业组合对最多，分别占该象限总组合对的42.86%和38.1%，大多是一些传统的低附加值与高能耗的产业。这些制造业大都需要充足的运力作为保证，但上述产业一般都难以承担高额的交通和地租成本，这些因素促使了制造服务业与制造业在空间上呈现出一定的分离式集聚。

表 7-9　第二象限内产业组合分布情况

产业组合排前五的制造服务业部门	出现次数	产业组合数排前五的制造业部门	出现次数
交通运输、仓储和邮政业	12	石油加工、炼焦及核燃料加工业	4
科学研究和技术服务业	4	造纸印刷及文教体育用品制造业	4
金融业	3	金属制品业	2
租赁和商务服务业	1	金属制品、机械和设备修理业	1
信息传输、计算机服务业和软件业	1	文教、工美、体育和娱乐用品	1

位于第三象限的产业组合，其产业关联度与协同集聚程度都低，与第一象限相似，在空间布局上都具有较强的一致性。与第一象限相反，该象限内的产业组合表明投入产出关系的强弱直接关系到制造服务业与制造业在空间分布上的集聚程度。在 140 对产业组合中，此象限的产业组合数占到全体的 40%，在四个象限中所占比重最大，其中的制造服务业主要是信息传输、计算机服务与软件业，金融业，租赁和商务服务业等，制造业主要以仪器仪表制造业、其他制造业、木材加工及家具制造业、造纸印刷及文教体育用品制造业、烟草制品业等行业为主（见表 7-10）。该象限中劳动密集型制造业组合对最多，为 33 对，占比高达 58.93%，河南省地区还存在大量附加值比较低的制造业，所以综合数据的结果在较大比例上才呈现出产业和空间上的一致性，这也从某种程度上说明河南省在产业空间布局的初始阶段未能充分考虑产业关联与空间集聚的协同效应，随意性或区域本位主义比较盛行。

表 7-10　第三象限内产业组合分布情况

产业组合排前五的制造服务业部门	出现次数	产业组合数排前五的制造业部门	出现次数
租赁和商务服务业	15	烟草加工业	5
金融业	12	仪器仪表制造业	4
信息传输、计算机服务业和软件业	12	其他制造业	4
科学研究和技术服务业	9	木材加工及家具制造业	4
交通运输、仓储和邮政业	8	造纸印刷及文教体育用品制造业	4

位于第四象限的产业组合之间协同集聚度高，但产业关联度低。在河南省 140 对产业组合数中，有 43 对位于该象限，占到总产业组合数的 30.7%，是产业关联与空间集聚的二维组合配对中占比较高的一类。其中的制造服务业主要是以信息传输、计算机服务和软件业，科学研究和技术服务业，租赁和商务服务业，金融业为主，而制造业则以交通运输设备制造业，通信设备、计算机及其他电子设备制造业，纺

织业，专用设备制造业，电气机械及器材制造业，食品加工业为主（见表 7-11）。该象限中三种类型的制造业占比相差较小，其中以技术密集型制造业组合对最多，为 37.21%。随着河南省中原城市群地区一体化进程的推进，局域空间的“本地市场效应”（Home Market Effect）将逐渐被稀释。

表 7-11　第四象限内产业组合分布情况

产业组合排前五的制造服务业部门	出现次数	产业组合数排前五的制造业部门	出现次数
科学研究和技术服务业	14	纺织业	5
信息传输、计算机服务业和软件业	11	交通运输设备制造业	4
租赁和商务服务业	8	通信设备、计算机及其他电子设备制造业	4
金融业	7	电气机械及器材制造业	4
交通运输、仓储和邮政业	3	医药制造业	4

三、小结

本节首先通过将区域投入产出分析的抽取法和结构分解技术应用于制造服务业与制造业关系的研究，在深入探讨了两者之间关联性的基础上考察产业的内生增长情况；其次通过两者之间的产业关联和空间集聚构建了产业协同集聚的产业—空间四象限分布图，将制造服务业与制造业的产业关联度、空间协同集聚度纳入同一个分析框架中。本章有如下重要结论：

（1）在经济发展过程中，对于部门或者行业发展而言，乘数效应和溢出效应是主要的经济推力，反馈效应的影响很小，同时乘数效应大于溢出效应，因此，与部门间关联拉动相比，产业的内生增长对于经济发展更为关键。

（2）制造服务业和制造业对经济的拉动效应不断增大，相比制造服务业，制造业的拉动效应更强，但是两类产业部门的生长机制存在明显的差异。制造业在发展过程中对制造服务业的溢出效应较弱，但是制造服务业对制造业的溢出效应则要强得多。制造服务业主要表现为溢出效应的不断强化，对制造业的支持性作用在经济发展过程中越来越明显，但是制造服务业的内生性在此期间不断弱化。制造业则不同，其内生性在此期间不断弱化，对制造服务业的驱动在 2002~2007 年不断加强，但近年来对制造服务业的溢出效应出现下降。

（3）制造服务业各子行业的增长机制差异较大。科学研究和技术服务对制造业的溢出效应较大，但是租赁和商务服务业和信息传输、计算机服务和软件业对制造业发展的贡献不大。交通运输、仓储和邮政业，金融业，租赁和商业服务业，科学研究和技术服务业的内生机制在改善当中，而科学研究和技术服务业的内生机制则有所降低。交通运输、仓储和邮政业，科学研究和技术服务业，金融业对制造业的溢出能力在增强，而租赁和商务服务业对制造业的支持力度在2002~2007年较大，但近年来出现大幅度下降，值得关注。

（4）技术密集型产业表现出极强的经济拉动效应，资本密集及劳动密集型产业对经济的拉动能力则相差不大。从制造业对制造服务业的溢出效应上看，技术密集型产业和资本密集型产业的关联效应较为近似，都远高于劳动密集型产业，但是技术密集型产业对制造服务业的拉动作用在近年来有所减弱。所有制造业部门在2002~2012年对经济的拉动作用几乎都有所增强，近年来制造业的内生性也出现了较大幅度的改善，尤其是造纸及纸制品业，化学纤维制品业，皮革、毛皮、羽毛及其制品业，印刷业记录媒介复制业，石油加工及炼焦业以及绝大多数技术密集型产业。在溢出效应上，制造业行业之间的差异则较大，近年来石油加工及炼焦业，化学纤维制品业，有色金属冶炼及压延加工业，医药制造业，黑色金属冶炼及压延加工业，皮革、毛皮、羽毛及其制品业等行业对制造服务业的拉动能力在不断增强。但是其他行业对制造服务业的关联拉动力则在不同程度上出现倒退，尤其是技术密集型制造业，这也导致了技术密集型制造业对制造服务业的溢出效应在2007~2012年出现最大降幅。

（5）从理论上讲，产业关联度较强的行业，其协同集聚水平也较高，就目前而言，河南省产业关联度强而且空间协同集聚度高的行业配对组合占总组合配对组合数的比例仍旧偏低，该地区制造服务业与制造业协同集聚水平具有很大的提升空间，同时也从侧面印证了产业关联不是形成空间协同集聚的充要条件。

（6）河南省大部分制造服务业与制造业的融合性在城市空间上并没有明显地体现出来，但我们也发现，技术密集型制造业与制造服务业有近一半的组合对表现出空间协同集聚现象，其中有6个技术密集型的制造业与相应的制造服务业有空间协同集聚倾向。附加值低的产业则因为较低的集聚利益而缺乏内生动力，呈现出一定的空间分散状况。

第四节　河南省制造业与制造服务业的协调性——基于空间面板模型

一、空间相关性检验

（一）Moran's I 指数

随着信息技术的发展，经济活动空间相关性的统计分析逐步受到应有的关注。

大部分研究关注单个指标的空间关联性，也就是目标区域数据在属性值相似的同时，是否也存在着相近的空间区位（Anselin，2001）。而在这之中，又区分全局空间自相关指标和局域空间自相关指标，前者衡量的是整体的空间自相关模式，但不能反映各地区的空间依赖情况，因而就出现了后者，为分析各地区的情况提供了信息，最常用的是全局 Moran's I 和局域 Moran's I。Moran's 采用点阵数据测度空间依赖性，提出了全局空间自相关指数 Moran's I，主要用于验证整个研究区域某一要素的空间模式，其取值范围为［-1，1］。正值越接近 1，表示该空间事物的属性取值高高集聚或低低集聚；负值接近-1，表示高低相依，呈现分散格局；零值表示不存在空间相关性，即空间随机分布。在此基础上，Anselin 1995 年提出了局域空间自相关指数 LISA（即局域 Moran's I），用于分析整个大区域中局部小区域单元上的某种现象或属性值与相邻局部小区域单元上同一现象或属性值的相关程度。全局 Moran's I 的定义是：

$$I=\frac{n}{\sum\sum w_{ij}}\frac{\sum_i\sum_j w_{ij}(x_i-\bar{x})(x_j-\bar{x})}{\sum_i(x_i-\bar{x})^2}$$

局部 Moran's I 的定义是：

$$I_i=\frac{n^2}{\sum\sum w_{ij}}\frac{(x_i-\bar{x})\sum_j w_{ij}(x_j-\bar{x})}{\sum_i(x_i-\bar{x})^2}$$

其中，n 为空间观测单元总数，x_i 表示第 i 个地区观测值，$\bar{x}$ 为变量 x 的平均值，w_{ij}是空间权重矩阵的元素。

Moran's I 取值范围为［-1，1］，当 Moran's I>0 时为正相关，当 Moran's I<0 时为负正相关，当 Moran's I=0 时代表空间无关。

然而，Moran's I 仅提供了单个指标的空间关联性，因而称为空间自相关性指标，若需要探究两个属性的空间互关联性则存在不足，因此我们对其进行了调整，以探究两个连续属性的空间互关联性。我们以下标 i 和 j 表示地区，以 x 和 y 表示两个属性值，构造如下全局空间互关联指标和局域空间互关联指标。

$$I_{xy}=\frac{n}{\sum\sum w_{ij}}\frac{\sum_i\sum_j w_{ij}(x_i-\bar{x})(y_j-\bar{x})}{\sum_i(x_i-\bar{x})^2}$$

$$I_{yx}=\frac{n}{\sum\sum w_{ij}}\frac{\sum_i\sum_j w_{ij}(y_i-\bar{y})(x_j-\bar{y})}{\sum_i(y_i-\bar{y})^2}$$

$$I_{xyi}=\frac{n^2}{\sum\sum w_{ij}}\frac{(x_i-\bar{x})\sum_j w_{ij}(y_j-\bar{x})}{\sum_i(x_i-\bar{x})^2}$$

$$I_{yxi}=\frac{n^2}{\sum\sum w_{ij}}\frac{(y_i-\bar{y})\sum_j w_{ij}(x_j-\bar{y})}{\sum_i(y_i-\bar{y})^2}$$

其中，I_{xy}表示以 x 区位为目标观测值度量的整体空间相关性，I_{yx}表示以 y 区位为目标观测值度量的整体空间相关性，I_{xyi}表示地区 i 的 x 区位与邻近地区的 y 区位的空间相关性，I_{yxi}表示地区 i 的 y 区位与邻近地区的 x 区位的空间相关性。

由上述分析可知，当制造服务业集聚与制造业集聚在空间上相邻或相近时，才能最大限度地发挥两者的互动过程，达到空间协调的效果，因而可以采用空间相关性评价指标来衡量地区间的制造服务业与制造业空间协调性。

（二）空间权重矩阵的设定

空间权重矩阵是空间计量经济学区别于传统计量经济学的特征之一，它被用来描述区位相邻关系，是进行空间计量分析时不可或缺的部分。由于空间权重矩阵的设定具有外生性，所以至今未形成统一的设定标准，主要有两类空间权重矩阵设定方法，一种是地理权重矩阵，另一种是经济权重矩阵。

（1）地理权重矩阵。对地理权重矩阵的设定有两种方法，一种是用二进制表示的地理权重矩阵，另一种是用实际距离表示的距离权重矩阵。而用二进制表示的空间权重矩阵又可分为基于邻近标准的空间权重矩阵、基于距离标准的空间权重矩阵等。

基于邻近标准的空间权重矩阵 W 可表示为 $w_{ij}=\begin{cases}1, & \text{i 地区与 j 地区邻近}\\0, & \text{i 地区与 j 地区不邻近}\end{cases}$

由于空间自身不相邻，所以基于邻近标准的空间权重矩阵是一个对角线元素为 0 的 0-1 矩阵。Anselin 根据计算方法的不同又将邻近标准分为线性邻近（Linear Contiguity）、车邻近（Rook Contiguity）、象邻近（Bishop Contiguity）、后邻近（Queen Contiguity）。

（2）经济权重矩阵。由于现实经济活动中地区之间的经济联系不仅取决于空间地理上的距离，而更多地取决于一个地区的经济发展水平，发达地区对周边地区的外溢程度要大于落后地区，所以将经济因素考虑到空间权重设置中能够更好地反映客观现实情况。经济权重矩阵的设定方法通常是在距离权重矩阵中引入经济因素，如地区人均 GDP、贸易量、资金流量等。本章中我们采取地理权重矩阵×经济权重对角矩阵。

二、制造业与制造服务业的空间聚集模式

为了研究河南省制造业与制造服务业的空间协调性，我们选取制造业和制造服务业的从业人数的区位熵为区位集聚指标，综合上述的空间相关性采用全局空间相关系数对各地市制造业和制造服务业在空间上是否存在集聚特征进行分析。

（一）制造业与制造服务业的空间聚集特性

由表 7-12 可以看出，2011~2014 年河南省制造业和制造服务业的全局 Moran's I 均为正，且几乎都在 5%的显著水平下显著，说明制造业和制造服务业的就业空间分布均具有正的自相关性，表现出空间聚群效应。而且制造业的统计量大于制造服务业的统计量，表明河南省制造业目前已形成一定的规模集聚，而制造服务业整体发展水平还不高，2014 年从业人数占全省的 5.6%，还处于低水平集聚状态。

表 7－12　2011~2014 年河南省地区制造业与制造服务业聚集的 Moran's I 指数

制造业/制造服务业	2011 年	2012 年	2013 年	2014 年
制造业 Moran's I	0.15730*	0.2396**	0.2320**	0.2273**
制造服务业 Moran's I	0.2691**	0.1580*	0.1886**	0.1955**

注：利用蒙特卡罗模拟方法检验，**、*分别表示 5%、1%的显著性水平。

由图 7-17 可知，制造业的“高高”集聚的七个地区均集中在中原城市群（郑州、焦作、济源、新乡、洛阳、开封和许昌），且其中以郑州、焦作、济源和许昌四地市的空间集聚效果较好，而“低低”塌陷区主要分布在河南省的西南区域（三门峡、南阳、驻马店和信阳）和北部的濮阳。由图 7-18 可知，制造服务业的“高高”集聚的六个地区主要分布在中原城市群的西部（郑州、焦作、济源、洛阳、三门峡和平顶山），且其中以郑州、焦作和洛阳三地市的空间集聚效果较好，“低低”塌陷区主要分布在河南省的东部区域（开封、商丘、周口、漯河和驻马店）和北部的濮阳、安阳。

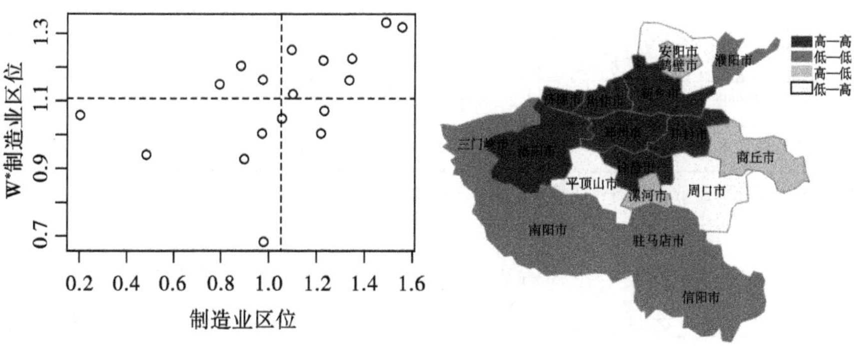

图 7－17　2014 年河南省制造业局部空间相关性

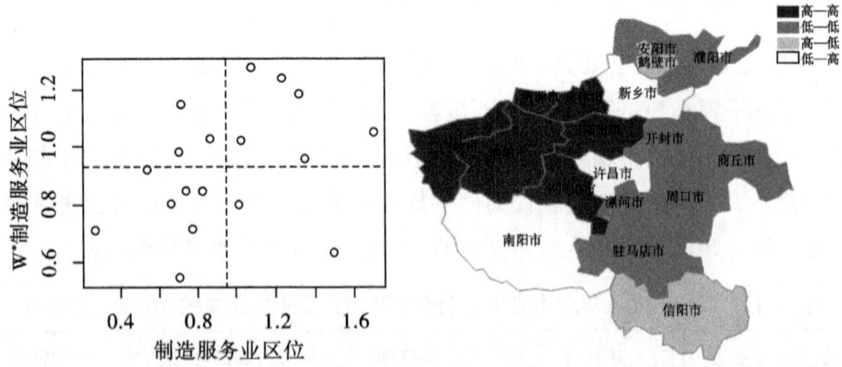

图 7-18　2014 年河南省制造服务业局部空间相关性

（二）制造业与制造服务业之间的空间协同集聚性

下面我们探索制造业与制造服务业区位之间的空间关联性，由表 7-13 可知，河南省的制造业与制造服务业的就业存在着空间正相关，即在河南省 18 个地市中，制造业高（低）的地区与制造服务业高（低）的地区邻近，这也说明河南省制造业就业区位与制造服务业就业区位存在互补效应。但是两者之间的互补效应并不对称，一个地区提高制造业就业区位对邻近地区制造服务业就业区位的提升作用大于该地区提高制造服务业就业区位而带来的邻近地区制造业就业区位的改善，而一个地区制造业区位的衰退对邻近地区制造服务业区位的负作用也大于该地区制造服务业区位的衰退而带来的邻近地区制造业区位的恶化。

表 7-13　2011~2014 年河南省制造业与制造服务业区位之间的空间相关性

年份 制造业/制造服务业	2011	2012	2013	2014
以制造业为目标	0.2191*	0.1669**	0.2209**	0.2496**
以制造服务业为目标	0.2097**	0.1198	0.0857	0.1323*

注：**、* 分别表示 5%、1%的显著性水平。

从局部空间相关性来看，河南省大部分地区的制造业区位与制造服务业区位存在空间正相关，但是各地区也存在较大的差异（见图 7-19、图 7-20）。其中，郑州、焦作、济源和洛阳地区均处于“高高”聚集区，即这四个地区的制造业（制造服务业）发展较好，且与周边地区的制造服务业（制造业）都存在空间互补效应；许昌、新乡制造业就业区位高，且与周边地区制造服务业就业区位都存在互补效应，但这两个地区的制造服务业就业区位低，且与周边地区的制造业存在挤出效应，这说明这两个地区制造业集聚对本地造服务业有挤出效应，但与邻近地区的制造服务业和制造业存在互补效应；平顶山制造服务业的就业区位高，制造业就业区位低，该地区制造服务业集聚会挤出制造业，而与邻近地区的制造业和制造服务业均存在互补效应；漯河和商丘制造业区位高，与本地和邻近地区的制造服务业都存在挤出效应。

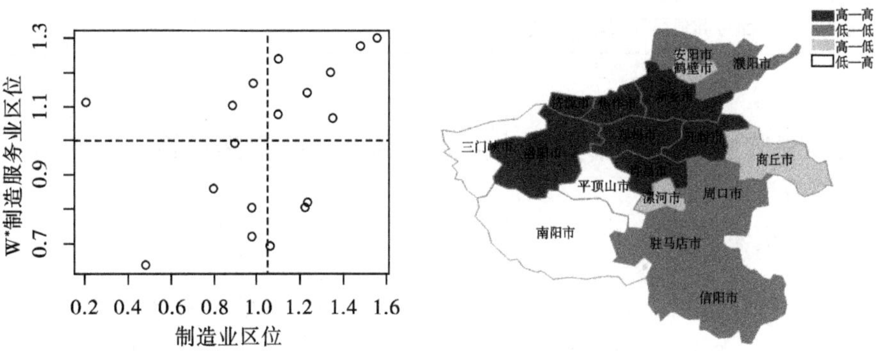

图 7－19　2014 年河南省制造业与邻近地区制造服务业的局部空间相关性

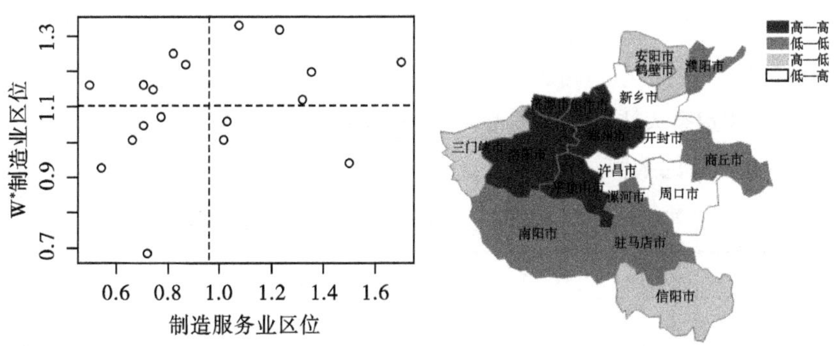

图 7－20　2014 年河南省制造服务业与邻近地区制造业的局部空间相关性

但是细分看来，制造服务业各个细分行业的就业区位与制造业就业区位的空间互补效应存在很大差异（见表 7-14）。以制造业区位为目标观测值时，制造业与金融业、科学研究和技术服务业和租赁和商务服务业的空间关系表现出很强的正相关性，均有 2/3 的地区存在正相关，是集聚区与集聚区相邻或者非集聚区与非集聚区相邻，即在城市之间具有高度的协调性。但当目标观测值为制造服务业区位时，得到的全局空间关系均不显著，这表明了河南省制造服务业和邻近地区的制造业不具有显著的互补性。

表 7-14　河南省制造服务业细分行业区位与制造业区位的全局空间相关性

	以制造业为目标观测	以制造服务业为目标观测
交通运输、仓储和邮政业与制造业	0.209	0.091
信息传输、计算机服务和软件业与制造业	0.181	0.015
金融业与制造业	0.416	0.079
租赁和商务服务业与制造业	0.546	0.042
科学研究、技术服务和地质勘探业与制造业	0.391	0.032

三、制造业与制造服务业的空间协调性——空间计量

(一) 变量选择

本章基于 Venables（1996）的垂直关联模型理论，并借鉴陈建军等（2011）和陈晓峰（2014）关于建立生产服务业和制造业聚集的垂直关联模型的研究思路和框架，选取产业聚集的影响因素（见表 7-15 和表 7-16），从研究制造业和制造服务业聚集间互相促进的空间溢出效应建立空间面板模型。本章选取的是 2007~2013 年河南省 18 个地市的相关数据，数据来源于 2007~2014 年的《中国城市统计年鉴》和《河南省统计年鉴》。考虑到相邻地区的经济联系并非完全相同，即经济发达地区对周边地区辐射作用要大些，因此本章采用的空间权重是地理空间权重与以各地区人均 GDP 为对角矩阵的乘积。

表 7-15　制造业区位模型中的各个变量的含义

变量	符号	代理变量
制造业区位	M_i	以该地区的制造业单位就业密度表示
制造业支出	w_i	以该地区制造业职工平均工资表示
制造业生产成本	MS_i	以该地区的制造服务业单位就业密度表示
制造业交易成本	$Trans_i$	以基础设施投入表示（全社会固定资产投资）
城市规模变化	$D_i \times MS_i$	MS_i 对制造业的影响因城市规模而变化

表 7-16　制造服务业区位模型中的各个变量的含义

变量	符号	代理变量
制造服务业区位	MS_i	以该地区的制造服务业单位就业密度表示
制造服务业支出	M_i	以该地区制造业单位就业密度表示
制造服务业生产成本	PC_i	以该地区的万人在校大学生数表示
制造服务业交易成本	$comu_i$	以该地区的电信业务总量表示
城市规模变化	$D_i \times M_i$	M_i 对制造服务业的影响因城市规模而变化

（二）空间面板模型的选择与设定

对于相应的数据，模型无论是选用 SAR 面板模型，还是 SEM 面板模型，抑或 SDM 面板模型，可参照 Elhorst（2012）的方法。通过两个阶段进行检验：第一阶段在不考虑任何空间相关性的基础上，使用拉格朗日乘数检验法（LM 检验）或者稳健的拉格朗日乘数检验法（Robust LM 检验）对因变量或者残差项是否存在空间自相关进行检验；第二阶段通过 Wald 检验和 LR 检验对 SDM 面板模型的两个假设 H_0：$\lambda=0$ 和 H_0：$\lambda+\delta\beta=0$ 进行检验。如果这两个假设都被拒绝，则应选用 SDM 面板模型；如果第一个假设不被拒绝，并且 LM 检验以及稳健的 LM 检验显示因变量存在空间相关性，则应选择 SAR 面板模型；如果第二个假设不被拒绝，并且 LM 检验以及稳健的 LM 检验显示残差项存在空间自相关，则应选择 SEM 面板模型。

首先运行 Elhorst 提供的 Matlab 程序包，对不考虑空间效应的面板数据进行 LM 检验和稳健 LM 检验，其结果如表 7-17 所示。

表 7-17　制造业与制造服务业空间面板模型的 LM 检验和稳健 LM 检验

检验形式		检验统计量值	p 值
制造业区位空间相关模型检验	LMlag	21.0530	0.0000
	LMerr	10.2481	0.0014
	RLMlag	15.8451	0.0001
	RLMerr	5.0402	0.0248
制造服务业区位空间相关模型检验	LMlag	15.2536	0.0001
	LMerr	3.8114	0.0509
	RLMlag	12.4738	0.0004
	RLMerr	1.0316	0.3098

根据安瑟兰（Anselin）提出的判别准则，结合表 7-17 可知，在制造业区位空间相关模型中，LMlag 要远大于 LMerr，同时 RLMlag 也远大于 RLMerr，因此采用空间滞后模型。在制造服务业区位空间相关模型中，LMlag 要远大于 RLMerr，同时 RLMlag 也远大于 RLMerr，且 RLMlag 显著而 RLMerr 不显著，因此也采用空间滞后模型。

表 7-18 制造业区位 SAR 模型的 ML 估计

变量	空间固定效应	随机效应
C	—	0.4398* (1.8339)
MS_i	0.4097*** (3.0127)	0.5267*** (4.8984)
w_i	0.2589** (2.1808)	0.2169*** (2.9887)
$Trans_i$	0.0054 (0.0503)	0.0373 (0.8638)
$D_i \times MS_i$	0.8304** (2.4527)	0.2315 (1.3512)
W×dep. var	0.3999*** (4.0553)	0.4100** (4.2988)
sigma^2	0.0298	0.0307
R^2	0.9611	0.9533
corr-squared	0.6808	0.3327
Hausman 检验	32.005 , p=0.0000	

注：括号内为 t 值；***、**、* 分别表示 1%、5%、10%显著水平。

表 7-19 制造服务业区位 SAR 模型的 ML 估计

变量	空间固定效应	随机效应
C	—	0.9869 (1.5291)
M_i	0.18825*** (3.2083)	0.2191*** (3.9668)
PC_i	0.3840*** (2.8538)	0.4486*** (4.9845)
$comu_i$	0.0781* (1.7765)	0.0838* (1.9567)
$D_i \times M_i$	0.3379*** (4.5940)	0.3253*** (4.6620)
W×dep. var	0.2180*** (3.3116)	0.1460** (2.5123)
sigma^2	0.0392	0.0399
R^2	0.9661	0.9597
corr-squared	0.6227	0.7848
Hausman 检验	-9.8136 , p=0.0941	

注：括号内为 t 值；***、**、* 分别表示 1%、5%、10%显著水平。

由表 7-18 和表 7-19 可知，制造业区位模型应适用空间固定效应模型，制造服务业区位模型应适用于随机效应模型。此外，我们通过 LR 检验可以检验空间固定效应和时间固定效应的显著度。结果表明，在制造业区位模型中，空间固定效应的 LR 检验值为 283.5454（p=0.0000），拒绝无空间固定效应的假设，时间固定效应的 LR 检验值为 26.2410（p=0.0944），无法拒绝无时间固定效应的假设，所以采用空间固定效应模型；在制造服务业区位模型中，空间固定效应的 LR 检验值为 216.0260（p=0.0000），拒绝无空间固定效应的假设，时间固定效应的 LR 检验值为 6.1925（p=0.9954），无法拒绝无时间固定效应的假设，所以也采用空间固定效应模型。

其次，对空间杜宾面板模型SDM是否能化简为SAR面板模型或SEM面板模型进行检验。原假设 H_0：θ=0 且 H_0：θ+δβ=0，第一个原假设用来检验空间杜宾模型是否能简化为空间滞后模型（SAR）；第二个原假设用来检验空间杜宾模型是否能简化为空间误差模型（SEM）。表7-20是采用Wald检验和LR检验的结果。

由表7-20可知，在制造业区位空间面板模型中，从空间固定效应固定效应模型来看，针对SDM面板模型是否可简化为SAR模型或SEM模型的Wald检验和LR检验的p值均小于1%，可见两个假设检验均被拒绝，即都不能简化，因此应选择SDM面板模型。在制造服务业区位空间面板模型中，Wald检验和LR检验的p值均大于5%，且自变量的空间滞后项都未通过检验，因此不应选择SDM面板模型，再结合上述分析可知，应选择随机效应的空间滞后模型。

表7-20　制造业就业区位与制造服务业就业区位的SDM模型估计结果

制造业就业区位模型估计		制造服务业就业区位模型估计	
MS_i	0.2745***（2.6173）	M_i	0.1929***（3.2124）
w_i	0.4467***（2.6221）	PC_i	0.3877***（2.9718）
$Trans_i$	0.5420**（2.4235）	$comu_i$	0.0874（1.2713）
$D_i\times MS_i$	2.0802***（4.2240）	$D_i\times M_i$	0.3544***（4.3737）
$W\times MS_i$	0.8254***（4.8241）	$W\times M_i$	-0.0059（-0.0823）
$W\times w_i$	-0.1969（-0.9140）	$W\times PC_i$	-0.1613（-1.1870）
$W\times Trans_i$	-0.5320**（-2.1324）	$W\times comu_i$	-0.0064（-0.1163）
$W\times D_i * MS_i$	-1.6725***（-3.2181）	$W\times D_i\times M_i$	-0.0703（-0.7835）
W×dep. var	0.2120**（2.0832）	W×dep. var	0.2610**（2.5249）
sigma^2	0.0181	sigma^2	0.0329
R^2	0.9725	R^2	0.9668
corr-squared	0.7699	corr-squared	0.6240
Wald_ spatial_ lag	39.1067***	Wald_ spatial_ lag	2.2482
LR_ spatial_ lag	34.2934***	LR_ spatial_ lag	2.1812
Wald_ spatial_ error	34.9650***	Wald_ spatial_ error	1.1512
LR_ spatial_ error	33.9273***	LR_ spatial_ error	7.9594

注：括号内为t值；***、**、*分别表示1%、5%、10%显著水平。

（三）模型的直接效应与间接效应

综上所述，最终选择SDM模型来研究制造业，选择SAR模型来检验制造服务业，并对总效应进行效应分解。LeSage和Pace指出利用空间回归模型的估计方法来检验空间变量是否存在溢出效应而得到的结论是有偏的，即解释变量的系数估计值并不代表真实的偏回归系数，他们提出需要按解释变量对被解释变量的影响来源不同，利用偏微分方法将其系数估计值分为直接效应和间接效应。偏导数的矩阵表示如下：

$$S_r(W) = V(W) I_n\beta_r$$

$$V(W) = (I_n - \delta W)^{-1} = I_n + \delta W + \delta^2 W^2 + \cdots$$

LeSage 和 Pace 将 $\tilde{M}(r)_{直接}$，$\tilde{M}(r)_{间接}$，$\tilde{M}(r)_{总}$分别表示为平均直接效应、平均间接效应和平均总效应。

$$\tilde{M}(r)_{直接} = n^{-1}tr[S_r(W)]$$

$$\tilde{M}(r)_{总} = n^{-1}S_r(W)_n$$

$$\tilde{M}(r)_{间接} = \tilde{M}(r)_{总} - \tilde{M}(r)_{直接}$$

通过 Matlab 7.0 软件，根据 SDM 模型和 SAR 模型的估计系数得到解释变量发生变动时对被解释变量的直接效应和间接效应的结果如表 7-21 所示。直接效应衡量的是解释变量对本地被解释变量的影响，间接效应衡量的是解释变量对邻近地区被解释变量的影响。

表 7-21　制造业模型与制造服务业模型的直接效应与间接效应检验

	变量	直接效应	间接效应	总效应
制造业区位模型	MS_i	0.3193*** (3.1240)	1.0454*** (6.2196)	1.3647*** (7.8026)
	w_i	0.4406** (2.7798)	-0.1370 (-0.6287)	0.3036 (1.6557)
	$Trans_i$	0.51176** (2.3789)	-0.4979* (-2.0089)	0.0138 (0.1032)
	$D_i \times MS_i$	2.0288** (2.7830)	-1.5096** (-2.8009)	0.5192 (1.4028)
制造服务业区位模型	M_i	0.2213*** (3.9242)	0.0354** (2.1644)	0.2568*** (4.2803)
	PC_i	0.4452*** (4.9784)	0.0733** (2.1582)	0.51845*** (5.1473)
	$comu_i$	0.0849** (2.1952)	0.0151 (1.2892)	0.1032* (1.9911)
	$D_i \times M_i$	0.3261*** (4.6306)	0.0572* (1.7888)	0.3832*** (4.0319)

注：括号内为 t 值；***、**、* 分别表示 1%、5%、10%显著水平。

（1）由表 7-19 中制造业区位 SDM 模型和表 7-20 制造服务业区位随机效应 SAR 模型可以看出，制造业和制造服务业的空间相关系数 W×dep. var 值分别为 0.2120 和 0.2610，均通过了 5%的显著性水平检验，表明河南省制造业就业区位和制造服务业就业区位都存在显著的空间溢出效应，即一个地区的制造业就业区位（制造服务业就业区位）的提高会对相邻省份的制造业（制造服务业）发展产生积极的影响。

（2）制造服务业就业区位对制造业就业区位的直接效应和间接效应在 1%的显著

水平下通过检验。其中，制造服务业的直接效应为 0.3193，其间接效应为 1.0454，可见制造服务业在河南省内具有明显的溢出效应，这表明增加本市制造服务业水平不仅会促进本市制造业的发展，还会促进其邻近地区制造业水平的提高，从而有利于河南省整体制造业水平的提高。值得我们注意的是，制造服务业的间接效应比直接效应强度大，这说明河南省各个地市在提高制造服务业发展水平，为制造业提供高效的协作服务和产品的附加服务以提升制造企业优化升级能力时，仅依靠自身制造服务业的支撑远远不够，要将自身与周边地区融入一个更大的空间，才能更好地发挥制造服务业对制造业的促进作用。

（3）制造业就业区位对制造服务业就业区位的直接效应和间接效应在 5%的显著水平下均通过检验。其中，制造业的直接效应为 0.2213，间接效应为 0.0354，可见制造业在河南省内也具有显著的溢出效应，这表明增加本市制造业水平不仅会促进本市制造服务业水平的提高，也会促进其邻近地区制造服务业水平的提高。而制造业的直接效应远远大于间接效应，说明河南省各地市要提升制造服务业的发展水平，主要依靠本地制造业产业链不断深化分工而提供的市场基础。

（4）城市规模对制造业与制造服务业之间的空间联动产生显著影响。城市规模与制造服务业和制造业的交叉项对本地均是显著为正，表明河南省内在城市规模扩大的过程中，制造业区位和制造服务业区位的选择互相具有向心吸力作用，这是因为河南省各个地市城市规模相对还不大，除了郑州，其余城市基本都处于全国的三、四线城市水平，城市土地价格这一类的生产成本还在可承受范围内，所以在城市规模扩大过程中制造业并未出现向外围扩散的现象。

城市规模与制造服务业区位交叉项对制造业区位的直接效应和间接效应在 5%的显著水平下均通过检验。其中，制造业的直接效应为 2.0288，间接效应为-1.5096，可见制造业区位选择在城区规模大的地区比城区规模小的地区受制造服务业的影响更多，但其对周边地区的制造业呈现出强大的挤出效应，这是因为规模大的地区现代服务业发展较好，能够更好地为制造企业提供高效的协作和服务，使制造业对制造服务业的依赖更强，但河南省的现代服务业起步较晚，发展水平不高，规模大的地区的现代服务业发展可能对周边地区的资源具有强大的吸收效应，从而会阻碍周边地区制造业的发展。城市规模与制造业区位交叉项的直接效应和间接效应均为正，其中，直接效应为 0.3261，在 1%的显著性水平下显著，这说明相对城市规模小的地区，城市规模大的地区的制造业对本地制造服务业区位影响更大，规模大的地区集中了优势资源，内部分工不断深化，对制造服务业的要求更高，从而更容易拉动制造服务业的发展。然而，其间接效应为正但并不显著，说明城市规模大的地区制造业对制造服务业的拉动作用还没有形成显著的空间外溢。

(5) 制造业的生产成本—制造业职工工资和交易成本—基础设施水平对本地制造业区位均显著正相关，对邻近地区制造业区位均为负但相关性不显著，由此可见，制造企业工资的提高，在一定程度上可以吸收劳动力，从而提高了就业区位，但由于劳动力“竞争效应”的存在，势必会降低相邻地区的劳动力拥有量，即制造业的生产成本的溢出效应是一个小范围的现象，随着地理空间范围的扩大而不再显著。基础设施水平的完善，会使得区域内的交通运输水平和市场联系程度大幅提高，从而推进制造业的聚集，同样，基础设施水平的溢出效应也仅仅是局限在地级市范围内，随着地理空间范围的扩大而不再显著，原因可能在于，基础设施的改善提高了本地区资本和劳动力的边际产出，吸引了其他区域优质生产要素流入，使得资源在城市间进行了重新分配，从而使周边地区产生负向的溢出效应。

制造服务业的生产成本—人力资本支出对制造服务业区位分布的直接效应显著为正，因为制造服务业的生产成本主要是知识、信息的投入，知识、信息的投入越多，越有利于其集聚，这也体现了制造服务业其知识和信息密集型的行业特质；且其间接效应也显著为正，可见河南省人力资本的存量对制造服务业产生了显著的溢出效应。制造服务业的交易成本—信息传输水平与制造服务业的直接效应显著正相关，一般而言，信息及通信技术会影响到制造服务业的交易成本、频次及效率，若通信及网络业务量越大，信息传输水平就越高（速度更快、质量更高），其交易成本就越低，从而提高制造服务业的聚集性，但制造服务业对其交易成本的敏感程度较低（只有 0.0849），由此可见，现阶段河南省各地区信息化水平对制造服务业的驱动作用不强，还有很大的提升空间。但同时我们也可以看出，制造服务业交易成本的溢出效应主要都局限在地级市范围内，随着地理空间范围的扩大而不再显著。

第五节 结论与政策建议

一、主要结论

(1) 通过对河南省地区制造业和制造服务业的就业空间分布现状以及演变的描述分析，我们认为制造服务业区位与制造业就业区位之间有高度的相关性。制造服务业与制造业的聚集地相似，即“京广线”以南地带，其中以郑州制造业和制作服务业规模最大，空间上较为集中。从演变看，制造业聚集趋势呈现出从南北面的地区向郑州靠拢，同时又向东面的商丘、周口两地聚拢。制造服务业的聚集呈现出周围地区向郑州及其周边的焦作和开封聚拢的趋势，并且从就业区位熵来看，制造服务业分布呈现明显的核心——外围地域特征，目前，河南省制造服务业已经形成以郑州为核心，洛阳为副核心，西部和西南地区为外围的发展格局。

（2）通过对河南省2002~2012年投入产出表数据和空间协同度的分析和讨论，得出了以下结论：①制造服务业和制造业对经济的拉动效应不断增强，相比制造服务业，制造业的拉动效应更强，但是两类产业部门的生长机制存在明显的差异。制造业在发展过程中对制造服务业的溢出效应较小，但是制造服务业对制造业的溢出效应则要强得多，且溢出效应的不断强化对制造业的支持性作用在经济发展过程中越来越明显。②制造服务业各子行业的增长机制差异较大。科学研究和技术服务业对制造业的溢出效应较大，但是租赁和商务服务业，信息传输、计算机服务和软件业对制造业发展的贡献不大。交通运输、仓储和邮政业，科学研究和技术服务业，金融业对制造业的溢出能力在加强，而租赁和商务服务业对制造业的支持力度在2002~2007年较大，但近年来出现大幅度下降，值得关注。③技术密集型产业表现出极强的经济拉动效应，资本密集型产业及劳动密集型产业对经济的拉动效应则相差不大。从制造业对制造服务业的溢出效应上看，技术密集型产业和资本密集型产业的关联效应较为近似，都远高于劳动密集型产业，但是技术密集型产业对制造服务业的拉动效应在近年来有所下滑。④从理论上讲，产业关联度较强的行业，其协同集聚水平也较高，就目前而言，河南省地区产业关联度高而且空间协同集聚度高的行业配对组合占总配对组合数的比例仍旧偏低，河南省制造服务业与制造业协同集聚水平具有很大的提升空间，同时也从侧面验证了产业关联不是形成空间协同集聚的充要条件。

（3）利用全局和局域 Moran’I 指数及其双变量 Moran’I 指数，且根据 Venales 的垂直关联模型，利用空间面板模型研究河南省制造业与制造服务业的空间协同效应。研究表明：①河南省制造业和制造服务业就业区位均在中原城市群中的城市呈现“高—高”聚集，且两者之间具有显著的空间互补效应，但是两者之间的互补效应并不对称，即制造业对邻近地区制造服务业的作用大于制造服务业对邻近地区制造业的作用；另外地级市内部，两者之间的空间互补性和挤出性是并存的。②制造业与制造服务业均具有空间溢出效应。这表明增加本市制造服务业水平不仅会对促进本市制造业的提高，还会促进其邻近地区制造业水平的提高，从而有利于河南省整体制造业就业水平的提高。并且制造服务业的间接效应比直接效应强度大，这说明河南省各个地市在加大制造服务业发展水平，为制造业提供高效的协作和产品的附加服务以提升制造企业优化升级能力时，仅依靠自身制造服务业的支撑远远不够，要将自身与周边地区融入成一个更大的空间，才能更好地发挥制造服务业对制造业的促进作用。同样，制造业聚集对制造服务业聚集的拉动也存在显著空间溢出效应，即增加本市制造业水平不仅会对促进本市制造服务业的提高，也会促进其邻近地区制造服务业水平的提高。而制造业的直接效应远远大于间接效益，说明河南省各地市要提升制造服务业的发展，主要依靠本地制造业产业链不断深化分工而提供的市场基础。③两者间的空间协同聚集性还会受到城市规模的影响。河南省在城市规模扩大的过程中，制造业区位和制造服务业区位的选择互相具有向心吸力作用，这是因为河南省各个地市城市规模相对还不大，除了郑州基本还都是全国的三、四线城市，城市土地价格这一类的生产成本还在可承受范围之内，进而在城市规模扩大过程中制造业并未出现向外围扩散的现象。

二、政策性建议

基于上面的结论，我们提出如下建议：

（1）加快服务业内部升级结构，大力发展河南省现代制造服务业。目前，河南省制造服务业在“十二五”期间取得了显著的发展，其发展速度超过第三产业，占第三产业比重也在稳步上升，但是河南省制造服务业的优势主要在交通运输、仓储和邮政业传统服务业中，制造服务业中的现代服务业不突出。制造服务业中的信息传输、计算机服务和软件业，租赁和商务服务业，科学研究和技术服务业这三个行业是制造服务业中最具发展潜力的行业，也是与技术密集型制造业关联较强的行业，但河南省这三个行业的增加值之和占服务业总增加值比重较低，稳定在9%和10%之间。发达国家服务业增加值占GDP比重的70%，而制造服务业占整个服务业比重的70%，发达国家正是依靠在研发设计、商务服务、市场营销等服务领域的领先优势，主导着全球生产网络和产品价值链。由此可见，新时期下制造服务业的兴旺发达是衡量一个国家或地区经济、社会发展水平的重要标志，制造服务业已成为国家未来发展的战略性产业。

另外，进一步发展制造服务业需要扩大对外开放程度，为制造服务业的发展创造良好的融资渠道。目前，河南省服务业外商投资主要集中于房地产业，制造服务业投资主要集中于租赁和商务服务业及交通运输、仓储和邮政业。由于金融和信息传输、计算机服务和软件业进入门槛高，市场化偏弱，吸收技术含量高的外商投资的数额较少。制造服务业是知识和技术密集型产业相关企业应该加强知识技术的原创基础，促进创新激励机制的建设，促进科技成果转化为生产力，引导各类资本向制造服务业投入，提高制造服务业的溢出效应。

（2）统筹规划，差异性对待，实现产业合理发展布局。由于两者具有相似的高高空间聚集地，且两者之间的也存在空间依赖性，现阶段促进河南省制造业与制造服务业协同发展，尤其要加强郑州、焦作、济源和洛阳等中原城市群地区的集群式协同发展，而其他地区要基于对本地区的比较优势日益重视的背景，政府应采取差异化的产业发展政策强化协同定位效益，鉴于不同产业引领作用与城市规模之间的匹配性，现今许多城市采取的“退二进三”政策虽然有其合理性，却不是对每个城市和地区都适用的，具有不同功能和战略定位指向的城市决策层应该结合其城市发展阶段，确定是制造业发展引领制造服务业的空间集聚还是制造服务业发展带动服务业集聚，从而合理安排产业发展优先顺序，如许昌、新乡重点提高制造业优化升级，就可以带动邻近地区的制造业和制造服务业的发展。通过合理的城市布局来推动区域的整体发展，实现劳动力市场和资源市场的共享，最大限度地利用各邻近城市之间制造服务业与制造业产生的良性集聚互动，对于优化整个产业的空间布局并促进各地区的竞争优势具有重要意义。

（3）为制造服务业和制造业的协同发展定位创造良好的区域经济环境，制定合理的产业发展方向。河南省制造服务业和制造业的协同发展定位依赖于区域经济环境因素。通过空间面板模型我们看出，服务业与制造业协同集聚存在的空间溢出效应，且直接效应和间接效应均通过了检验，尤其是制造服务业对邻近地区的制造业的推动作用比对本地区的制造业的推动作用强度要更大，也就是说，要促进河南省制造服务业发展和加快制造业结构调整，就要充分利用制造服务业与制造业协同集聚存在的空间溢出效应，继续加强邻近区域间的产业合作，将城市扩展到更开放的都市圈空间，从而发挥两者空间上的良性互动作用。当前可以建设一批城市间制造服务业集聚区或改革试验区，如跨城市研发设计合作集聚区、跨城市物流合作集聚区、跨城市产业金融合作集聚区等，在优化制造服务资源城市间合理配置，强化大城市服务业与周边中小城市制造业和服务业的衔接搭配等领域，进行有益的探索，从而避免产业在不同城市间可能发生的无序流动。基于此，要发挥恰当的宏观干预在决定城市生产活动的空间区位上扮演着至关重要的角色，要进一步完善集聚经济圈城市群创新资源空间布局规划，要按照不同城市层级推动不同规模、不同层次的资源集聚。

第一，在都市圈内，由于大城市（按市辖区人口划分）的制造业对本地的制造服务业依赖更强，所以要想推进制造业的转型升级，推动制造业价值链的层次提升，加快发展高新技术产业和战略性新兴产业，其政策应关注制造服务业的集聚，大力发展制造服务业，并适当发展高端生产性服务要素，使之更好地为制造业服务。另外，可以以整合资源和层级分工为基础，将相邻地区打造成具有区域特色的“城市集聚区”。

第二，对于中小城市来说，仍然缺乏深厚的制造业基础，此时如果一味地推进制造服务业的集聚，由于制造业对制造服务业的需求效应并不突出，那么制造服务业就难以长远发展，集聚效应也很难产生正向作用。同时不适当地推进制造服务业集聚，又会对本城市的制造业形成挤出效应，导致制造业出现衰退并引发制造业的产业空心化。另外，我们研究发现，像济源、漯河、鹤壁、许昌、鹤壁、三门峡等小城市的制造业集聚度要远比制造性服务业的集聚度高。所以，中小城市应当将重心放在制造业上，但要避免传统工业化导致的生态环境恶化等问题。同时，通过接受邻近地区发达制造服务业的辐射，利用这一外溢效应来加强与本城市制造业的良性互动，为制造业的集聚和转型升级提供保障。

（4）适当扩大城市规模。城市经济学中对城市规模和产业集聚度的相关阐述：一个城市的规模决定了其经济能级的极限，而规模越大的城市，其潜在的集聚限度也就越大。而这点在模型中已经得到了验证，即相对于中小城市，大城市的制造业区位和制造服务业区位的选择互相具有较强的向心吸力作用。城市化经济之所以能吸引制造服务业与制造业并使其产生集聚互动，归根结底是因为其具有独特的市场和区位优势，而这些优势正是体现在社会固定资本的规模，中间产品、服务以及终端产品市场的多样性上。当城市规模既定时，市场规模和产品的多样性很难再有大幅度的提升，但随着城市规模的扩大，新的发展空间也随之出现，所以适当地扩大城市规模有利于制造服务业与制造业集聚规模的扩大，从而加强两者的互动程度。对此，可以将城市周边的小城镇划入城市的范围之内，并纳入整个城市的产业规划体系，加以合理规划。

（5）建设完善区域间的基础设施建设和通信网络设施。基于交易成本对本地两大产业协同聚集中的重要作用，尤其是制造业区位对交易成本更为敏感，基础设施水平的完善能降低城市间的物流成本，提高分工的精细程度，会使区域内的交通运输水平和市场联系程度大幅提高，从而推进制造业的聚集，由此可见，河南省现阶段基础设施的完善还是提高制造业集聚的一种非常有效的手段。另外，制造服务业对其交易成本的敏感程度较低，由此可见，现阶段河南省各地区信息化水平对制造服务业的驱动作用不高，还有很大的提升空间。对不同产业交易成本的关注，可以达到有限促进该产业集聚，从而以该产业为引领推动制造服务业和制造业协同定位的目的，这就为各地制定产业发展顺序的政策提供了有力的市场引导工具。所以，政府应积极改善交通、通信等基础设施建设。

首先，大力建设交通基础设施，比如城际高速公路、产业集聚园区周边和城市内高等级道路、场站等，尤其对中小城市应该加强基础设施的投资建设，以降低与周边地区经营成本，以提高其制造业的集聚能力。其次，改善通信和网络等信息传输手段，提升经济社会信息化水平，着力降低制造服务业发展和集聚的经营成本、商务成本。最后，随着基于互联网平台的信息产业融合技术的快速发展和升级，声音、图像、文字、信息、视频等在传统产业分工范式下由不同信息产业部门提供的要素，现在都可借助互联网平台进行发送传播，从而极大丰富了服务业向制造业知识外溢的内涵和容量，甚至使服务业更多地远程参与制造业价值链活动成为可能。

（6）强化人力资源战略为融合发展提供人才支撑，建立完善的人才激励机制。人力资源是第一资源，制造服务业对其敏感程度要远大于其交易成本，且人力资本存量对制造服务业还具有显著的空间溢出效应，是加速制造服务业与制造业协同发展的重要支撑。河南省一方面应完善人才激励制度，吸引高素质专业人才和管理人才，积极引进海外高端服务业人才；企业应完善人才激励机制，推行管理人员持股和专业人才技术入股，吸引人才，留住人才；此外，重视相关的人员培训和技术培训。健全专业水平和资质认证体系，建立公正、公平、公开的人才选拔机制。另一方面应通过宽松的“智力引进”模式，减少高层次服务业人才的后顾之忧，实行逐步扩大智力吸引的强度，形成河南省现代服务业发展的“智力高地”效应，最终实现高层次专业人才的集聚，为制造服务业与制造业的协同发展提供有力的人才支撑。

第八章　先进制造业与现代服务业融合研究

第一节　概述

研究背景

目前，先进制造业和现代服务业之间逐步建立了一种相互作用、相互依赖、共同发展的动态内在联系，显现出融合发展的趋势。先进制造业和现代服务业的融合发展体现了制造业和服务业之间更深层次的专业化分工，既可以提升企业的专业化水平，让企业集中力量于自身的核心竞争力，提高企业的生产效率和产出质量，又可以促进企业充分利用各种社会资源，降低企业的运营成本，实现先进制造业和现代服务业之间的相互支撑和协调发展。先进制造业和现代服务业的融合是整个社会经济发展的必然趋势，现代服务业将为先进制造业的发展创造良好的环境，提供高质量、低成本的中间投入，提升先进制造业的竞争力，先进制造业的发展又可以带动服务业服务水平的提升。

正如上文所言，河南省传统的制造业大省。经过改革开放 30 多年来的发展和建设，食品、建材、冶金、机械、烟草、化工、纺织等制造业增长迅速，效益不断提高，竞争力明显增强，为河南省经济的持续快速健康发展做出了重要贡献。在新时期，制造业既是河南省国民经济高速增长的发动机，也是发挥后发优势实施跨越战略的中坚力量，直接决定着 21 世纪初河南省走新型工业化道路、加速实现工业化和现代化的战略目标能否顺利实施。

自改革开放以来，河南省服务业迅速发展，从 1978 年占生产总值的 17.6%增加到 2015 年的 36.61%。仅 2016 年第一季度，服务业同比增加 10.5%，对经济的贡献率上升到 23.5%。据统计，近两年来，河南省服务业发展亮点频现。郑东新区中央商务区入驻 68 家世界和国内 500 强企业、264 家金融机构，仅金融业就占到了商务区产值的半壁江山。内乡县不足 2 公里的特色商业区，引来 35 家规模以上服务业企业和 135 户商户，2015 年实现营业收入近 9 亿元，吸纳就业近 9000 人。2016 年更是出台了《2016 年河南省服务业重点领域发展行动方案》，就是要围绕亮点，突出重点领域的提质增效，推动现代物流、信息服务、金融、健康养老等服务业的供给，满足人们日益增长的消费需求①。近年来，现代服务业迅速发展，尤其是金融业、信息传输和软件业以及科学研究和技术服务业迅速发展为制造业的改造和升级提供了大量的中间服务。

面对河南省现代服务业与制造业的发展现状，河南省《“十二五”规划纲要》中提出：将推进新型工业化、构建现代产业体系作为“三化”科学发展的核心，作为建设中原经济区的重要支撑，构建结构优化、技术先进、清洁安全、附加值高、吸纳就业能力强的现代产业体系，大力发展现代制造业与现代服务业，加大河南工业化进程。认识现代服务业与先进制造业融合发展的现状，揭示现代服务业与先进制造业发展规律，探索促进服务业与制造业联动发展的对策，对实现河南省经济的跨越式发展，具有重大战略意义。

第二节　先进制造业与现代服务业的相关概念

一、现代服务业

早在1997年9月中共十五大上，“现代服务业”便已提出。由于我国的农业人口占总人口的很大比重，逐步转变我国行业的组成模式，将传统的农业国家转变成包含现代农业和现代服务业的工业化国家是今后政府工作的重点。2000年10月党的十五届五中全会进一步明确指出，在“十五”期间，“要发展现代服务业，改组改造传统服务业”，以及更深入地说明，“现代服务业要提高服务水平和技术含量，大力发展信息、金融、会计、咨询、法律服务等行业，带动服务业整体水平的提高。传统服务业要运用现代经营方式和服务技术进行改造，着重发展商贸流通、交通运输、市政服务等行业，推行连锁经营、物流配送、多式联运、网上销售等组织形式和服务方式，提高服务质量和经营效益。”在2005年10月《中共中央关于制定国民经济和社会发展第十一个五年规划的建议》中，提出“要大力发展金融、保险、物流、信息和法律服务等现代服务业，积极发展文化、旅游、社区服务等需求潜力大的产业”。

近年来，学术界对“现代服务业”提出明确概念的文献并不多，且不同的学者之间存在一定的差异和争议，还没有一个完整统一的认识。为了研究的需要，我们对现代服务业的概念做一个明确的界定：现代服务业是指较多地应用现代科学技术、

① 服务业成河南经济发展新引擎　今年占GDP比重将达到41%以上［EB/02］http：//news.163.com/16/0612/07/BPBH2UQB00014AED.html.

现代管理理念、经营方式和组织形式，能满足现代经济发展的需要并且存在较大增长空间的服务性行业，既包括现代生产性服务业，也包括现代消费性服务业，其本质是实现服务业的现代化。与此前划分服务性行业不同，现代服务业的界定依据两个原则：一是重点考虑服务的供给特征，即服务的生产是否较大程度应用现代科研成果、服务的生产效率和效益是否较高；二是服务是否反映现代经济社会的特征，其发展是否具有一定潜力。由于现实生活中服务业是不断发展变化的，因而对现代服务业不能僵化、一成不变地理解。可以说，现代服务业的发展，从本质上来讲是科学技术进步、经济发展和社会分工不断细化的结果，也是服务业内部结构高级化的重要标志。

在这一界定下，本章将现代服务业划分为四大类：基础服务业、生产性服务业、个人消费服务业和公共服务业，具体如表 8-1 所示。根据对现代服务业统计范围的分析，以及综合考虑统计上的简便和易操作性，结合河南省服务业发展实际，本章采用相对细化的分类方法，我们认为河南现代服务业的主要内容包括：①金融保险业，包括银行业、保险业、证券业、信托业、风险投资业、金融咨询业等。②房地产业，包括房地产的投资与开发、物业管理和房地产的经纪服务。③电信技术业，即信息传输、计算机服务和软件业，包括固定电信服务、移动电信服务、互联网信息服务、计算机系统服务、基础和应用软件服务、电子商务服务等。④现代物流业，即以集中配送、第三方供给和商务经纪服务为代表的现代流通服务。⑤商务服务业，包括法律业、公证业、会计业、职业中介业、咨询业、设计业、广告业、会展业、市场管理服务业等。⑥科学研究和技术服务业，包括自然科学和社会科学研究、技术监督、技术交流与推广等。⑦教育、医疗卫生服务和文体业，包括高等教育、职业技术教育、医疗服务、影视业、出版发行业、广播电视业、图书馆业、体育业等。⑧社会服务业，包括社会保障业、社会福利业、环境管理业、旅游业、娱乐服务业、社区服务业等。

表 8-1 现代服务业的分类

大类	第一级分类	第二级分类
基础服务业	通信服务业	基础电信服务、广播电视服务
	信息技术服务业	计算机服务、软件服务、ISP、网络数据库
生产性服务业	现代金融业	现代银行服务业、现代证券服务业、现代保险服务业、其他金融活动
	现代物流业	数码仓库、配送中心、第三方物流、配送服务
	现代商业	电子商务、连锁商业服务、其他商业服务
	专业服务业	法律服务、会计服务、管理及科技咨询服务

续表

大类	第一级分类	第二级分类
个人消费服务业	个人消费服务业	连锁商品销售、数字内容产业、旅游业
公共服务业	公共服务业	公共医疗、公共教育、社区服务、电子政务

以上不同的分类方法所涵盖的现代服务业内容存在不一致的地方，我们认为其原因在于对不同行业现代性体现的程度理解存在差异，由于现代服务业的发展是个动态的过程，而且其发展速度远超过其他传统行业，因此对其内容的分类应该随着社会经济结构的变化而不断调整。同时经济发展存在地区差异，在研究中应当适当体现现代服务业发展的地区特征。

二、先进制造业

1992 年，“先进制造业”的概念首次由美国政府正式提出。美国政府认为，先进制造业是拥有先进制造技术的行业。在中国，“先进制造业”是近年才出现于官方文献的新提法，是对主导工业制造业发展方向、掌握先进技术的产业群的概括与总称。事实上，先进制造业在不同时期所蕴含的内涵不同，但都代表着所属时代主流制造业的发展方向。

对先进制造业这一概念，目前学界尚无统一表述。时至今日，“先进制造业”仍不是一个规范的学术术语，其内涵与概念边界是相对模糊的，有关的研究成果也比较零散。究其原因，就在于对“先进”二字的看法和诠释各不相同，不同学者均试图从各种角度围绕“先进”二字对先进制造业进行定义和解释。总的来看，具有代表性的观点主要有三种：第一种认为先进制造业主要指采用先进制造技术为主要生产手段的制造业。这是先进制造业最为原始的定义，主要关注在于生产手段的先进性。在这一定义下，先进制造业和高新技术产业的外延较为重合。第二种认为除此之外，先进制造业还应该包括将先进制造技术和管理方式综合应用于研究、设计、制造、检测和服务等全程。这一种观点不仅关注了产业应用到的生产手段的先进性，同时也将关注的重点沿产业链纵向延伸，使得先进制造业的外延大为扩展，从而不仅包括了高新技术产业，也涵盖了运用高新技术和先进适用技术改造的传统产业。第三种观点认为先进制造业除了上述两个方面外，还应实现信息化、自动化、智能化、柔性化、生态化生产，取得很好经济社会和市场效果。后一种观点是对前两种观点的深化和细化，但也正因如此，提高了先进制造业的门槛，反而使得先进制造业的外延大大萎缩。由于这一观点衡量标准的门槛过高，可能在实践当中很难找到一个符合这一定义的制造业部门。

考虑到实际产业和行业分类以及投入产出表的特点，本书主要在高技术产业的分类基础上界定先进制造业的外延。由于资源性产业只是将开采出来的资源进行简单的加工处理，技术含量相对较低，不把这一部分列入①。高技术产业包括医药制造业、医疗器械制造业、航空航天器制造业、电子及通信设备制造业、仪器仪表及文化、办公用机械制造业。首先，与这些产业对应的，在投入产出表中有通信设备、计算机及其他电子设备制造业、仪器仪表及文化办公用机械制造业两个行业。其次，投入产出表未明确单列医疗器械制造业、航空航天器制造业，故将包含此行业的，且相对应用技术水平较高的通用、专用设备制造业（含医疗器械制造业）、交通运输设备制造业（含航空航天器制造业）视为先进制造业行业。再次，本文将中技术产业中应用技术水平相对也较高的电气机械及器材制造业视为先进制造业行业。后三种行业实际上可被视为是运用高新技术和先进适用技术改造的传统产业。最后，由于42部门的投入产出表中并没有单列出医药制造业部门，出于研究的方便和数据的可得性，本文将不再考虑这一行业。综上，共有五个行业被本文视为是先进制造业行业，分别为通信设备、计算机及其他电子设备制造业、仪器仪表及文化办公用机械制造业、通用、专用设备制造业、交通运输设备制造业以及电气机械及器材制造业。

三、先进制造业与现代服务业融合理论

科技的高层次发展，企业的并购活动及其理论界研讨交流促成了产业融合及其理论的浮现和发展。产业融合意味着传统产业边界模糊化和经济服务化趋势，产业间新型的竞争协同关系的建立和更大的复合经济效应。在数字融合的基础上，通过放松政府管制与企业管理创新，最终促使融合发生在电信、广播、电视和出版诸产业的边界处。产业融合成为产业发展及经济增长的新动力，将导致产业发展基础、产业之间关联、产业结构演变、产业组织形态和产业区域布局等方面的根本变化。

制造业与服务业的边界逐渐模糊，在二者的关系上，理论界并不完全统一，主要形成了供给主导论、需求遵从论、融合论和互动论等。供给主导论认为制造业生产率提高的前提和基础是服务业，没有市场化程度高的服务业，制造部门不可能具有较强的竞争力优势。显然，这一观点把服务业看成制造业发展的重要因素。与此相反，需求遵从论认为服务业发展的前提和基础是制造业，服务业处于一种对制造业的需求遵从地位，即服务需求是通过经济增长尤其是制造业扩张所引致的，因此服务业附属于制造业。融合论则认为，随着信息技术和通信技术的在社会生活各个

① 实际上现代采掘业中也采大量用了先进的技术，但是由于很难区分传统技术和先进技术在采掘业中的比例，因此这里简化处理。

领域的广泛应用，制造业与服务业的边界越来越模糊，二者出现了融合的趋势。融合论并没有指出融合如何发生，以及在融合过程中谁起主导作用等。互动论认为服务业与制造业部门表现为相互依赖、相互作用的互动发展关系。随着制造业部门的发展扩大，制造业对服务业如金融、交通、社会服务、贸易等的需求急速增加，制造业部门的生产率将得到很大的提高；相反的，制造业部门中间投入的增加为服务业部门的增长提供了基础。可见，上述理论是从不同侧面来研究二者关系的，反映了学者对这一问题研究的发展过程。实际上服务业和制造业两者在产业链上的联系，往往会根据经济发展阶段不同而经历“需求遵从论”、“供给主导论”、“互动论”和“融合论”四种关系中的一种或者几种。迄今为止，互动论更加为人们所接受，反映了制造业与服务业之间的交互影响。

第三节　先进制造业与现代服务业产业关联分析

一、河南先进制造业与现代服务业的产业关联效应

（一）中间投入率和中间需求率

在生产过程中，一个产业需要其他产业提供中间产品，对后者的产品投入有依赖作用，而后者的产品在生产过程中的分配对前者也有依赖作用。中间投入率和中间需求率是反映各产业部门间相互联系、相互依存的两个指标，也是利用投入产出表进行产业结构分析时的主要部分。本节我们将重点采用中间投入率、中间需求率指标作为辅助指标，考察2007年现代服务业与制造业之间的结构及依赖关系。

中间投入率是指各产业的中间投入与总投入之比，反映各产业为生产单位产值而需要购进的中间产品所占的比重。中间投入率用 l_j 表示，计算公式如下：

$$l_j = \frac{\sum_{i=1}^{n} x_{ij}}{X_j}(i,\ j = 1,\ 2,\ \cdots,\ n)$$

其中，$\sum_{i=1}^{n} x_{ij}$ 代表第 j 部门生产中直接消耗第 i 部门产品的价值量；X_j 代表第 j 部门的总投入价值量。中间投入率反映了部门之间依存关系的强弱，有些学者也称其为“生产依存度”。由于附加值率与中间投入率之和为1，因此在总投入一定的条件下，某一产业的中间投入和增加值呈此消彼长的关系：中间投入率越小，其增加值越高。表明上游产业对其投入率较低，其对上游行业的依赖度较小，对上游产业的带动能力也就较弱；反之亦然。从另一个角度看，增加值也就是该产业的附加值，

因而高中间投入率产业即为低附加值产业。

中间需求率是指第 i 产业对某产品的中间需求量与该产品的总需求量之比。它反映的是中间需求与总需求之间的关系。其经济含义为：某产业的单位产出中，有多少是作为中间产品为其他产业所需求。其计算公式如下：

$$g_i = \frac{\sum_{j=1}^{n} x_{ij}}{\sum_{j=1}^{n} x_{ij} + Y_i}(i, j = 1, 2, \cdots, n)$$

其中，g_i 代表第 i 产业部门的中间需求率；$\sum_{j=1}^{n} x_{ij}$ 代表各产业部门对第 i 产业部门产品的中间需求之和；$\sum_{j=1}^{n} x_{ij} + Y_i$ 代表第 i 产业部门的产品总产出；Y_i 代表第 i 产业部门产品中的最终需求部分。中间需求率指标反映了各产业的总产品中有多少作为中间产品。一般来说，某一产业的中间需求率越高，表明该产业越带有提供生产资料的性质，越具有基础产业的性质。

为了从总体上更直接地把握河南省先进制造业与现代服务业两者之间的产业关联情况，本节对 2012 年河南省 42 部门投入产出表进行了合并，把先进制造业 5 个产业合并为一个单独的“先进制造业”部门，第二产业中除制造业之外的其他产业合并为“其他工业”部门，把现代服务业 10 个产业合并为一个单独的“现代服务业”部门，第三产业中其他产业合并为“其他服务业”部门，加上第一产业（即农林牧渔业，简称农业），共 6 个部门，组成一个六部门投入产出表。

表 8-2　各部门中间投入率与中间需求率（六部门）

	农业	其他工业	其他制造业	其他服务业	现代服务业	先进制造业
中间投入率	0.4356	0.7242	0.7626	0.4439	0.3853	0.7519
中间需求率	0.8103	0.6504	0.7208	0.8918	0.4181	0.4140

从表 8-2 可以看出，第二产业中的先进制造业、其他制造业和其他工业的中间投入率分别高达 75.19%、76.26%和 72.42%，可见河南省第二产业部门都具有“低附加值、高带动型”的特点，而这一特点相对于第二产业的其他部门来说先进制造业更强烈。从第二产业的各行业来看，制造业尤其是先进制造业的各部门的中间投入率几乎均在 70%左右，附加值率普遍小于 55%。河南省制造业的发展存在“高投入”的特点，不少制造业的发展仍处于依靠物质投入阶段，这也反映出河南省大多数制造企业由于缺乏核心技术，而无力进入知识密集型的高附加值领域的实际情况。

第三产业无论是其他服务业还是现代服务业都体现出“高附加值、低带动型”

的特点。特别是“信息传输、计算机服务业及软件业”、“金融保险业”和“房地产业”的中间投入率都较小，体现出了“高附加值、低带动能力”的产业特征，这些行业虽然对上游产业的带动作用有限，但其产业附加值较高，有利于推动经济的增长。现代服务业不仅是经济发展的润滑剂，更是一种有助于制造业生产各阶段产出价值提升（高附加值）的推进器。发达国家的经验表明，随着工业化进入到纵深阶段，服务业的发展是对产业向“高加工度化”、“高技术化”、“高附加值化”发展的重要基础。

从中间需求率来看，现代服务业的中间需求率只有30%，这说明现代服务业的发展动力主要靠最终需求。为进一步分析先进制造业与现代服务业之间可能存在的互动关系，我们分别对两者的中间投入率和中间需求率按部门来源和去向进行分解，结果见表8-3和表8-4。

表8-3 2002~2012年先进制造业的中间投入率与中间需求率分解

	年份	农业	其他工业	其他制造业	其他服务业	现代服务业	先进制造业
中间投入率分解	2002	0.0031	0.0392	0.3357	0.1099	0.0179	0.2078
	2007	0.0003	0.0391	0.4028	0.1252	0.0408	0.1269
	2012	0.0001	0.0210	0.3383	0.0961	0.0130	0.2835
中间需求率分解	2002	0.0004	0.0558	0.0364	0.0298	0.0279	0.1657
	2007	0.0078	0.0441	0.0462	0.0159	0.0412	0.1269
	2012	0.0051	0.0556	0.0474	0.0098	0.0126	0.2835

表8-4 2002~2012年现代服务业的中间投入率与中间需求率分解

	年份	农业	其他工业	其他制造业	其他服务业	现代服务业	先进制造业
中间投入率分解	2002	0.0002	0.0225	0.1037	0.1163	0.0588	0.0373
	2007	0.0000	0.0292	0.1336	0.1498	0.0669	0.0484
	2012	0.0000	0.0237	0.1262	0.0869	0.1275	0.0210
中间需求率分解	2002	0.0012	0.0162	0.0338	0.0719	0.0556	0.0181
	2007	0.0006	0.0888	0.0552	0.1007	0.0669	0.0480
	2012	0.0015	0.0818	0.0839	0.1017	0.1275	0.0217

由表8-2可以看出，2012年河南省先进制造业虽然中间投入率极高，达到75.19%，但其中更多的是来自于其他制造业，份额达到33.83%（见表8-3），而来自现代服务业的中间投入却十分有限，2012年仅为1.30%，另外，我们也注意到先进制造业中间投入率中来自现代服务业的从2002年的1.79%上升到2007年的4.08%，是上升速度最快的部门，但2007~2012年先进制造业中间投入率中来自现

代服务业比重确出现大幅下滑，下降到1.30%。可见，河南省现代服务业对先进制造业的中间投入虽然还不高，但趋势快速上升趋势。一方面说明河南省先进制造业仍是一个低附加值的产业部门，主要依靠的是物质资本投入；另一方面则说明河南省现代服务发展不足，对先进制造业的促进作用还没有很好地发挥出来。

从先进制造业中间需求率的分解来看，先进制造业的主要服务对象是自身，且2012年来自自身需求量达到28.35%，其次是第二产业部门，现代服务业对先进制造业的中间需求率略低，与投入率一样，现代服务业对先进制造业的中间需求率在2007年后出现大幅下降，到2012年仅为1.26%，比2007年下降了近3个百分点。这表明近年来河南省现代服务业对先进制造业的融入程度出现下强。

从表8-4可以看出，2002~2007年河南省现代服务业主要投入来源是其他服务业，其次是其他制造业，2007~2012年现代服务业更多的主要投入来源是自身和其他制造业，先进制造业对现代服务业的中间投入率均较低，尤其是2007~2012年出现大幅下降。从产出部门可以看到，河南省现代服务业中间需求率主要来自其他服务业和自身，而先进制造业依然较小，但2002~2007年间其他工业和先进制造业对现代服务业的中间需求率上升快速最快，但2007~2012年来自先进制造业的需求率下降了50%之多。

（二）直接消耗系数和完全消耗系数

（1）直接消耗系数。直接消耗系数的经济含义是：生产单位j产品所直接消耗的i产品的数量，它体现了中间产品与总产品之间的数量联系。计算方法：基于投入产出表的数据，将各产业部门的总产品去除它所消耗的各种投入要素数量，其公式如下：

$$a_{ij}=\frac{x_{ij}}{X_j}\ (i,\ j=1,\ 2,\ \cdots,\ n)$$

其中，x_{ij}代表投入产出表中第i部门在一年内分配给部门j的产品数量。a_{ij}有四个作用：反映各产品间生产技术的直接关联程度；作为中间产品和总产品直接的媒介变量；作为计算完全消耗系数的基础；可以反映部门之间的经济联系的强弱，其值越大，说明部门之间的联系越紧密。计算并分析直接消耗系数表（见表8-5）。

首先，河南省先进制造业对现代服务业各部门的直接消耗偏低。从表8-5的数据可知，2012年，河南省先进制造业对自身的直接消耗约为0.2835，对现代服务业的直接消耗仅约为1.3%，两者相去甚远。可见河南省先进制造业的中间需求不足，对现代性服务业发展的带动作用并不明显。并且先进制造业对整个服务业部门的直接消耗系数中居前两位的是金融业及租赁和商务服务业，分别为0.0061和0.0034，远远高于对现代服务业部门的直接消耗系数，尤其是对知识、技术资本含量高的现代服务业的直接消耗甚小，说明了目前河南省先进制造业的附加值大多还是来自于生产加工环节，知识、技术资本密集型的服务业的投入不足，导致先进制造业的发展滞后。

表 8－5　2012 年河南省先进制造业与现代服务业的直接消耗系数

完全消耗系数	先进制造业	信息传输、计算机服务和软件业	金融业	房地产业	租赁和商务服务业	科学研究和技术服务	水利、环境和公共设施管理业	教育	卫生、社会保障和社会福利业	文化、体育和娱乐业
先进制造业	0.2835	0.0577	0.0387	0.0012	0.0158	0.0255	0.0150	0.0022	0.0082	0.0242
信息传输、计算机服务和软件业	0.0011	0.0053	0.0505	0.0012	0.0014	0.0045	0.0025	0.0008	0.0138	0.0095
金融业	0.0061	0.0010	0.0322	0.0394	0.1268	0.0086	0.0036	0.0080	0.0014	0.0044
房地产业	0.0004	0.0323	0.0443	0.0062	0.0086	0.0066	0.0003	0.0515	0.0000	0.0085
租赁和商务服务业	0.0034	0.0599	0.0442	0.0197	0.0219	0.0287	0.0165	0.0002	0.0030	0.0016
科学研究和技术服务	0.0012	0.0000	0.0000	0.0001	0.0000	0.0085	0.0002	0.0000	0.0003	0.0000
水利、环境和公共设施管理业	0.0000	0.0005	0.0008	0.0002	0.0010	0.0003	0.0005	0.0014	0.0001	0.0003
教育	0.0004	0.0020	0.0250	0.0015	0.0009	0.0033	0.0045	0.0020	0.0009	0.0093
卫生、社会保障和社会福利业	0.0000	0.0000	0.0000	0.0000	0.0000	0.0000	0.0000	0.0000	0.0000	0.0000
文化、体育和娱乐业	0.0004	0.0040	0.0077	0.0029	0.0040	0.0027	0.0020	0.0932	0.0023	0.0131

注：此表中除现代服务业以外的其他服务业与先进制造业的直接消耗系数未列出。

再者，河南省现代服务业各部门对先进制造业的直接消耗系数信息传输、计算机服务和软件业和金融业，分别是 0.0577 和 0.0387，但均未到 0.1。可见，河南省现代服务员对先进制造业提供的需求的依赖程度较低。综上所述，河南省先进制造业过于依赖内部需求，对现代服务业的需求有限。这可能主要是由于河南省先进制造业层次还较低，处于价值链的低端，产业附加值较低。

（2）完全消耗系数。完全消耗系数的经济含义是：产业部门生产单位产品对各产业部门产品的接消耗量和间接消耗量的总和，它表现的是最终产品与总产品之间的数量系。一般用 b_{ij} 表示。完全消耗系数用公式表示如下：

$$b_{ij} = a_{ij} + \sum_{k=1}^{n} b_{ik}a_{kj}(i, j = 1, 2, \cdots, n)$$

其中，a_{kj} 是直接消耗系数；$\sum_{k=1}^{n} b_{ik}a_{kj}$ 是间接消耗系数，而其中的 k 为中间产品部门，表示通过 k 种中间产品形成的生产单位 j 产品对 i 产品的全部间接消耗量。用矩阵表示完全消耗系数与直接消耗系数之间存在如下关系：

$$B = (I-A)^{-1} - I$$

式中，B 为完全消耗系数矩阵，A 为直接消耗系数矩阵，$(I-A)^{-1}$ 为列昂惕夫逆矩阵。完全消耗系数在投入产出分析中有着重要的作用，它能深刻地反映一个部门的生产与本部门和其他部门发生的经济联系。因此，完全消耗系数比直接消耗系数更全面地反映部门之间的技术经济联系。根据前述完全消耗系数计算公式计算出先进制造业与现代服务业的完全消耗系数表（见表 8-6）。

表 8-6　2012 年河南省先进制造业与现代服务业的完全消耗系数

完全消耗系数	先进制造业	信息传输、计算机服务和软件业	金融业	房地产业	租赁和商务服务业	科学研究和技术服务	水利、环境和公共设施管理业	教育	卫生、社会保障和社会福利业	文化、体育和娱乐业
先进制造业	1.3965	0.0833	0.0623	0.0050	0.0310	0.0380	0.0220	0.0073	0.0128	0.0355
信息传输、计算机服务和软件业	0.0020	1.0061	0.0532	0.0035	0.0085	0.0054	0.0029	0.0024	0.0140	0.0100
金融业	0.0096	0.0112	1.0428	0.0441	0.1358	0.0137	0.0062	0.0112	0.0021	0.0057
房地产业	0.0011	0.0340	0.0502	1.0087	0.0155	0.0080	0.0011	0.0534	0.0007	0.0097
租赁和商务服务业	0.0055	0.0631	0.0517	0.0225	1.0295	0.0309	0.0174	0.0021	0.0041	0.0029

续表

完全消耗系数	先进制造业	信息传输、计算机服务和软件业	金融业	房地产业	租赁和商务服务业	科学研究和技术服务	水利、环境和公共设施管理业	教育	卫生、社会保障和社会福利业	文化、体育和娱乐业
科学研究和技术服务	0.0017	0.0001	0.0001	0.0001	0.0001	1.0086	0.0002	0.0000	0.0003	0.0001
水利、环境和公共设施管理业	0.0001	0.0006	0.0009	0.0003	0.0011	0.0003	1.0005	0.0015	0.0001	0.0003
教育	0.0008	0.0025	0.0265	0.0027	0.0044	0.0038	0.0047	1.0033	0.0011	0.0096
卫生、社会保障和社会福利业	0.0000	0.0000	0.0000	0.0000	0.0000	0.0000	0.0000	0.0000	1.0000	0.0000
文化、体育和娱乐业	0.0008	0.0048	0.0112	0.0036	0.0057	0.0034	0.0026	0.0951	0.0026	1.0143

注：此表中除现代服务业以外的其他服务业与先进制造业的完全消耗系数未列出。

首先，先进制造业对其自身的完全消耗远远高于对现代服务业的完全消耗，这点同直接消耗系数一样，2012年河南省先进制造业对现代服务业的完全消耗系数为2.15%，其中最大的是综合技术服务业还不到1%。这反映了河南省先进制造业中知识、技术投入相对不足。同时先进制造业对现代服务业的完全消耗系数是其直接消耗系数的1.66倍，说明先进制造业对现代服务业的间接带动作用要比直接带动要强些。

其次，同直接消耗系数一样，现代服务业各部门对先进制造业的完全消耗依然大于对自身部门的消耗。值得注意的是，一方面，对先进制造业直接消耗系数较高的信息传输、计算机服务和软件业及金融业其对先进制造业的完全消耗系数分别为0.0833、0.0623，均要高于直接消耗系数，说明这些行业除了对先进制造业由直接的带动作用，还对先进制造业有间接带动作用。另一方面，对先进制造业直接消耗系数较低的租赁和商务服务业及科学研究和技术服务业，它们的完全消耗系数是直接消耗系数的2倍和1.5倍，说明租赁和商务服务业及科学研究和技术服务业对先进制造业的直接带动作用较弱，但它们对先进制造业的间接带动作用较强于直接带动作用。可以说，现代服务业对制造业的发展都具有较强的间接带动作用。

二、河南先进制造业与现代服务业的产业波及效应分析

产业波及是指国民经济产业体系中，某一产业部门的变化引起与其直接相关的产业部门的变化，然后导致与后者相关的其他产业部门的变化这个依次传递的过程。对产业波及效果的分析，常用感应度系数和影响力系数来评价。感应度系数反映了某一产业受到其他产业牵引程度，影响力系数则反映了某一产业对其他产业的推动程度，下面我们采用感应度系数和影响力系数两项指标来考察现代性服务业与先进制造业的产业波及效果，以期更好地把握两者的产业关联。

感应度系数：

$$E_i = \frac{\sum_{j=1}^{n} A_{ij}}{\frac{1}{n}\sum_{i=1}^{n}\sum_{j=1}^{n} A_{ij}} (i, j = 1, 2, \cdots, n)$$

影响力系数：

$$F_j = \frac{\sum_{i=1}^{n} A_{ij}}{\frac{1}{n}\sum_{i=1}^{n}\sum_{j=1}^{n} A_{ij}} (i, j = 1, 2, \cdots, n)$$

若感应度系数>1，则表明该产业的感应度在全部产业之中处于平均水平之上；若感应度系数=1，则表明该产业的感应度在全部产业中处于平均水平；若感应度系数<1，则表明该产业的感应度在全部产业中处于平均水平之下；同理，影响力也如此。从经济意义上来说，感应度系数高的部门可称为基础产业，对其他产业部门具有后向推动功能，该部门的发展可以为国民经济的整体均衡增长打下良好基础；而影响力系数高的部门则可称为龙头产业，对整个经济具有重要的前向带动作用，这些产业的优先发展可以起到带动其他产业的显著作用。

表 8-7 2012 年河南省各部门感应度系数和影响力系数

	农业	其他工业	其他制造业	其他服务业	现代服务业	先进制造业
感应度系数	0.7381	0.9567	2.1618	0.8968	0.5916	0.6550
影响力系数	0.8061	1.1898	1.2092	0.8096	0.7415	1.2438

由表 8-7 可以看出，河南省先进制造业具有较强的辐射性，对国民经济具有较强的带动作用。首先从感应度系数来看，先进制造业的系数较低，对其他产业部门

的后向推动能力较弱。其次从影响力系数来看，先进制造业影响力系数是所有产业部门最大的，对河南经济具有较强的前向牵引作用，应该大力发展。而河南省现代服务业无论是感应度系数还是影响力系数都低于其他服务业部门，可见现代服务业在河南省还是较弱。

分析 2007~2012 年的感应度系数和影响力系数（见表 8-8 和表 8-9）可以发现：

表 8-8　河南省先进制造业和现代服务业的影响力系数

行业 \ 年份		2007	2012
先进制造业对现代服务业的影响力系数	通用、专用设备制造业	0.983	1.029
	交通运输设备制造业	1.140	1.132
	电气机械及器材制造业	0.994	1.051
	通信设备、计算机及其他电子设备制造业	1.083	1.443
	仪器仪表及文化办公用机械制造业	1.128	1.262
	平均值	1.066	1.183
现代服务业对先进制造业的影响力系数	信息传输、计算机服务和软件业	0.908	0.951
	金融业	0.990	1.018
	房地产业	0.988	0.854
	租赁和商务服务业	1.093	0.967
	科学研究和技术服务	0.988	0.871
	教育	0.920	0.831
	卫生、社会保障和社会福利业	0.962	0.921
	文化、体育和娱乐业	0.901	0.813
	水利、环境和公共设施管理业	0.922	0.858
	平均值	0.964	0.898

表 8-9　河南省先进制造业和现代服务业的感应度系数

行业 \ 年份		2007	2012
先进制造业对现代服务业的感应度系数	通用、专用设备制造业	0.931	1.237
	交通运输设备制造业	1.139	1.003
	电气机械及器材制造业	1.028	1.282
	通信设备、计算机及其他电子设备制造业	1.505	1.697
	仪器仪表及文化办公用机械制造业	1.016	0.858
	平均值	1.124	1.215

续表

行业 \ 年份		2007	2012
现代服务业对先进制造业的感应度系数	信息传输、计算机服务和软件业	0.952	0.875
	金融业	1.061	1.037
	房地产业	0.932	0.928
	租赁和商务服务业	0.976	0.988
	科学研究和技术服务	0.893	0.796
	教育	0.855	0.787
	卫生、社会保障和社会福利业	0.936	0.832
	文化、体育和娱乐业	0.879	0.782
	水利、环境和公共设施管理业	0.897	0.898
	平均值	0.931	0.880

由表 8-8 可知，2007~2012 年河南省先进制造业对现代服务业的影响力系数要高于现代服务业对先进制造业的影响力系数，说明先进制造业对现代服务业的波及效果更好。2007~2012 年河南先进制造业对现代服务业的影响力系数分别是 1.066 和 1.183，都大于 1，说明河南省先进制造业对现代服务业的影响具有积极的促进作用，但同时我们也不难发现，河南整体先进制造业对现代服务业的影响力系数呈现出下降的趋势，这也表明河南先进制造业的发展还不足。2007~2012 年河南现代服务业对先进制造业的影响力系数分别为 0.964 和 0.898，且影响力大于 1 的行业也只有 1 个，主要是租赁和商务服务业及金融业，这一方面说明"商务服务业"和"金融业"专业化的服务对于加快制造业的转型升级可以发挥出重要的作用；另一方面也说明河南省现代服务业对先进制造业的促进作用还没有发挥出来。另外，信息传输、计算机服务和软件业和科学研究和技术服务等知识密集型行业对先进制造业的影响力系数低于现代服务业的平均水平，且有下降趋势，可以河南省的知识密集型行业自身的发展有待进一步提高。

由表 8-9 可见，河南省先进制造从整体上来看，2007~2012 年，先进制造业对现代服务业的感应度系数高于现代性服务业对先进制造业的感应度系数，说明先进制造业对现代服务业的依赖程度更高。2007~2012 年河南省先进制造业对现代服务业的感应度系数都大于 1，分别为 1.124 和 1.215，即先进制造业对现代服务业的牵引作用高于社会平均水平。但整体呈现下降的趋势，这主要是由于通用、专用设备制造业对现代服务业的依赖程度在逐步降低，其他行业对现代服务业的依赖程度都有所上升，尤其是通信设备、计算机及其他电子设备制造业。2007~2012 年河南省现代服务业对先进制造业的感应度系数均小于 1，分别为 0.931 和 0.880，从具体行业来看，2007~2012 年，只有金融业的感应度系数略微大于 1。这说明现代服务业对先进制造业的需求引力作用还不足，需进一步增强。金融业的感应度系数在上升，且 2007 年和 2012 年均高于 1，即反映了金融保险业受到其他行业的需求压力之大，相较而言，信息传输、计算机服务业与软件业、科学研究和技术服务业对先进制造业的感应度相对不高，这在一定程度上反映出科学研究服务业和信息服务业与生产的结合不够紧密。

河南省先进制造业与现代服务业呈现出一定的互动关系。由上述分析可知，目前河南省先进制造业与现代服务业已经呈现出一定的互动关系，但是这一互动关系表现并不具有对称性。具体来说，河南省现代服务业对先进制造业的感应度系数要低于其对先进制造业的影响力系数，这说明河南省现代服务业对先进制造业的拉动作用明显高于先进制造业对其的拉动作用，那么目前河南省可以通过大力发展现代服务业来推动先进制造业的发展。

第四节　先进制造业与现代服务业互动关系的实证检验

通过前面的分析结果，我们看到河南省制造业和服务业存在着互动关系。为了能准确反映河南省先进制造业与现代服务业之间的互相关系，在这里我们采用联立方程模型。联立方程模型基于系统的角度来考虑不同变量之间的互相作用与影响，与单一的模型相比，能够更好反映一个经济系统中的多个变量之间可能存在的双向的或多向的因果关系。

综上，建立河南省先进制造业与现代服务业之间内在关系的联立方程模型：

$$\begin{cases} \mathrm{Ladvman}_t = a_0 + a_1\mathrm{Lmodser}_t + a_2\mathrm{Lcap}_t + a_3\mathrm{Lempman}_t + \varepsilon_t \\ \mathrm{Lmodser}_t = b_0 + b_1\mathrm{Ladvman}_t + b_2\mathrm{Lcity}_t + b_3\mathrm{Lempser}_t + \varepsilon_t \end{cases}$$

其中，advman 表示河南省先进制造业劳动生产率；modser 表示河南省现代服务业劳动生产率；cap 表示先进制造业固定资产净值年平均余额，反映先进制造业的资本；empman 表示先进制造业从业人员数；empser 表示现代服务业从业人员数；city 表示城市化水平，用非农业人口占总人口的比例表示。由于各个变量取值单位不一致，为了减少异方差的影响，所以变量都取自然对数。

本节选取了 1989~2011 年河南省的时间序列数据就河南省先进制造业与现代服务业之间的互动关系进行实证分析，数据来源于历年的《河南省统计年鉴》和《中国工业经济统计年鉴》。另外，根据数据的可获得性，本节用的是规模以上企业的先进制造业的数据。为了消除价格的影响，以 1989 年为基期，对地区 GDP（用 GDP 缩减指数）、先进制造业增加值（用工业生产者出厂价格指数）、先进制造企业固定资产年平均余额和现代服务业增加值（用 CPI）进行相应的调整。

模型估计与分析

（1）单位根的检验。本节采用 ADF 和 PP 单位根检验法来检验各个变量的平稳性（见表 8-10），经检验可知，各个变量（除了 Lcity）都是一阶单整过程，为I（1）序列，而 Lcity 是二阶单整过程，为 I（2）序列。

表 8-10　变量的平稳性检验结果

变量	ADF 检验	PP 检验	检验形式（C，T，K）	结论
Ladvman	-2.0184（-3.6450）	-1.7191（-3.6329）	（1，1，1）	不平稳
D（Ladvman）	-3.8575（-3.0124）	-3.9427（-3.0124）	（1，0，0）	平稳
Lmodser	-3.3842（-3.6584）	-2.0490（-3.3633）	（1，1，2）	不平稳
D（Lmodser）	-4.0531（-3.0124）	-4.0530（-3.0124）	（1，0，0）	平稳
Lcap	-1.3890（-3.6329）	-1.3668（-3.6329）	（1，1，0）	不平稳
DLcap）	-3.7678（-3.0124）	-3.6645（-3.0124）	（1，1，0）	平稳
Lempman	-1.8678（-3.6450）	-1.3398（-3.6329）	（1，1，1）	不平稳
D（Lempman）	-2.0639（-1.9581）	-2.0639（-1.9581）	（0，0，0）	平稳
Lempser	-2.4416（-3.6329）	-2.4416（-3.6329）	（1，1，0）	不平稳
D（Lempser）	-4.7811（-1.9581）	-4.7811（-1.9581）	（0，0，0）	平稳
Lcity	-2.6288（-3.6350）	-3.4123（-3.6329）	（1，1，1）	不平稳
D（Lcity）	-2.4151（-3.0124）	-2.4130（-3.0124）	（1，0，0）	不平稳
D^2（Lcity）	-4.8085（-1.9591）	-4.8100（-1.9591）	（0，0，1）	平稳

注：D 表示一阶差分，D^2表示二阶差分，检验形式（C，T，K）分别表示单位根检验方程的常数项、时间趋势项和滞后阶数，而滞后阶数的选择原则则是使 AIC 和 SC 值达到最小。检验值括号内的数字为 1%置信水平的临界值。

（2）模型估计方法的选择和估计结果。本节选择广义矩估计方法（Generalized Method of Moment，GMM）作为联立方程模型的估计方法。GMM 方法是用工具变量与扰动项的相关函数来定义准则函数的，将其最小化而得到参数估计值。此方法允许随机误差项存在异方差和序列相关，所得到的参数估计量比其他参数估计方法得到的参数估计量更符合实际，而且不需要知道扰动项的确切分布，所以 GMM 估计量相比其他方法更加稳健。由于本节采用的是时间序列数据，所以在估计时选取的加权矩阵是 HAC 矩阵。回归结果如表 8-11 所示。

表 8-11　联立方程 GMM 方法的估计结果

变量	Ladvman	Lmodser
C	2.7045***	6.1091***
Lmodser	0.7084***	
Lcap	0.9970**	
Lempman	-0.9823***	
Ladvman		0.5834***
D（Lcity）		0.3122
Lempser		-1.056***
R^2	0.9716	0.9880
Adj. R^2	0.9649	0.9837

注："*"、"**"、"***"分别表示在10%、5%、1%的显著性水平下通过检验。

由表8-11可以看出，河南省先进制造业与现代服务业之间存在着显著的互动关系。具体体现为，现代服务业劳动生产率每增加1个百分点，就会促进先进制造业劳动生产率提升0.7084个百分点。可见，随着河南省服务业高级要素的投入，其蕴含的人力资本、知识资本和技术资本不断增加且更加专业化，使得这些要素不断融入到商品和服务业的生产当中，提高了商品和服务生产过程的效率，加速了制造业的产出效率。先进制造业的发展也促进了现代服务业的发展。先进制造业的劳动生产率每提高1个百分点，现代服务业劳动生产率就会提高0.5834个百分点，可见，随着经济发展水平的提高和制造业内部结构不断优化，生产的专业化水平提高和高新技术的运用，势必要衍生出对服务业更多的中间需求及其对现代化服务的更高要求。更进一步，基于两者之间的互动系数数值大小可知，现代服务业对先进制造业的促进作用更大，而这与我们影响力系数和感应度系数的测算结果也是一致的。

另外，固定资产平均余额对先进制造业的劳动生产率的提高起到了促进作用，这说明河南省的先进制造业发展对固定资产投入有一定的依赖性，且依赖性较强。由于固定资产年平均余额还可以反映资本的有机构成，这表明，随着现代服务业专业化分工程度的不断深入和竞争的不断加强，在很大程度上提升了本土企业的创新能力，最终导致资本有机构成的优化，制造业劳动生产率的提升。需要说明的是，由现代服务业劳动效率方程的估计结果表明城市化并没有促进现代服务业效率的提高。目前河南省整体城市化发展水平仍然不高，这种情况下城市化可能更多地带动了消费性服务业的发展，但还没有很好地促进人才、资金和技术等各种高级要素的进一步集聚，随着城市化水平的提高，现代服务业增加值将不断提升。

第五节　促进河南省先进制造业与现代服务业融合政策建议

河南省《"十三五"规划纲要》中提出：将推进新型工业化、构建现代产业体系作为"三化"科学发展的核心，作为建设中原经济区的重要支撑，构建结构优化、技术先进、清洁安全、附加值高、吸纳就业能力强的现代产业体系，大力发展现代制造业与现代服务业，加快河南省工业化进程。基于上述分析，我们提出如下建议：

（1）大力发展河南省现代服务业。"十二五"时期是河南省现代服务业发展的重要机遇期，河南省应大力发展具有高附加值、高技术含量的现代服务业，尤其是商务服务业、综合技术服务业和信息传输等知识、技术、资本集聚型的行业。只有加强高技术含量服务业的参与力度，充分利用科技化、信息化来带动先进制造业的发展，才能推进河南省制造业的内部升级，提高先进制造业的要素生产率。而目前，在第三产业中现代服务业的发展较弱，2011 年，河南省信息传输、计算机服务和软件业，租赁和商务服务业，科学研究、技术服务和地质勘探业行业增加值之和占服务业增加值比重才为 10%，这严重影响了它们对先进制造业的推动作用。

（2）多渠道培养、引进创新型人才和高技术人才。首先，充分利用河南省的高校资源，推进先进制造业与高校的互动与合作。加大教育投入，重点扶持信息、生物工程、新材料、新能源等与先进制造业技术相关的重点学科的建设，培养先进制造业发展所需的高新技术人才；其次，通过宣传、培训等方式提高先进制造业企业家的整体素质，增强企业家的创新意识；最后，加快职业教育布局结构调整，建立与先进制造业发展相适应的现代职业教育体系，注重在职技术工人的培训和后备技术工人的培养，为先进制造业的发展提供人才储备。

（3）加快先进制造业的发展。加速推进河南省制造业向价值链两端攀升，要对先进制造业企业实施主辅剥离，把现代制造业各价值链环所创造的价值"微笑曲线"的特征加强，即将生产链条上端的研发、设计等环节和下端的品牌、销售、物流等环节相对独立出来，发展高端的现代服务业，提高制造业的创新能力，最大限度提升企业的生产效率，培育企业核心竞争优势。在轨道交通装备产业方面，以省内地铁、城际铁路等重大工程建设为依托，支持省内企业加快技术引进和自主研发，重点发展车辆、受电弓、信号系统、列车网络控制系统、制动系统、主辅逆变器等产品，加快大断面盾构设备产业化，形成具有国内先进水平的轨道交通装备生产基地。壮大郑州、洛阳、新乡、许昌、安阳、鹤壁六个高技术产业集群，逐步形成安阳—许昌沿京广高技术产业带。

（4）进一步放宽产业融合发展的政策管制。与沿海发达省份相比，河南的高技术产业仍处于“少儿期”，缺乏竞争力。为扶持其发展，政府应制定加速高技术产业发展的文件，出台相关的宏观调控政策，积极创新财政资金管理方式，增强扶持能力；运用各种经济杠杆，激励企业、科研单位、民营科技企业及个人增加对高技术产业的经费投入。在投入方向上，围绕建设高技术产业化目标，将科技经费投入重点放在支持应用型研发、中小型高技术企业和优化高技术产业发展环境方面，以提高科技经费的效益。在投入方式上，可坚持贴息贷款、财政补助、资本金注入相结合等多种形式，充分发挥政府资金的引导、杠杆作用，形成较强的辐射和带动能力，使高技术产业的发展依托于全社会科技投入之上。受行业管理体制的制约，不同行业的企业可能分属不同部门管辖，使产业的融合发展变得难以协调，现代服务业的一些行业（如邮政、电信、金融、铁路运输等），由于政府管制所造成的市场进入壁垒和垄断，也导致服务创新和竞争环境不理想，服务业与制造业融合发展的成本较高，因此，进一步放松政策管制有利于提高融合效率。

附录：信息化发展指数的计算

信息化发展指数（Informatization Development Index，IDI）是为国家“十一五”信息化规划而编制的，它从信息化基础设施建设、信息化应用水平和制约环境，以及居民信息消费等方面综合性地测量和反映一个国家或地区信息化发展的总体水平①。信息化发展指数由5个分类指数和11个具体指标构成。指标体系如下：

附表1　信息化发展指数（I）

总指数	分类指数	指　标
信息化发展指数I	一、基础设施指数	电视机拥有率（台/百人）
		固定电话拥有率（部/百人）
		移动电话拥有率（部/百人）
		计算机拥有率（台/百人）
	二、使用指数	每百人互联网用户数（户/百人）
		每百万人发明专利申请数（个/百万人）
	三、知识指数	教育指数（国外：成人识字率×1/3+综合入学率×2/3 国内：成人识字率×1/3+平均受教育年限×2/3）
	四、环境与效果指数	信息产业增加值占GDP比重（%）
		新兴产业研究开发费用占GDP比重（%）
		人均GDP（美元/人）
	五、信息消费指数	信息消费系数（%）

为了更好地衡量社会利用信息通信技术来创建、获取、使用和分享信息知识的能力，以及信息发展对社会经济发展的推动能力。在国家编制“十二五”信息规划

① 杨京英，熊友达，姜澍．2009年中国信息化发展指数IDI研究报告［J］．北京邮电大学学报（社会科学版），2009（6）．

时采用的是如下信息化发展指数（Ⅱ）：

附表 2　信息化发展指数（Ⅱ）

总指数	分类指数	指　　标
信息化发展指数Ⅱ	一、基础设施指数	电视机拥有率（台/百人）
		电话拥有率（部/百人）
		计算机拥有率（台/百人）
	二、产业技术指数	人均电信收入（元/人）
		每百万人发明专利申请数（个/百万人）
	三、应用消费指数	互联网普及率（户/百人）
		人均信息消费额（元/人）
	四、知识支撑指数	信息产业从业人数比重（%）
		教育指数（国外：成人识字率×1/3+综合入学率×2/3 国内：成人识字率×1/3+平均受教育年限×2/3）
	五、发展效果指数	信息产业增加值占 GDP 比重（%）
		新兴产业研究开发费用占 GDP 比重（%）
		人均 GDP（元/人）

信息化发展指数（Ⅰ）已经用在国家“十二五”规划中，我们也是采用这一指标体系进行计算的。

$$I = \sum_{i=1}^{5} W_i \sum_{j=1}^{16} w_{ij} I_i$$

当然，这两部分指标的计算式是采用近似方法来处理的，比如信息产业增加值是用第三产业增加值来反映的，类似的还有信息产业从业人员比重、信息产业研究开发费用等。信息发展指数的计算采用的是简单线性加权方法，即对每个具体指标标准化后计算各类信息指数，然后对分类指数采用加权方法得到综合信息发展指数。

参考文献

[1] Anderson J. E., A Theoretieal Foundation for the Gravity Equation [J]. Ameriean Economic Review, 1979, 69 (1).

[2] Arnold M., Javorcik S., Mattoo A. Does Services Liberalization Benefit Manufacturing Firms? Evidence from the Czech Republic [R]. World Bank Policy Research Working Paper, 2007.

[3] Bhagwati J. N. Splintering and Disembodiment of Services and Developing Nations [J]. The World Eeonomy, 1984 (7).

[4] Ethier Wilfred. National and International Return to Sealeintile Modem Theory of International Trade [J]. Ameriean Economic Review, 1982 (6).

[5] Fernandes A. M., Paunov C. Foreign Direct Investment in Services and Manufact uring Productivity: Evidence for Chile [J]. Journal of Development Economics, 2012, 97 (2).

[6] Grubel H. G., Walker M. Service Industry Growth: Causes and Effects [J]. Vancouver: Fraser Institute, 1989 (279).

[7] Martin Andersson. Co-location of Manufacturing and Producer Services—A Simultaneous Equation Approach [R]. CESIS Electronic Working Paper Series Paper, 2004.

[8] Paolo G., Valentina M. Technology and International Competitiveness: The Interdependence between Manufacturing and Producer services [J]. Structural Change and Economic Dynamics, 2005 (4).

[9] Wolfmayr Y. Services and Competitiveness of Manufacturing Exports [R]. FJW Reports, 2008.

[10] [美] 阿吉翁等. 内生增长理论 [M]. 陶然等译, 北京: 北京大学出版社, 2004.

[11] 白雪梅, 赵松山. 浅议地区间产业结构差异的测度指标 [J]. 江苏统计, 1995 (12).

[12] 陈德福, 曹荣林, 赵义华. 河南省产业结构对地区经济增长影响的实证研究 [J]. 河南科学, 2008 (1).

[13] 陈国亮. 新经济地理学视角下的制造服务业集聚研究 [D]. 杭州: 浙江

大学博士学位论文，2010.

［14］陈国亮，陈建军．产业关联、空间地理与二、三产业共同集聚——来自中国 212 个城市的经验考察［J］．管理世界，2012（4）．

［15］陈红梅．河南省粮食核心区建设与新型工业化［J］．平顶山学院学报，2011（4）．

［16］陈建军，陈国亮，黄洁．新经济地理学视角下的制造服务业集聚及其影响因素研究［J］．管理世界，2009（4）．

［17］陈建军，陈菁菁．制造服务业与制造业协调发展研究综述——基于产业及空间层面的解释［J］．社会科学战线，2011（9）．

［18］陈建军，陈菁菁．制造服务业与制造业的协同定位研究——以浙江省 69 个城市和地区为例［J］．中国工业经济，2011（6）．

［19］陈建军，崔春梅，陈菁菁．集聚经济、空间连续性与企业区位选择——基于中国 265 个设区城市数据的实证研究［J］．管理世界，2011（6）．

［20］陈晓峰．长三角制造服务业与制造业的互动关系检验——基于 VAR 模型的动态实证分析［J］．国际商务，2014（2）．

［21］陈静，叶文振．产业结构优化水平的度量及其影响因素分析［J］．中共福建省委党校学报，2003（1）．

［22］陈娜，顾乃华．我国制造服务业与制造业空间分布的协同效应研究［J］．产经评论，2013（4）．

［23］陈平，李广众．结构升级、资源转移与经济增长［J］．上海经济研究，2000（12）．

［24］陈宪，黄建锋．分工、互动与融合：服务业与制造业关系演进的实证研究［J］．中国软科学，2004（10）．

［25］董锁成，齐晓明，范振军．中部粮食主产区城镇化进程中农村土地变化的 GIS 分析和对策研究［J］．自然资源学报，2006（9）．

［26］党耀国等．区域产业结构优化理论与实践［M］．科学出版社，2011.

［27］邓丽姝．制造业和服务业关系的理论探讨和相关实证问题分析［J］．经济论坛，2007（2）．

［28］戴雪飞，贺梅英．R&D 投入与广州市宏观经济增长的实证研究［J］．广东农业科学，2010（5）．

［29］范柏乃，江蕾，罗佳明．中国经济增长与科技投入关系的实证研究［J］．2004（5）．

［30］冯骥龙．广东制造业与生产性服务业共生关系影响因素研究［D］．广州：

华南理工大学硕士学位论文，2007.

[31] 傅宁，徐俊．浙江省产业结构变动与经济增长的实证研究［J］．产业经济，2008（1）．

[32] 高传胜．生产者服务与制造业互动发展：经济增长新动力——基于长三角的分析［J］．现代经济探讨，2006（1）．

[33] 高觉民，李晓慧．生产性服务业与制造业的互动机理：理论与实证［J]，中国工业经济，2011（6）．

[34] 高铁梅．计量经济分析方法与建模：Eviews 应用及实例（第二版）［M]．北京：清华大学出版社，2010.

[35] 龚唯平，查伟伟，薛白．先进制造业的三维理论模型及其特征［J］．学术研究，2008（6）．

[36] 顾乃华，李江帆．中国服务业技术效率区域差异的实证分析［J］．经济研究，2006（1）．

[37] 顾乃华，毕斗斗，任旺兵．中国转型期间制造服务业发展与制造业竞争力关系研究——基于面板数据的实证分析［J］．中国工业经济，2006（9）．

[38] 顾乃华，毕斗斗，任旺兵．生产性服务业与制造业互动发展：文献综述［J］．经济学家，2006（6）．

[39] 郭克莎．总量问题还是结构问题——产业结构偏差对我国经济增长的制约及调整思路［J］．经济研究，1999（9）．

[40] 韩丽娜，王俊朝．安徽省粮食生产时空变化特征的影响因素分析［J］．安徽师范大学学报，2010（1）．

[41] 胡霞，魏作磊．中国城市服务业区域间溢出效应和反馈效应分析［J］．产业经济研究，2009（5）．

[42] 黄莉芳．中国生产性服务业嵌入制造业关系研究——基于投入产出表的实证分析［J］．中国经济问题，2011（3）．

[43] 黄少军．服务业与经济增长［M］．北京：经济科学出版社，2000.

[44] 黄珍生．我国制造业的劣势分析［J］．广西民族学院学报（哲学社会科学版)，2003（22）．

[45] 霍景东，夏杰长．制造业与生产性服务业：分化互动与融合的实证分析［J］．经济研究参考，2007（41）．

[46] 吉亚辉，段荣荣．制造服务业与制造业协同聚集的空间计量分析——基于新经济地理学视角［J］．中国科技论坛，2014（2）．

[47] 江静，刘志彪，于明超．生产者服务业发展与制造业效率提升：基于地区

和行业面板数据的经验分析［J］．世界经济，2007（8）．

［48］江曼琦，席强敏．制造服务业与制造业的产业关联与协同集聚［J］．南开学报（哲学社会科学版），2014（1）．

［49］江小娟，李辉．服务业与中国经济：相关性和加快增长的潜力［J］．经济研究，2004（1）．

［50］康磊，吴佩林．快速城镇化对山东省粮食生产的挑战［J］．经济与管理，2010（9）．

［51］康赞亮，张必松．FDI、国际贸易及我国经济增长的协整分析与VECM模型［J］．国际贸易问题，2006（2）．

［52］孔微巍，李丹，秦伟新．我国产业结构调整中劳动力贡献率的实证分析［J］．学术交流，2007（11）．

［53］孔微巍，李丹，秦伟新．我国产业结构演变与经济增长成因的实证分析［J］．经济与管理研究．2007（2）．

［54］蓝海涛，王为农．中国中长期粮食安全重大问题（第一版）［M］．北京：中国计划出版社，2008.

［55］李冠霖．第三产业投入产出分析——从投入产出的角度看第三产业的产业关联与产业波及特性［M］．北京：中国物价出版社，2002.

［56］李慧娟．中国三大经济区间服务业溢出和反馈效应——基于三区域间投入产出分析的视角［J］．当代财经，2014（6）．

［57］李京文．中国产业结构的变化与发展趋势［J］．当代财经，1998（5）．

［58］李丽．第三产业内部各产业投入产出有效性的评价［J］．北京工商大学学报（社会科学版），2007（11）．

［59］李秋香，袁晓兵等．河南不同区域产业结构的比较与分析［J］．河南农业大学学报，2006（4）．

［60］李洋．生产性服务业与制造业互动性研究——以四川省为例［D］．成都：四川省社会科学院硕士学位论文，2007.

［61］刘佳．广东先进制造业与现代服务业融合研究［D］．广州：暨南大学硕士学位论文，2010.

［62］［德］鲁道夫·吕贝尔特．工业化史［M］．上海：上海译文出版社，1983.

［63］梁红艳，王健．中国制造服务业与制造业的空间关系［J］．经济管理，2012（11）．

［64］梁子谦．中国粮食综合能力与安全研究［M］．北京：中国财政经济出版社，2007.

[65] 林秀梅. 经济增长、经济结构与就业的关联性研究 [M]. 北京：中国社会科学出版社，2012.

[66] 刘建国. 中国区域经济效率的省域格局、影响机理及其空间溢出效应 [M]. 北京：经济科学出版社，2015.

[67] 刘俊娟，李炳军. 基于“快车道”模型的河南省产业结构调整 [J]. 工业技术经济，2005 (12).

[68] 刘锐. 公共 R&D、人力资本与经济增长关系的实证检验 [J]. 现代商贸工业，2010 (22).

[69] 刘卫东等. 中国 2007 年 30 省区市区域间投入产出表编制理论与实践 [M]. 北京：中国统计出版社，2012.

[70] 刘志雄，瞿艳平，董运来. 工业化对粮食生产影响的实证研究 [J]. 国土与自然资源研究，2004 (4).

[71] 卢方元，曹治星. 河南省产业结构对经济增长贡献的实证分析 [J]. 统计与决策，2007 (23).

[72] 罗光强，曾伟. 产业结构变迁对经济增长波动的影响——以湖南为例 [J]. 工业技术经济，2007 (11).

[73] 罗佳明，王卫红. 中国科技投入对经济增长的贡献率研究：1953~2001 [J]. 自然辨证法研究，2004 (2).

[74] 吕政，刘勇，王钦. 中国制造服务业发展的战略选择——基于产业互动的研究视角 [J]. 中国工业经济，2006 (8).

[75] 孟昌. 产业结构研究进展述评——兼论资源环境约束下的区域产业结构研究取向 [J]. 现代财经（天津财经大学学报），2012 (1).

[76] 潘文卿，陈水源. 产业结构高度化与合理化水平的定量测算 [J]. 开发研究，1994 (1).

[77] 彭水军，包群. 中国经济增长与环境污染：基于广义脉冲响应函数的实证研究 [J]. 中国工业经济，2006 (5).

[78] 邱灵，申玉铭，任旺兵. 北京制造服务业与制造业的关联及空间分布 [J]. 地理学报，2008 (12).

[79] 邱灵. 北京市生产性服务业与制造业互动关系研究——基于产业关联与地理临近的分析 [D]. 北京：首都师范大学硕士学位论文，2008.

[80] 荣宏庆. 我国产业结构问题理论观点综述 [J]. 党政干部学刊，2002 (2).

[81] 商勇. 基于省区域间投入产出表的中部地区贸易往来分析 [J]. 河南教育学院学报（社会科学版），2014 (5).

［82］商勇．河南省产业结构的投入产出研究［J］．郑州航空工业管理学院学报．2012（1）．

［83］申玉铭，邱灵，任旺兵．中国生产性服务业产业关联效应分析［J］．地理学报，2007（8）．

［84］沈华．生产性服务业与先进制造业互动关系研究——基于中国的投入产出表和省级面板数据［D］．上海：上海交通大学硕士学位论文，2011.

［85］宋敏燕．我国生产者服务业与制造业互动发展的实证研究［D］．厦门：厦门大学硕士学位论文，2008.

［86］苏卉．河南生产性服务业与制造业的互动发展研究［J］．河南理工大学学报（社会科学版），2012（1）．

［87］孙素侠．生产性服务业与制造业协同发展实证研究［J］．求索，2012（10）．

［88］孙中才．效率增长、国际贸易自由化和农业备受关注——世界经济发展的基本特点［J］．农业经济问题，2000（10）．

［89］孙中才．工业化经济与粮食安全［J］．信阳师范学院学报，2005（2）．

［90］覃成林．区域 R&D 产业发展差异分析［J］．中国软科学，2002（7）．

［91］田新翠，吕月英，史竹琴．技术创新与我国经济增长之间关系的实证研究［J］．机械管理开发，2010（4）．

［92］王惠萍，田仲林．江浙两省各产业对经济增长贡献之比较研究［J］．生产力研究，2007（11）．

［93］王立平，马娇娇．R&D 投资对经济增长作用的空间动态面板模型［J］．合肥工业大学学报（自然科学版），2010（9）．

［94］王学萌．灰色系统模型［M］．武汉：华中理工大学出版社，2001.

［95］王永苏．试论中原经济区工业化、城镇化、农业现代化协调发展［J］．中州学报，2011（5）．

［96］王玉玲．服务业与制造业关系研究［J］．经济研究，2007（3）．

［97］卫珑．关于我国城市化问题的讨论综述［J］．经济学动态，2002（6）．

［98］吴福象，朱蕾．中国三大地带间的产业关联及其溢出和反馈效应：基于多区域投入产出分析技术的实证研究［J］．南开经济研究，2010（5）．

［99］席艳乐，李芊蕾．长三角地区制造服务业与制造业互动关系的实证研究——基于联立方程模型的 GMM 方法［J］．宏观经济研究，2013（1）．

［100］夏明，张红霞．投入产出分析：理论方法与数据［M］．北京：中国人民大学出版社，2013.

［101］肖玮，蓝朝晖．中国将面临产业被动升级［J］．中国经贸，2010（7）．

[102] 谢兰云．政府、企业 R&D 投资与经济增长：一个实证研究 [J]．商业研究，2010（6）．

[103] 易丹辉．数据分析与 Eviews 应用 [M]．北京：中国统计出版社，2005.

[104] 张永恩，褚庆全，王宏广．城镇化进程中的中国粮食安全形势和对策 [J]．农业现代研究，2009（5）．

[105] 张辉．中国经济增长的产业结构效应和驱动机制 [M]，北京：北京大学出版社，2013.

[106] 张培刚．农业与工业化（上卷）[M]．武汉：华中科技大学出版社，2002.

[107] 张世贤．工业投资效率与产业结构变动的实证研究——兼与郭克莎博士商榷 [J]．管理世界，2000（5）．

[108] 张亚军，干春晖，郑若谷. 制造服务业与制造业的内生与关联效应——基于投入产出结构分解技术的实证研究 [J]. 工业经济研究，2014（6）．

[109] 赵海娟，程红莉．R&D 活动在东、中、西部的差异性分析 [J]．统计与决策，2007（3）．

[110] 赵彦云、周芳、付文静．北京市产业结构高端化理论和方法应用研究 [M]．北京：首都师范大学出版社，2012.

[111] 周昌林，魏建良．产业结构水平测度模型与实证分析——以上海、深圳、宁波为例 [J]．上海经济研究，2007（6）．

[112] 周慧秋，李忠旭．粮食经济学 [M]．北京：科学出版社，2010.

[113] 周鹏，余珊萍，胡凯．制造服务业与制造业空间布局升级相关性分析 [J]. 统计与决策，2011（5）．

[114] 周洋．河南省生产性服务业与制造业发展的互动机制研究 [D]．郑州：郑州大学硕士学位论文，2011.

后 记

当本书终于落笔之际，我感到了一阵前所未有的轻松。

最近几年来，我一直关注着河南产业结构问题。最初实际上更多的是关注投入产出技术，在学习这一结构分析方法的过程中，渐渐开始了对实际问题的关注。记得在2010年日本立命馆大学，郑小平教授和我探讨为何河南省经济高速增长，但是经济增长质量不高的问题时，我还不以为然。河南省经济发展在某种程度上是中国经济发展的缩影，河南有在全国乃至世界上领先的技术，但这些技术更多的是处于产业链低端，附加值很低。虽然具有劳动力优势，但是在强调技术创新的今天，随着人口红利逐渐消失，这一优势也渐渐消失。经过几十年的快速发展，河南经济可以说取得了翻天覆地的变化，在这一过程中，中原人民吃苦耐劳的优良作风和深厚的文华沉淀在这片沃土上表现得淋漓尽致。然而，当我们回望往昔时也必须看到，最初的青山绿水在经常性的雾霾中慢慢褪色，资源枯竭、环境污染现象日趋严重，广袤的中原大地将走向何处？这已经不是GDP的增长问题了，而是关乎上亿人民的生存问题。

本书是我近年来对河南经济发展的一些思考和总结，是凭借着一腔热情来完成的。与其说它是一本著作，倒不如说它是我的心路历程，粗糙而真实。从学数学开始，到慢慢转型向经济靠拢，很难评价这一转变过程。正如弗斯特在诗歌 *The Road Not Taken*（《未选择的路》）中所说一样“I took the one less traveled by，And that has made all the difference”（“而我选择了人迹更少的一条，从此决定了我一生的道路”）。个中滋味，大概不是三言两语所能说清的了。

在这个初春的夜晚，我想起了远在家乡的家人。正是他们的无私付出，我才能独自一人在异乡安心工作，才能默默坚持着最初的梦想。我的每一点微不足道的进步都离不开家人的帮助和鼓励，在此我要对白发苍苍的父母说一声感谢！同时，我要感谢河南财经政法大学的同事们，其中必须提及的是赵乐东教授、胡国强教授、刘定平教授、白玉红副教授和巩宏丽老师等，他们的指导和帮助让我受益匪浅。我的几位研究生也为本书的排版和修改付出了很多努力，此外，本书的出版得到了经济管理出版社杨雪编辑的热心帮助，她不厌其烦地为我承担了许多工作，在此对他们表示深深的谢意。

虽然本书的写作前前后后花了几年时间，但是我知道这里依然存在着不妥甚至是谬误之处，敬请读者批评指正。

商勇

2017 年 3 月 10 日